153
묵상집

153 묵상집

발행일 2020년 1월 31일

지은이 최세영
펴낸이 손형국
펴낸곳 (주)북랩
편집인 선일영 편집 강대건, 최예은, 최승헌, 김경무, 이예지
디자인 이현수, 한수희, 김민하, 김윤주, 허지혜 제작 박기성, 황동현, 구성우, 장홍석
마케팅 김회란, 박진관, 조하라, 장은별
출판등록 2004. 12. 1(제2012-000051호)
주소 서울특별시 금천구 가산디지털 1로 168, 우림라이온스밸리 B동 B113~114호, C동 B101호
홈페이지 www.book.co.kr
전화번호 (02)2026-5777 팩스 (02)2026-5747

ISBN 979-11-6539-056-3 03230 (종이책) 979-11-6539-057-0 05230 (전자책)

이 도서의 국립중앙도서관 출판예정도서목록(CIP)은 서지정보유통지원시스템 홈페이지(http://seoji.nl.go.kr)와 국가자료공동목록시스템(http://www.nl.go.kr/kolisnet)에서 이용하실 수 있습니다.
(CIP제어번호: CIP2020003974)

1년 53키워드 365일 말씀 읽기

153 묵상집

창조 목표 비전 사명 가치
건강 축복 복음 능력 동행 사랑 구원
천국 충성 부활 생명 열정 연합 안식 평안 성장
충만 약속 자유 절제 정의 정직 영광 영원 완전
온유 겸손 자비 회복 지혜 진리 믿음 순종 성실
교훈 묵상 기쁨 기도 은혜 소망 감사 인내 용기
관계 최선 성취 열매 성경

북랩 book Lab

❈ 머리말 ❈

이 책은 하나님이 나에게 말씀하시는 것처럼 풀어 쓴 대화형 묵상집입니다. 하나님의 성품이 담긴 53개의 키워드가 들어 있는 성경 구절, 그리고 따뜻하고 생생한 메시지를 통해 여러분이 하나님의 성품을 다양하고 깊이 묵상할 수 있도록 도와줍니다. 또한 53개의 키워드는 교회력과 절기에 어울리게 배치하였습니다.

여기 적혀 있는 글은 카카오스토리 '오늘의 말씀 365'의 1년 치 글을 모은 것입니다. 20여 년 신앙생활을 하면서 듣고 읽은 설교와 말씀 중에서 가장 기억에 남는 말씀, 그리고 하나님의 음성처럼 들려진 말씀을 모아서 정리한 것입니다.

이 책을 통해 하나님이 들려주시는 음성을 들으며 하나님과 더 깊은 교제를 나누시길 바랍니다. 또한 하나님의 성품을 닮아 가는 한 해를 보낼 수 있도록 여러분을 응원하겠습니다.

카카오스토리 '오늘의 말씀 365' 운영자

최세영

목차

※ 이 책의 모든 성경 본문은 개역개정판을 사용하였습니다.

153
묵상집

천지를 창조하신 하나님

태초에 하나님이 천지를 창조하시니라

- 창세기 1:1-

새해 계획은 잘 세웠니? 사람들은 해마다 새해 계획을 세운다. 물론 계획을 세웠다고 해서 다 계획대로 되는 것은 아니지. 내가 태초에 천지를 창조할 때 모든 계획을 가지고 있었다. 그리고 하나도 빠짐없이 모든 것이 나의 계획대로 이루어졌단다.

사람에게 생각과 계획이 있는 것처럼 나에게도 생각과 계획이 있단다. 성경을 읽으면 창조의 목적을 발견할 수 있지. 나는 사람과 교제하기 위해서, 또한 사람에게 찬송을 받고 영광을 받기 위해서 세상을 창조했단다.

성경을 읽으면서 나의 뜻을 발견하고 나의 뜻대로 살기 바란다. 그것이 성경적인 삶이다. 아무리 똑똑한 사람도 나에 대해 한 번에 모든 것을 다 알 수는 없어. 조금씩 알아갈 뿐이다. 날마다 겸손함으로 나에게 나오렴. 일생에 걸쳐서 꾸준히 한 걸음씩 나에게 다가오면 된다. 내가 한 걸음씩 네 앞길을 인도할게.

사람을 창조하신 하나님

하나님이 자기 형상 곧 하나님의 형상대로 사람을 창조하시되
남자와 여자를 창조하시고

- 창세기 1:27 -

너는 나의 형상을 닮은 존재란다. 내가 땅의 흙으로 사람을 지은 후 생기를 그 코에 불어넣어서 사람은 생령이 되었다. 살아 있는 영적인 존재가 되었다는 뜻이야. 나를 닮았기 때문에 나는 사람을 좋아하고 기뻐하며 관심을 가지고 있는 거란다. 자식이 부모를 닮는 것처럼 나의 자녀라면 나의 성품이 드러나게 되어 있다. 남자와 여자를 나란히 쓴 것은 둘의 동등함을 나타내는 것이다.

나의 형상은 아담의 범죄로 인해 크게 훼손되고 말았지. 회개하고 거듭난 사람은 창조의 목적을 깨닫고 본래 목적에 따라 살게 된다. 가장 사람답게 사는 방법은 창조의 형상대로 사는 것이란다. 너를 창조한 본래 목적은 나와 교제하기 위해서란다. 나를 섬기고 사랑하며 교제하기를 힘써라. 이를 위해 날마다 이 책을 읽고 성경을 묵상하렴. 너의 신앙이 날마다 조금씩 자라나게 될 거야.

마음을 창조하시는 하나님

하나님이여 내 속에 정한 마음을 창조하시고
내 안에 정직한 영을 새롭게 하소서

- 시편 51:10 -

다윗은 정한 마음을 창조해 달라고 나에게 구했다. 옛 사람의 낡은 마음은 아무리 닦아도 새 것이 되지 않는다. 그것보다는 새로운 마음을 달라고 구하는 것이 좋다. 네가 나를 믿고 내 안에 있으면 새로운 피조물이 된다. 새것이 된 네 마음에 날마다 성령이 주는 새로운 생각을 품어라.

거룩과 정결이라는 단어는 듣기에 어렵지만 쉽게 생각하면 이런 것이다. 나에게 속한 것은 간직하고 나에게 속하지 않은 것은 버리는 것이다. 깨끗한 생각이란 네 뜻과 나의 뜻이 일치되는 것이다. 두 마음이 아닌 한 마음이 되는 거야. 나의 마음이 너를 통해 드러나게 되는 것이지. 성경을 새롭게 바라보며 바꿀 수 있는 행동은 바꾸려고 연습해야 한다. 그러면 어제와 같은 오늘이 아니라 새롭게 변화된 오늘을 맞이할 수 있게 될 거야.

위대한 창조의 계획

내가 주께 감사하옴은 나를 지으심이 심히 기묘하심이라
주께서 하시는 일이 기이함을 내 영혼이 잘 아나이다

- 시편 139:14 -

너는 내가 창조한 귀한 존재란다. 사람을 만들 때 누구 하나도 평범하지 않고 독특하게 심혈을 기울여서 만들었다. 나의 형상이 깃들어 있기 때문에 모든 사람은 다 뛰어나고 귀한 존재란다.

내가 너를 지었으니 너의 소유권은 나에게 있단다. 네 인생이 네 것이라는 생각이 들 때도 있겠지만, 인생을 나에게 맡기면 더욱 풍요로운 인생을 살아갈 수 있지. 나는 너의 모든 신체 기관의 세밀한 부분까지 신경 써서 만들었다. 그뿐만 아니라 네 삶의 세세한 부분까지 미리 계획해 놓았단다.

나는 너의 모든 생각과 행동을 다 알고 있다. 그래서 너에게 필요한 모든 것을 공급해 줄 수 있지. 네가 예상하지 못한 일도 나는 미리 다 알고 있다는 사실을 믿어라. 이것을 믿으면 너의 인생을 나에게 맡길 수 있단다. 나는 네 모습 그대로를 언제나 사랑한단다. 너의 오감을 사용해서 나의 사랑을 느끼렴. 내 사랑을 깨닫고 느낄 때 네 삶이 더욱 풍요로워진단다.

하나님이 창조하신 피조물

너희는 눈을 높이 들어 누가 이 모든 것을 창조하였나 보라
주께서는 수효대로 만상을 이끌어 내시고 그들의 모든 이름을 부르시나니
그의 권세가 크고 그의 능력이 강하므로 하나도 빠짐이 없느니라

- 이사야 40:26 -

너는 눈을 들어 창조된 모든 것을 관찰해 보아라. 나는 우주보다 더 크고 위대한 너의 하나님이다. 내가 바로 우주의 창조자이며 주관자란다. 나는 내가 만든 모든 것을 그냥 내버려 두지 않는다. 나의 능력으로 모든 존재가 부서지지 않도록, 흩어지지 않도록 보살피고 있단다. 아무것도 나의 손에서 빠져나가지 못한다. 나를 붙들고 나의 말을 의지하는 사람에게는 내가 베푸는 은혜가 떠나지 않는다.

모세는 매사에 세심하고 관심이 많은 사람이었단다. 그래서 눈으로 보는 능력이 탁월하고 관찰력도 뛰어났지. 모세의 관찰력 덕분에 불붙은 떨기나무를 볼 수 있었던 것이다. 그래서 모세는 내가 베푸는 많은 기적을 직접 눈으로 볼 수 있었지. 너의 시야를 넓히고 높이렴. 눈을 높이 들어서 보려고 하는 사람만이 나의 능력을 볼 수 있단다.

하나님이 창조하신 인생

야곱아 너를 창조하신 여호와께서 지금 말씀하시느니라
이스라엘아 너를 지으신 이가 말씀하시느니라 너는 두려워하지 말라
내가 너를 구속하였고 내가 너를 지명하여 불렀나니 너는 내 것이라

- 이사야 43:1 -

너는 내 것이다. 내가 너를 지었으니 너는 내 것이다. 너는 내가 한순간도 잊을 수 없는 귀한 존재란다. 나는 너를 향한 최고의 인생 설계도와 사용법까지도 함께 지었단다. 그래서 나의 부름에 응답하고 순종하면 너는 최고의 인생을 살 수 있지. 세상 사람들은 사람을 알기 위해 공부하고 연구하지만, 더 근원적이고 깊은 지혜와 지식은 나에게 있단다.

너의 인생에서 네가 물 가운데 불 가운데를 지나는 고난과 시련의 때가 있을 거야. 시련의 시간조차도 내 계획에 들어 있다는 것을 명심해라. 나는 그걸 없애지는 않을 거야. 하지만 내가 너와 함께하며, 너를 건지고 구해 줄 것이란다. 나를 믿고 나에게 오늘 하루를 온전히 맡기렴.

하나님을 위해 창조된 세계

만물이 그에게서 창조되되 하늘과 땅에서 보이는 것들과 보이지 않는 것들과
혹은 왕권들이나 주권들이나 통치자들이나 권세들이나 만물이
다 그로 말미암고 그를 위하여 창조되었고

- 골로새서 1:16 -

세상의 모든 피조물들은 나를 위해 지은 것이다. 내가 필요해서 지은 것들이지. 쓸모없이 지은 것은 하나도 없다. 나는 네가 정말 필요해서 이 땅에 너를 보낸 거란다. 너는 나에게 없어서는 안 될 정말 소중한 존재란다. 네가 얼마나 가치 있는 존재인지 궁금하지? 너를 구원하기 위해 나는 사랑하는 내 독생자를 아낌없이 내어 주었단다.

이 세상 모든 만물은 질서 있게 움직이며 제각기 목적이 있고 갈 길이 있다. 행성과 별들은 각자의 궤도를 이탈하지 않고 끊임없이 움직이고 있지. 나는 우주의 질서를 만든 하나님이다. 나는 네가 살아갈 인생길도 다 준비해 놓았단다. 나를 힘써 알고, 나를 믿으며 나를 의지하렴. 나와 동행하는 것이 가장 현명하고 지혜로운 선택이란다.

목표를 바라보는 인생

롯이 아브람을 떠난 후에 여호와께서 아브람에게 이르시되
너는 눈을 들어 너 있는 곳에서 북쪽과 남쪽 그리고 동쪽과 서쪽을 바라보라
보이는 땅을 내가 너와 네 자손에게 주리니 영원히 이르리라

- 창세기 13:14-15 -

내가 원하는 것을 바라보렴. 육신이 원하는 것만 바라보는 사람은 결코 나의 뜻을 발견할 수 없다. 아브라함의 조카 롯이 눈을 들어 바라본 곳은 소돔과 고모라 땅이었다. 롯은 그 땅에 들어가서 고통을 받았지. 결국 나는 롯에게 은혜와 자비를 베풀어서 그를 구원해 냈단다.

나의 약속을 바라보렴. 성경을 읽으면서 내가 원하는 것과 나의 약속을 발견할 수 있단다. 그리고 기도하면서 나의 뜻을 항상 구해라. 나는 너를 향한 더 좋은 생각을 가지고 있단다. 그리고 너보다 더 멀리 앞을 내다볼 수 있지. 더 멀리, 더 길게 바라보는 연습과 훈련으로 지혜롭고 복된 선택을 할 수 있는 자녀가 되길 바란다.

내 인생의 한 가지 목표

내가 여호와께 바라는 한 가지 일 그것을 구하리니
곧 내가 내 평생에 여호와의 집에 살면서
여호와의 아름다움을 바라보며 그의 성전에서 사모하는 그것이라

- 시편 27:4 -

나는 다윗의 고백을 기뻐하고 좋아한다. 다윗은 오로지 하나의 목표를 구했단다. 다윗은 평화롭든 위태롭든 언제나 나를 의지하고 바라보았지. 시편 23편과 시편 27편은 다윗이 가장 위태로운 상황에서 지은 시란다. 다윗은 안전한 상황에서 평안과 확신을 얻은 게 아니다. 다윗은 간절한 기도 가운데 오직 내 안에 내 곁에 있다는 믿음 안에서 평안과 확신을 얻었단다.

상황에 지배당하지 말고, 상황을 지배하고 다스리는 나를 바라보렴. 나는 언제나 너와 함께 있단다. 네 인생의 궁극적인 목표는 천국의 삶이란다. 내가 너와 함께하면 네 마음에 천국이 임한다. 천국의 소망을 품고 날마다 나를 가까이하렴. 그리고 이 땅에서 나를 마음껏 예배하길 바란다.

하나님을 목표로 하는 삶

하늘에 계시는 주여 내가 눈을 들어 주께 향하나이다
상전의 손을 바라보는 종들의 눈같이, 여주인의 손을 바라보는 여종의 눈같이
우리의 눈이 여호와 우리 하나님을 바라보며
우리에게 은혜 베풀어 주시기를 기다리나이다

- 시편 123:1-2 -

너의 시선을 나에게 돌려라. 내 시선은 항상 너를 향하고 있단다. 때로는 아무것도 하지 말고 그냥 나를 바라보아라. 아무것도 할 수 없어도 괜찮아. 그냥 나를 바라보면 된다. 그저 나의 은혜를 기다리면 된다.

아무리 뛰어난 사람도 세상의 모든 일을 제어할 수 없단다. 그때 사람은 무력함을 느끼게 되지. 하지만 내게 맡기면 나는 그 일을 할 수 있단다. 나를 믿지 않고 찾지 않는 사람은 나를 볼 수 없다. 나를 간절히 찾는 사람은 나를 만나고, 내가 베푸는 은혜를 경험할 수 있단다.

믿음의 삶은 맡기는 삶이야. 나는 너에게 은혜 베풀기를 항상 기다리고 준비하고 있단다. 그러니 너의 인생을 나에게 맡겨라. 오늘 하루도 나를 바라보며 나를 기다려라. 너의 기도를 이루어 가고 있는 나를 믿음으로 바라보렴.

목표가 분명한 인생

그러므로 나는 달음질하기를 향방 없는 것같이 아니하고
싸우기를 허공을 치는 것같이 아니하며

- 고린도전서 9:26 -

목표를 분명히 하면 네가 할 일도 분명해진다. 거듭난 사람은 하늘에 목표를 두고 그렇지 않은 사람은 땅에 목표를 둔다. 거듭난 사람은 하늘에 목표를 두기에 모든 노력을 하늘나라에 쏟는단다. 그러나 거듭나지 않은 사람은 거기에 관심이 없지. 오로지 땅의 것에만 관심이 있단다.

나의 자녀가 가진 목표는 이 땅에서 복음의 길을 달려가는 것이란다. 복음을 향해 달려가는 삶은 천국을 향해 달려가는 삶과 같다. 나는 그 모습을 보면 마음이 흐뭇하고 기쁘고 만족스럽단다.

복음의 길을 달려가려면 지혜와 전략이 필요하다. 다윗이 골리앗을 상대할 때 지혜와 전략이 있었다. 방향이 분명하고 대상이 분명하다. 내 뜻 안에서 기도하고 성경 안에서 답을 찾아보렴. 그리고 네가 해야 할 일을 찾아내길 바란다. 그게 바로 내가 원하는 백점짜리 전략이란다.

목표를 향해 달려가는 삶

내가 이미 얻었다 함도 아니요 온전히 이루었다 함도 아니라
오직 내가 그리스도 예수께 잡힌 바 된 그것을 잡으려고 달려가노라

- 빌립보서 3:12 -

나를 믿고 구원을 받은 사람에게는 새로운 목표가 있다. 거듭난 사람의 목표는 거듭남 자체가 아니다. 거듭난 사람에게 맡겨진 목표와 사명이 있단다. 구원받은 자녀의 삶은 가만히 숨만 쉬는 삶이 아니다. 적극적으로 복음을 전하고 선을 실천하는 삶이 믿는 자의 삶이란다.

사도 바울은 위인전을 쓰지 않고 복음서를 썼다. 자신의 업적과 과거의 영광을 다 잊고 오직 복음을 전하기 위해 달려갔던 거야. 그래서 내가 바울을 아주 귀하게 사용하였단다.

과거의 실수는 잊어도 된다. 또한 과거의 영광에만 머무르지 마라. 인생의 여정은 끊임없이 계속 나아가는 길이란다. 앞에 있는 목표를 향해서 지금 이 순간에 최선을 다하렴. 날마다 나에게 더 가까이 나오며, 믿음을 사용하고 키워 나가라. 내가 너를 책임지고 도와줄게.

예수를 목표로 삼는 인생

믿음의 주요 또 온전하게 하시는 이인 예수를 바라보자
그는 그 앞에 있는 기쁨을 위하여 십자가를 참으사
부끄러움을 개의치 아니하시더니 하나님 보좌 우편에 앉으셨느니라

- 히브리서 12:2 -

예수를 바라보는 인생을 살아라. 성경에는 참으로 많은 사람들이 등장한다. 성경의 많은 인물 가운데 누구를 모델로 삼을지 궁금하니? 고민할 필요 없이 답은 하나다. 내 아들 예수를 모델로 삼으렴. 많은 신앙의 사람들이 예수를 모델로 삼았다. 성경은 위인들의 책이 아니라 나와 내 아들을 증언하고 알려 주는 책이다.

믿음이 흔들릴 때는 성경을 찾으렴. 성경에는 나를 증언하는 수많은 증인이 있다. 나는 너를 혼자 내버려 두지 않아. 너의 신앙을 도와줄 많은 증인들을 예비해 놓았단다. 너의 신앙이 좌우로 치우치지 않는 비결은 앞만 바라보는 것이다. 내가 고비 때마다 너에게 힘을 주고 도움을 줄 거야. 믿음의 시련과 고난 가운데에 반드시 내가 너와 함께하마. 고난 뒤에는 더 큰 기쁨과 영광이 있음을 잊지 마라.

천국을 목표로 삼는 인생

하나님의 날이 임하기를 바라보고 간절히 사모하라
그 날에 하늘이 불에 타서 풀어지고 물질이 뜨거운 불에 녹아지려니와
우리는 그의 약속대로 의가 있는 곳인 새 하늘과 새 땅을 바라보도다

- 베드로후서 3:12-13 -

새 하늘과 새 땅을 바라보고 간절히 사모하는 자녀가 되라. 하늘과 땅이 오래도록 견고한 이유는 하나다. 내가 사람들을 위해 오래 참으며 더 많은 사람이 회개하기를 기다리기 때문이야. 나에게는 하루가 천 년 같고 천 년이 하루 같단다. 영원히 오지 않을 것 같은 그때가 지금 다가오는 중이라는 걸 명심해라.

우주가 영원할 것처럼 보이지만 언젠가는 없어질 것이다. 그러므로 너는 마땅히 없어지지 않을 것을 마음에 품어라. 변하지 않는 의로운 약속을 바라보아라. 천국에 소망을 두고 준비하는 사람은 지혜로운 사람이다. 나의 뜻을 성경에 기록해 놓았기 때문에 모든 일이 성경대로 이루어질 것이다. 날마다 성경을 읽으며 천국이 준비된 자녀의 삶을 살기 바란다.

믿음의 눈으로 바라보는 비전

보이는 땅을 내가 너와 네 자손에게 주리니 영원히 이르리라
내가 네 자손이 땅의 티끌 같게 하리니
사람이 땅의 티끌을 능히 셀 수 있을진대 네 자손도 세리라

- 창세기 13:15-16 -

비전은 나의 눈으로 세상을 바라보는 것이란다. 믿음만이 볼 수 없는 것을 볼 수 있게 만들어 준다. 100세가 가까이 될 때까지 자녀가 없었던 아브라함이 한 일은 그저 내 말을 듣고 바라보는 것이었다. 아브라함은 자기 눈에 보이는 것만으로 계획을 세우고 따져보는 사람이 아니었단다. 그래서 믿음을 가지고 순종할 수 있었지. 순종의 결과로 아브라함은 내가 약속한 모든 것을 얻었고 믿음의 조상이 되었단다.

보이는 것으로 계산한 결정은 보이는 것에서 끝난다. 여기에는 내가 결정하고 책임질 만한 것이 없다. 믿음의 사람에게는 내가 새로운 비전과 사명을 보여 준단다. 나에게는 이미 완성된 설계도가 있어. 단지 그것을 감추고 있을 뿐이야. 믿음으로 내린 결정은 반드시 내가 책임진다. 네 눈에 보이지 않는 것까지 풍성히 채워 줄 거야. 성경의 약속을 믿으렴.

기다림의 때에 필요한 비전

이 후에 여호와의 말씀이 환상 중에 아브람에게 임하여 이르시되
아브람아 두려워하지 말라 나는 네 방패요 너의 지극히 큰 상급이니라

- 창세기 15:1 -

내가 너에게 복을 주기 위해 가장 좋은 때를 기다리고 있다. 내가 베풀어 줄 은혜와 복이 눈에 보이지 않는다고 해서 멀어지는 것이 아니란다. 그 은혜와 복은 오히려 너를 향해 가까이 오고 있는 중이야.

누구에게나 기다림의 시간이 있다. 기다림의 시간을 어떻게 보내느냐에 따라 결과가 달라질 수 있다. 아브라함에게도 요셉에게도 수많은 기다림의 시간이 있었다. 그들에게도 순간마다 두려움의 감정이 있었지만 믿음과 비전을 가지고 끝까지 나를 바라보며 때를 기다렸지. 그 결과 내가 베풀어 준 많은 복을 누릴 수 있었단다.

사람이 원하는 때와 내가 원하는 때는 다르다는 것을 기억하렴. 그리고 내가 베푸는 때가 항상 가장 좋은 때라는 것을 명심하길 바란다. 기다림의 시간을 두려움이 아닌 믿음으로 채워라.

성령이 보여 주시는 비전

그 후에 내가 내 영을 만민에게 부어 주리니
너희 자녀들이 장래 일을 말할 것이며
너희 늙은이는 꿈을 꾸며 너희 젊은이는 이상을 볼 것이며

- 요엘 2:28 -

나를 진심으로 믿는 사람의 마음에 성령이 함께한다. 선지자 요엘은 나의 음성을 들을 수 있었지. 요엘을 통해서 내가 말한 예언의 내용은 오순절에 이루어졌단다.

오순절에 제자들에게 나타난 성령은 오늘도 동일하게 일하고 있단다. 성령이 너에게 나의 뜻과 계획을 알려 줄 거야. 언어와 꿈과 환상 등 다양한 방법을 통해서 네가 깨달을 수 있도록 도와줄 거야. 나를 믿는 사람은 나와 가까운 관계이기 때문에 내가 계획한 모든 것을 알려 줄 수 있단다.

명심해라. 사람의 미래는 사람에게 달려 있지 않다. 사람의 미래는 나의 손에 달려 있다. 네 앞길을 나에게 맡기고 나의 뜻을 구하며 살아라. 네 앞길을 내가 예비해 놓았단다. 그 뜻을 하나씩 하나씩 알려 줄 거야. 너는 날마다 나의 인도함을 구하고 받으렴.

하나님께서 가르쳐 주시는 비전

사람이 장래 일을 알지 못하나니 장래 일을 가르칠 자가 누구이랴

- 전도서 8:7 -

내가 주는 비전이 없으면 인간은 자신의 비전을 따르게 된다. 사람의 비전이 아니라 너를 통해 이루기 원하는 나의 비전을 가져다오. 요셉의 꿈을 기억하니? 형제들의 곡식 단이 요셉의 단을 둘러서 절하는 꿈이었다. 요셉이 생각한 방법으로 꿈을 이루려고 했다면 결코 이룰 수 없었을 거야. 요셉이 꿈에도 생각하지 못한 놀라운 방법으로 꿈이 이루어졌단다.

요셉은 자신의 꿈을 집요하게 물고 늘어지지 않았다. 사실 요셉이 고난을 당하는 동안에는 이 꿈을 까맣게 잊고 살았단다. 그 대신 요셉은 나를 비전으로 삼았지. 그래서 내가 요셉과 함께하며 요셉을 형통하게 해 주었단다.

사람이 바라보는 미래는 불확실하고 불투명하다. 그러나 내가 바라보는 미래는 그림처럼 확실하고 유리처럼 투명하단다. 믿음으로 나의 뜻을 따르는 사람이 가장 좋은 미래를 만드는 사람이다.

성령이 알려 주시는 비전

그러나 진리의 성령이 오시면 그가 너희를 모든 진리 가운데로 인도하시리니
그가 스스로 말하지 않고 오직 들은 것을 말하며
장래 일을 너희에게 알리시리라

- 요한복음 16:13 -

내가 너를 통해서 반드시 이루어야 할 나의 비전이 있다. 지금도 이 땅에 수많은 사람들이 계속 태어나고 있다. 그것은 사람마다 이루어야 할 비전이 제각각 다르기 때문이야. 내가 너를 통해 이루고자 하는 비전을 찾으려면 나를 올바로 바라보아야 한다. 네가 스스로 비전을 만들고 세운다면 그것은 나의 계획과 전혀 다른 비전이 된다. 눈에 보이는 대로 살아가는 사람은 롯과 같은 선택을 하게 되지.

나를 믿지 않는 사람들의 속을 들여다보면, 그들은 자신의 미래도 믿지 못한다. 성령은 너에게 진리를 알려 줄 뿐만 아니라 너를 진리로 인도해 주지. 성령은 내가 바라고 계획하고 있는 일을 너에게 알려 준다. 매사에 성령의 인도를 구하는 자녀는 내가 원하는 뜻대로 살아가는 지혜로운 자녀란다.

하나님의 뜻을 깨닫는 비전

바울이 그 환상을 보았을 때 우리가 곧 마게도냐로 떠나기를 힘쓰니
이는 하나님이 저 사람들에게 복음을 전하라고 우리를 부르신 줄로 인정함이러라

- 사도행전 16:10 -

나의 비전은 삶의 현장에서 발견할 수 있단다. 왜냐하면 나의 비전은 너를 위한, 그리고 이 세상을 위한 비전이기 때문이다. 너는 하늘의 뜻을 땅에서 이루기 위해 태어난 존재야. 지금 너에게 주어진 삶의 현실과 현장은 비전을 받기 위한 무대라고 생각하렴. 날마다 삶의 현장에서 최선을 다해 하루를 채우면 그것이 쌓여서 아름다운 인생의 그림이 완성된단다.

사람마다 다른 상황을 주는 것은 그 사람과 상황에 맞는 비전이 각각 다르기 때문이다. 나는 각자의 비전을 모아서 나의 크고 위대한 일을 완성하지. 내가 베드로와 바울에게 나누어 준 비전이 조금씩 달랐단다. 베드로처럼 바울처럼 현장에서 열심히 살았던 사람은 비전을 받고 각자의 비전대로 살 수 있었지. 네가 처한 상황을 소중하게 여기고, 나의 뜻을 발견할 수 있도록 기도하렴.

하나님의 뜻을 알려 주시는 비전

오직 하나님이 성령으로 이것을 우리에게 보이셨으니
성령은 모든 것 곧 하나님의 깊은 것까지도 통달하시느니라

- 고린도전서 2:10 -

나의 뜻은 성경에 나타나 있단다. 하지만 사람들을 향한 구체적인 비전과 계획은 감추어져 있지. 개인이 가진 비밀도 자기 자신밖에 모를 텐데 나의 일도 나의 영이 아니면 아무도 알 수 없단다. 나의 영은 성령을 말하는 것이다.

나는 사람의 지혜와 상상 밖에 있단다. 사람은 나의 깊은 뜻을 알 수도 없고 볼 수도 없다. 하지만 성령은 나의 깊은 생각과 뜻까지도 다 알고 있지. 나의 뜻은 지식과 경험으로 예측하는 것이 아니야. 나는 성령을 통해 나의 뜻을 비추어 준다는 것을 기억하렴.

성령의 안내를 받으면 네가 할 일이 분명해진다. 신앙생활은 교회에서 맡은 예배와 봉사만을 말하는 것이 아니다. 참된 신앙생활은 오직 성령의 인도로 할 수 있단다. 무엇을 하든지 성령 안에서 하면 네가 하는 일을 통해 나의 뜻과 나의 비전을 이룰 수가 있게 된다.

부르심을 받은 사람의 사명

여호와께서 아브람에게 이르시되
너는 너의 고향과 친척과 아버지의 집을 떠나 내가 네게 보여 줄 땅으로 가라

- 창세기 12:1 -

나의 부름을 받은 사람들에게는 이루어야 할 사명이 있다. 아담에게도, 노아에게도, 아브라함에게도 사명이 있었다. 구원 받은 너에게도 맡겨진 사명이 있단다. 네가 받은 사명이 무엇인지 생각해 보렴. 생각이 나지 않는다면 성경을 부지런히 읽으면서 기도해 보렴.

아브라함은 익숙한 고향을 떠나 낯선 땅으로 가라는 나의 명령에 순종했다. 75세가 되어 아내 사라와 조카 롯과 함께 모든 소유와 얻은 사람들을 데리고 가나안으로 떠나는 여정은 매우 거대한 이동이었지. 아브라함은 결코 쉽지 않은 길을 믿음으로 선택했다.

믿음 생활을 하면서 때로는 너의 삶에 크고 작은 변화가 생기게 될 거야. 너의 계획에 없던 변화가 생겨도 당황하지 마라. 내 계획에는 분명히 포함되어 있는 일들이다. 믿음의 여정을 나에게 맡기고 끝까지 나를 신뢰하면 놀라운 일들을 보게 될 거야.

사명의 가치

사람이 나를 섬기려면 나를 따르라
나 있는 곳에 나를 섬기는 자도 거기 있으리니
사람이 나를 섬기면 내 아버지께서 그를 귀히 여기시리라

- 요한복음 12:26 -

사명의 가치를 깨닫는 자녀가 되기를 바란다. 너는 나의 뜻을 이루기 위해 이 땅에 보냄을 받고 나에게 부름을 받았다. 너는 나와 함께 복음의 약속을 이루어 가는 귀한 자녀란다. 세상은 나를 모르기 때문에 나의 일을 할 때 너를 환영하지 않는다. 오히려 사명 때문에 세상의 미움을 받을 수 있다는 것을 명심해라. 나를 섬기는 사람은 내 아들을 따라 고난을 받을 수도 있단다.

그러나 나는 너를 끝까지 사랑하며 너를 귀하게 여긴다는 것을 믿으렴. 복음을 위한 너의 수고와 헌신은 장차 너에게 큰 영광으로 돌아가게 될 거야. 내가 영광을 받았기에 내 아들을 따라 너도 칭찬을 받을 수 있단다. 네게 상처뿐인 영광만 남았다면 나는 그것을 영광의 흔적으로 고쳐 주겠다. 옛날에도 왕의 일을 하는 사람들은 특별한 대접을 받았다. 네가 가진 사명은 세상이 감당할 수 없는 귀한 일이란다.

예수께 받은 사명

내가 달려갈 길과 주 예수께 받은 사명
곧 하나님의 은혜의 복음을 증언하는 일을 마치려 함에는
나의 생명조차 조금도 귀한 것으로 여기지 아니하노라

- 사도행전 20:24 -

구원받은 자녀에게는 반드시 사명이 있다. 나는 구원받은 사람들을 데리고 함께 일한다. 그들은 복음의 증인들이기 때문에 나의 뜻을 알고 나의 뜻에 순종하지. 너를 향한 나의 뜻을 발견하고 사명대로 살아가기를 바란다.

사도 바울은 은혜의 복음을 전하는 일이 자신의 사명이라고 고백했다. 그리고 당당하게 복음을 전했지. 사도 바울은 자신의 목숨을 걸고 사명을 완수하였는데, 목숨을 하찮게 여겨서가 아니야. 그 일이 자기의 귀한 생명을 사용할 만큼 가치 있는 일이라고 생각했기 때문이다.

너는 물러나지도 말고 멈추지도 말고 부름 받은 곳이 있다면 담대하게 나아가라. 내가 너에게 맡긴 일과 너에게 맡긴 사람이 있다. 네가 맡은 일에 최선을 다하고, 네가 맡은 사람을 최선을 다해 섬기며 복음의 빛을 비추길 바란다.

사명을 대하는 태도

형제를 사랑하여 서로 우애하고 존경하기를 서로 먼저 하며
부지런하여 게으르지 말고 열심을 품고 주를 섬기라

- 로마서 12:10-11 -

내가 맡긴 일에 너의 시간과 노력을 아낌없이 사용해라. 하늘나라와 하늘의 의를 구하는 사람에게 나는 필요한 것을 채워 준단다. 세상은 자기 몫을 먼저 챙기고 베풀며, 받은 만큼 주라고 말하지. 하지만 나는 반대로 말한다. 먼저 베풀고 먼저 나누어 주면 내가 채워 줄 것이다. 이것이 하늘나라의 법칙이다. 네 인생에서 하늘나라의 법칙을 실천하다 보면 놀라운 경험을 하게 될 거야.

믿는 사람은 세상을 본받지 않는다. 믿는 사람은 마음가짐을 항상 새롭게 하여 내가 원하는 뜻이 무엇인지 분별하고 살핀단다. 나를 섬기려면 어떤 일을 해야 할지 지혜롭게 생각한 후에 지혜롭게 시간을 사용해라. 사명을 대하는 태도는 우선순위에 달려 있단다. 성경을 읽으면서 우선순위를 발견해 보렴. 너에게 지혜가 생겨날 거야.

사명을 받는 조건

오직 부르심을 받은 자들에게는
유대인이나 헬라인이나 그리스도는 하나님의 능력이요 하나님의 지혜니라

- 고린도전서 1:24 -

사람은 외모를 보고 판단하지만 나는 마음의 중심을 보고 판단한다. 선지자 사무엘조차도 사람의 외모로 판단하는 실수를 저질렀단다. 사명을 받는 조건은 사람에게 달려 있지 않아. 그건 오직 나에게 달려 있단다. 왜냐하면 나의 뜻을 이루기 위해 내가 필요한 대로 사명을 부여하기 때문이란다. 여기에 필요한 것은 오직 나의 능력과 지혜뿐이란다.

만일 사명을 받는 조건이 사람에게 달려 있다면 뛰어난 사람들만 선택받았을 것이다. 성경에서 내가 선택한 사람 중에는 오히려 조건이 뛰어나지 않은 사람들이 많았단다. 나는 그들의 중심을 보고 사명을 부여했단다. 그리고 나의 능력과 지혜를 부어 주었지.

네가 가진 것으로 뭔가 이루려고 하면 힘들 거야. 금방 한계에 부딪혀서 쓰러질지도 몰라. 너는 오직 나의 능력과 지혜를 의지해라. 나의 능력과 지혜는 무한히 쓸 수 있단다.

구원받은 사람의 사명

내가 내 자의로 이것을 행하면 상을 얻으려니와
내가 자의로 아니한다 할지라도 나는 사명을 받았노라

- 고린도전서 9:17 -

구원받은 사람에게 맡겨진 귀한 사명이 있다. 그건 네가 받은 구원의 복음을 전하여 다른 사람을 살리는 것이다. 생명을 살리는 일이야말로 가장 귀하고 가장 급한 일이지. 내가 그 일을 위해서 믿는 사람들에게 권능을 베풀어 주었단다. 복음에 대해서는 네가 "예"라고 대답할 수 있지만, "아니오"라고 할 수는 없단다. 명심해라. 복음 전하는 사명은 생명이 달린 일이란다.

사도 바울은 복음에 사로잡힌 사람이었어. 처음에는 사람을 사로잡는 사람이었지만, 복음을 만난 후 완전히 변했지. 사도 바울은 값없이 베풀어진 구원의 은혜에 감사해서 값없이 복음을 전했단다. 사명감과 의무감, 그리고 감사함을 가지고 자의로 타의로 복음을 전했지. 네가 구원받은 사람의 사명감을 느꼈으면 좋겠구나. 성경을 통해 복음의 놀라운 가치를 발견하기 바란다.

공동체를 위한 사명

그가 어떤 사람은 사도로, 어떤 사람은 선지자로,
어떤 사람은 복음 전하는 자로, 어떤 사람은 목사와 교사로 삼으셨으니
이는 성도를 온전하게 하여 봉사의 일을 하게 하며
그리스도의 몸을 세우려 하심이라

- 에베소서 4:11-12 -

사명은 언제나 공동체를 위한 것이란다. 가정이 될 수도 있고 교회가 될 수도 있고 사회가 될 수도 있다. 내가 너를 선택하고 구원의 자리에 초청한 것은 더 많은 사람들을 선택하고 부르기 위해서란다.

공동체에서 네게 맡겨지는 일은 사람을 섬기고, 그들이 나에게 더 가까이 다가오게 하는 일들이란다. 새로운 사람이 교회에 더해지면 공동체에서 양육을 받고 믿음이 자라서 다른 사람을 섬길 수 있는 일원이 된다. 이렇게 교회는 나의 다스림을 통해 한 마음 한 뜻으로 견고하게 자라나게 되지.

나는 각자의 은사에 따라 아주 정확하게 사명을 맡긴다. 그래서 네가 얼마나 큰 사명을 가졌는지는 중요하지 않아. 얼마나 충성했느냐가 나에겐 더 중요하단다. 나는 사명의 크기가 아닌 충성의 크기를 더 주목한다.

가치 있는 고난

고난 당한 것이 내게 유익이라 이로 말미암아
내가 주의 율례들을 배우게 되었나이다

- 시편 119:71 -

죄인이 마땅히 받게 되는 결과의 고난이 있고, 더욱 큰 유익을 위한 과정의 고난이 있다. 과정의 고난은 가치 있는 고난이야. 그것은 인생을 소중하게 만들고 의미 있게 만들지. 사람은 연약하고 불완전해서 누구나 실수를 할 수 있다. 고난을 당하기 전에는 잘못된 선택을 한다. 고난을 당하고 나서야 옳은 선택을 하게 되지. 직접 경험하면서 배운 지혜들은 오랫동안 잊지 않고 기억에 남는단다.

만일 네가 고난을 만나게 되면 나를 더 가까이하고 성경을 붙잡아라. 고난은 네가 잘못된 길에서 벗어나게 해 주고 올바른 길로 가게 인도해 준다. 나는 네가 고난의 끝을 통과하고 극복할 수 있도록 도와주는 하나님이다. 나는 모든 것의 결과를 선하게 만들어 주는 하나님이란다. 네가 고난의 때에 있을 때 나는 너를 외면하는 것이 아니라 더 주목하고 바라본다는 사실을 기억하렴.

복음의 가치

또 천국은 마치 좋은 진주를 구하는 장사와 같으니
극히 값진 진주 하나를 발견하매
가서 자기의 소유를 다 팔아 그 진주를 사느니라

- 마태복음 13:45-46 -

진주의 가치를 아는 사람만 진주를 살 수 있다. 복음의 가치를 아는 사람만이 복음을 귀하게 여길 수 있지. 세상 사람들은 복음의 가치를 깨닫지 못한다. 그래서 그들은 복음을 듣고서도 변하지 않고 움직이지 않는다. 믿는 사람이 복음을 듣고 나서도 가만히 있다면 신앙을 한 번 점검해 보아야 한다.

천국 복음은 네 인생 전부를 다 걸어도 될 만큼 가치 있는 것이란다. 왜냐하면 천국 복음은 영원한 생명을 살리기 때문이다. 구원으로 받는 영생의 선물은 세상 무엇과도 비교할 수 없을 정도로 가치가 높단다. 복음의 가치가 믿어지지 않고 깨달아지지 않는다면 성경을 거듭해서 더 읽어 보렴. 거듭난 사람은 성경을 거듭해서 읽어야 한다. 거듭난 사람은 성경을 통해 복음의 위대한 가치를 깨달을 수 있단다.

구원의 가치

사람이 만일 온 천하를 얻고도 자기 목숨을 잃으면 무엇이 유익하리요

- 마가복음 8:36 -

인생은 단 한 번뿐인 기회란다. 이 땅에서 네가 누리는 생명의 시간은 하늘의 것을 얻을 수 있는 유일한 마지막 기회란다. 그런데 대부분의 사람들은 이 땅에서 영원히 살 것처럼 생각하고 행동하며 살고 있지. 죽음을 앞두고 살아라. 죽음 뒤에는 바로 심판이 있기 때문이다. 천국과 지옥을 가르는 운명은 이 땅에서 어떤 선택을 하느냐에 달려 있다.

땅에 있는 것에서 인생의 목적을 찾아서는 안 된다. 하늘의 삶에 비하면 이 땅은 순간적인 것에 불과해. 이 땅의 마지막을 생각하면서 사는 사람이 지혜로운 사람이란다. 땅에서 좋은 것을 다 누리고 살아도 영혼이 구원받지 않으면, 땅에서 누린 것은 아무 소용이 없다. 그건 너무나 불행한 삶이지. 네 영혼을 위한 귀한 보물은 땅에 있지 않고 하늘에 있다는 것을 기억해라. 될 수 있으면 자주 기억해라.

천국의 가치

마리아는 지극히 비싼 향유 곧 순전한 나드 한 근을 가져다가 예수의 발에 붓고
자기 머리털로 그의 발을 닦으니 향유 냄새가 집에 가득하더라

- 요한복음 12:3 -

마리아는 천국의 가치를 제대로 알고 있는 사람이었다. 마리아가 가지고 있었던 향유는 매우 가치가 있었지. 그 당시에는 결혼을 위해 향유를 모으고 모아서 결혼 자금으로 사용했단다. 다시 말하면 향유 안에는 마리아의 결혼 계획과 인생 계획이 들어 있었던 거란다. 하지만 내 아들 예수를 만나자 그것을 다 바쳤단다. 정말 아름답지 않니?

은혜를 아는 사람은 진정 자신의 모든 것을 바칠 수 있다. 은혜를 통해 더 귀하고 가치 있는 것으로 채워지는 원리를 믿고 있기 때문이지. 나는 그런 사람들을 기억하고 그들의 인생을 가치 있게 사용할 거란다. 네가 그런 믿음의 사람이 되었으면 좋겠구나. 성경을 통해 천국의 가치를 깨닫기 바란다.

가치 있는 사람

모든 것이 가하나 모든 것이 유익한 것은 아니요
모든 것이 가하나 모든 것이 덕을 세우는 것은 아니니
누구든지 자기의 유익을 구하지 말고 남의 유익을 구하라

- 고린도전서 10:23-24 -

가치 있는 사람은 누구일까? 남의 유익을 구하는 사람이 가치 있는 사람이다. 스스로 가치 있다고 여기는 사람은 가치 있는 사람일까? 스스로 가치를 매기는 사람은 이기심이 많은 사람이다. 나의 영광보다는 사람의 영광을 드러내는 사람이다. 이기심은 남에게 유익이 없고 도리어 피해를 줄 수 있지.

네가 유익한 인생을 살고자 한다면 두 가지 질문을 머릿속으로 떠올려 보렴. 그럼, 큰 도움이 될 거야.

'하나님께 영광이 되는가?'

'누구에게 유익이 되는가?'

자신에게 영광이 되고 자신에게 유익이 된다면 남에게는 아무런 가치도 없단다. 나에게 영광이 되고 다른 사람에게 유익이 되는 결정을 한다면 그 사람은 가치 있는 사람이란다. 누구든지 그 사람 곁에 같이 있고 싶어 할 거야.

은사와 능력의 가치

은사는 여러 가지나 성령은 같고 직분은 여러 가지나 주는 같으며
또 사역은 여러 가지나 모든 것을 모든 사람 가운데서 이루시는 하나님은 같으니
각 사람에게 성령을 나타내심은 유익하게 하려 하심이라

- 고린도전서 12:4-7 -

은사는 공동체의 유익을 위한 것이다. 앞에도 말했지만 나에게 영광이 되고 다른 사람에게 유익을 주는 것이 가치 있는 거란다. 은사는 내가 사람들에게 다양하게 분량대로 나눠 주는 것이다. 은사는 은혜대로 주어지기 때문에 서로 비교하고 자랑하기보다는 서로 인정해 주어야 한다.

세상에는 다양한 사람들이 존재하지. 마찬가지로 각 사람에게 주어진 은사도 다양하지만 목적은 하나야. 은사는 교회와 사람을 섬기며 유익하게 하는 것이 목적이다. 이처럼 용도에 맞게 은사를 사용하면 은사의 가치는 빛나게 되지. 성경을 읽으면서 은사를 구하고 너의 은사를 발견해 보렴. 그리고 받은 은사를 유익하게 사용해 보기 바란다.

경건의 가치

육체의 연단은 약간의 유익이 있으나 경건은 범사에 유익하니
금생과 내생에 약속이 있느니라

- 디모데전서 4:8 -

경건이란 나의 성품을 닮는 것을 말한다. 이런 마음이 있으면 언제나 나에게 예배하고 순종하며 살 수 있지. 나를 사랑하고 섬기려면 나와 같은 마음을 품고 있어야 한다. 내 곁에 가까이 머물며 나에게 붙들려 살고 있다면 나의 성품을 저절로 닮게 된단다. 경건한 사람은 말과 자세와 생활에서 경건함이 자연스럽게 흘러나오게 되지.

나는 경건한 사람에게 나의 성품을 드러내고 그 마음에 평안함을 가득 채워 준단다. 그리고 은혜를 베풀어 주지. 경건은 너의 모든 삶에 유익이 되는 가치 있는 마음의 태도란다.

경건과 경건해 보이는 것은 차이가 있다. 겉으로 드러나는 과도한 절제의 모습은 자칫하면 자랑으로 보일 수 있으니 주의해야 한다. 성경에서 경건의 모습을 더 많이 발견해 보기를 바란다. 경건의 모양만 있는 사람은 되지 말고, 경건의 능력을 지닌 자녀로 살아가렴.

건강의 비결은 순종입니다

내 아들아 나의 법을 잊어버리지 말고 네 마음으로 나의 명령을 지키라
그리하면 그것이 네가 장수하여 많은 해를 누리게 하며 평강을 더하게 하리라

- 잠언 3:1-2 -

성경은 사람이 사람답게 잘 사는 법을 알려주는 책이다. 너는 내가 지은 피조물이고 나의 소유된 백성이란다. 너의 육체와 영혼은 내가 가장 잘 알고 있단다. 성경에는 너를 향한 나의 계획과 뜻이 담겨 있어. 그대로 잘 지키면 너는 복을 받게 된다. 성경은 마치 인생의 사용 지침서와 같지. 성경을 모르고서는 인생을 제대로 살아갈 수 없단다.

나의 말을 잊지 말고 순종하면서 살아라. 자녀가 부모의 말을 듣는 것처럼, 환자가 의사의 말을 듣는 것처럼 네가 나의 말을 귀 기울여 들어주었으면 좋겠구나. 세상은 너를 책임져 주지 않는단다. 하지만 나는 네 인생을 책임지고 인도하는 하나님이란다. 네가 나의 말을 지키고 나를 기억하면, 나도 너를 잊지 않고 너의 몸과 마음을 건강하게 지켜 줄 거야.

건강한 언어를 사용하십시오

선한 말은 꿀송이 같아서 마음에 달고 뼈에 양약이 되느니라

- 잠언 16:24 -

사람은 마음에 가득한 생각을 말로 내뱉는다. 마음에 선이 가득하면 선한 말이 나오고 마음에 악이 가득하면 악한 말이 나오지. 그래서 무엇보다 네 마음을 지키는 것이 중요해. 네 마음을 나의 사랑과 선한 성품으로 가득 채워라. 그리고 그 마음을 선한 말로 흘려보내렴. 그러면 네 주변이 사랑으로 채워질 거란다. 적용하는 게 쉽지는 않을 거야. 세상은 선한 말보다 강한 말을 원하니까.

진리를 말하면 듣는 사람에게 진리가 채워지고 생명을 말하면 듣는 사람에게 생명이 채워진다. 칭찬과 격려, 감사와 축복의 언어를 사용하면 듣는 사람에게 그대로 채워진다. 사람들이 그 말을 들을수록 육체와 정신이 살아난다. 사랑의 언어를 아낄 필요가 없겠지? 언제나 입에 사람을 살리는 말을 담는 습관을 들여라. 독설은 말 그대로 듣는 사람에게 독이 된다는 것을 명심하렴.

하나님이 공급해 주시는 건강

소년이라도 피곤하며 곤비하며 장정이라도 넘어지며 쓰러지되
오직 여호와를 앙망하는 자는 새 힘을 얻으리니
독수리가 날개 치며 올라감 같을 것이요
달음박질하여도 곤비하지 아니하겠고 걸어가도 피곤하지 아니하리로다

- 이사야 40:30-31 -

독수리가 바람을 기다리는 것처럼 너는 나의 때를 바라보며 기다려라. 새 힘을 얻는 비결은 기다림이란다. 독수리는 멋진 날개를 가졌지만 바람 없이는 날 수 없다. 독수리가 바람을 기다리듯이 너는 나의 때를 기다려라.

독수리는 날개가 아닌 바람의 힘으로 날아간다. 바다 위에 띄운 배는 사람의 힘보다 바람의 힘으로 갈 때 훨씬 쉽게 움직일 수 있지. 사람의 힘만으로 신앙생활을 하면 지치고 넘어진다. 피곤하고 힘들 때는 성령의 도움을 기다려라.

바라보는 것이야말로 위대한 힘을 얻는 방법이란다. 어린아이가 힘이 닿지 않을 때 할 수 있는 일은 부모를 바라보는 거야. 바라볼 때 도움이 생기고 길이 생긴다. 오늘 하루도 나를 바라보고 나에게 힘과 도움을 얻기 바란다.

나를 건강하게 만드시는 예수님

예수께서 이르시되 딸아 네 믿음이 너를 구원하였으니 평안히 가라
네 병에서 놓여 건강할지어다

- 마가복음 5:34 -

나의 뜻은 구원과 평안과 건강이란다. 나는 사람들이 생명 넘치는 삶을 살기를 원한다. 나는 생명의 근원이고 생명의 창조자란다. 사람들을 구원하고 평안을 주고 건강한 삶을 살게 하려고 내 아들이 이 땅에서 많은 사람들에게 구원을 베풀고 병을 고쳐 주었지.

너는 혈루증을 고침 받은 여인의 믿음을 본받아라. 그 사랑스러운 딸은 내 독생자의 옷에만 손을 대어도 구원을 받으리라 생각하였다. 네가 믿음을 보여 주면 나도 나의 능력을 보여 준다. 병 낫기를 위해 나에게 기도하는 것은 매우 성경적인 일이란다.

몸과 마음이 아플 때 숨기지 말고 방치하지 말고 나에게 나아오렴. 치유가 필요할 때 나에게 간구해라. 네가 믿음으로 순종하고 행동하면 나의 능력이 너에게 흘러 나간다. 내가 너에게 육체의 건강뿐만 아니라 영혼의 평안까지 안겨 줄 것이다.

속사람의 건강을 구하십시오

그의 영광의 풍성함을 따라 그의 성령으로 말미암아
너희 속사람을 능력으로 강건하게 하시오며

- 에베소서 3:16 -

내가 너에게 날마다 새로워지는 은혜를 베푼다. 거듭난 사람의 심령은 나에게 언제나 새로운 힘을 공급받을 수 있다. 나의 능력은 세상의 모든 사람에게 나누어 주어도 부족하지 않아. 태양이 날마다 지구에 에너지를 공급하듯이 나는 날마다 너에게 새로운 힘을 공급해 준다는 사실을 믿고 의지하렴.

신앙에 힘이 빠진다고 느낄 때 성령이 너와 함께하기를 구해라. 너의 심령이 건강해야 육체를 지배할 수 있다. 신앙생활은 인간의 힘만으로 감당할 수 없다. 신앙생활은 나의 힘을 공급받아서 감당하는 거란다. 너는 더 많이 구하고 더 많이 강해져라. 너의 거듭난 심령이 성장할수록 나중에 얻을 열매가 더 많아질 거야.

질병에서의 건강을 구하십시오

친히 나무에 달려 그 몸으로 우리 죄를 담당하셨으니
이는 우리로 죄에 대하여 죽고 의에 대하여 살게 하려 하심이라
그가 채찍에 맞음으로 너희는 나음을 얻었나니

- 베드로전서 2:24 -

나는 너를 치료하는 하나님이다. 죄 사함과 치유는 내가 너에게 베푸는 은혜와 선물이란다. 죄로 인해 죽을 수밖에 없는 너를 위해 나는 사랑하는 독생자를 아낌없이 내어 주었단다. 내 아들은 십자가에서 많은 시간 동안 고통을 겪어야만 했다. 그 시간은 너의 슬픔과 고통과 질병과 아픔의 값을 대신 치르는 매우 귀중한 시간이었다. 그때 치유함이 성취되고 완성되었다.

아픈 사람을 위해 기도하면 나음을 입는 이유는 채찍에 묻어 있는 피에 능력이 있기 때문이다. 보혈의 능력을 믿으렴. 내 아들이 너를 위해 죄와 질병을 짊어졌단다. 그러므로 너는 그것들을 짊어질 필요가 없단다. 나는 네가 죽는 것이 아니라 살기를 원한다. 생명력이 넘치는 삶을 살기를 원한다. 날마다 나에게 나아와 생명과 소망을 얻으렴.

영혼과 육체의 건강을 구하십시오

사랑하는 자여 네 영혼이 잘됨 같이
네가 범사에 잘되고 강건하기를 내가 간구하노라

- 요한3서 1:2 -

영혼과 육체의 건강을 위해 날마다 이렇게 기도하렴.

"내 영혼이 하나님과 올바른 관계로 맺어지기를."

"내 모든 일에 하나님께서 함께하여 도와주기를."

"하나님께서 나를 건강하게 지켜 주시기를."

나는 언제나 네 영혼이 잘되기를 바라며 너를 주목하고 있다. 네가 나에게 주목하고 귀 기울이면 언제나 내 뜻을 발견하고 나의 음성을 들을 수 있다. 나와 친밀하고 올바른 관계가 맺어져 있을 때 비로소 복음의 열매를 맺을 수 있단다. 복음의 열매는 네 삶에 주어지는 기쁨과 평안과 감사와 생명과 능력이지. 복음은 네 인생의 모든 영역에서 생명과 능력이 된다는 것을 믿으렴.

신앙과 생활을 따로 분리하지 말고 하나로 연결시켜라. 교회에서의 삶과 세상에서의 삶을 따로 생각하지 말고 조화롭게 연결시켜라. 너는 언제나 어디서나 내가 사랑하는 나의 자녀란다. 이 사실을 항상 기억하길 바란다.

인생은 축복입니다

하나님이 그들에게 복을 주시며 하나님이 그들에게 이르시되
생육하고 번성하여 땅에 충만하라, 땅을 정복하라,
바다의 물고기와 하늘의 새와 땅에 움직이는 모든 생물을 다스리라 하시니라

- 창세기 1:28 -

나는 너에게 복을 베푸는 하나님이다. 내가 사람을 창조하고 나서 그들에게 가장 먼저 한 일은 복을 주는 일이었다. 나는 사람에게 생육하고 번성하는 복과 다스리는 복을 주었단다. 이건 창조 때부터 네가 마땅히 누려야 하는 복이다. 사람은 복된 존재이기 때문에 누구나 복을 좋아하고 복을 받고 싶어 한단다.

복 받은 사람은 내가 베푸는 많은 열매를 남긴다. 하지만 나와의 관계가 깨지면 복도 없어진다. 죄를 범한 아담과 하와는 복이 아닌 저주를 받고 에덴동산에서 쫓겨났지. 나는 인류를 구원하기 위해 십자가의 계획을 세우고 그것을 성공적으로 이루었단다. 인생은 축복의 기회야. 나와 올바른 관계를 맺으면 귀하고 복된 인생을 살 수 있단다.

나는 축복의 사람입니다

내가 너로 큰 민족을 이루고 네게 복을 주어 네 이름을 창대하게 하리니
너는 복이 될지라

- 창세기 12:2 -

너는 축복받은 사람이야. 너를 위한 구원 계획이 이루어졌고, 너는 나의 사랑받는 자녀가 되었지. 나는 네가 이 땅에서 축복의 통로로 살아가기를 바란다. 네가 복을 받아서, 나누고 전하는 사람이 되었으면 좋겠구나.

사람은 누구나 복 받기를 원하고 복 받는 것을 좋아한다. 유대인들은 부모가 자녀를 넘치도록 축복한다. 나는 네가 네 가정을 사랑하는 만큼 거기에 축복을 더했으면 좋겠구나.

자녀가 있다면 자녀를 위해, 가족을 위해 날마다 더 많이 축복해라. 축복 기도만 하는 것이 아니라, 일상의 대화에 축복을 더해라. 네가 만나는 사람마다 축복해 주기를 바란다. 그렇게 하면 내가 너를 통해서 놀라운 일을 이루어 줄 거야. 너를 통해 많은 사람들이 나에게 돌아오게 될 거란다.

축복의 비결은 순종입니다

여호와께서 우리에게 이 모든 규례를 지키라 명령하셨으니
이는 우리가 우리 하나님 여호와를 경외하여 항상 복을 누리게 하기 위하심이며
또 여호와께서 우리를 오늘과 같이 살게 하려 하심이라

- 신명기 6:24 -

나의 복을 받는 비결은 바로 순종이란다. 내가 보기에 의롭고 거룩한 생활을 하면 복을 누리게 된다. 내가 보기에 가장 좋은 모습, 아름다운 모습 그 자체가 복이란다. 나와 동행하고 순종하는 삶, 내가 너를 지은 목적대로 사는 것 자체가 복이다. 복된 상태로 살아가면 열매는 저절로 열리게 된다.

성경에 등장하는 사람들은 나와 올바른 관계를 맺고 있을 때 축복을 받았지. 그러나 죄를 짓고 나와의 관계가 올바르지 못하면 축복이 떠나갔단다. 성경을 잘 살펴보고 복 받는 비결을 깨닫기 바란다. 내가 복의 근원이란다. 근원과 연결된 사람만이 복을 받을 수 있지. 날마다 나와 더 가까이 친밀하게 지내자. 나는 나와 친한 사람에게 복을 나누어 준다. 내가 넘치는 복으로 네 마음을 평안하고 만족스럽게 채워 주마.

축복의 기도문

야베스가 이스라엘 하나님께 아뢰어 이르되
주께서 내게 복을 주시려거든 나의 지역을 넓히시고 주의 손으로 나를 도우사
나로 환난을 벗어나 내게 근심이 없게 하옵소서 하였더니
하나님이 그가 구하는 것을 허락하셨더라

- 역대상 4:10 -

너는 나에게 정말 소중하고 특별한 존재란다. 모든 사람은 나의 형상대로 각각 존귀하고 독특하게 지음 받았단다. 그러나 세상에는 이 사실을 모르고 평범하게 사는 사람이 많구나. 성경에는 이름만 등장하는 수많은 사람들이 있지. 존귀한 자로 살기 원한다면 야베스처럼 복을 구하면 된다. 나는 복 주는 것을 너무 좋아해서 사람을 만들자마자 복부터 주었단다. 너는 태어날 때부터 복된 존재이고, 복을 누리기 위해 구원받은 사랑스러운 자녀란다.

복을 가볍게, 사소하게, 소홀하게 여기지 마라. 내가 소유한 복은 지구만 한 크기가 아니라 우주만 한 크기란다. 너는 지구에서 보기에 아주 작은 존재처럼 느껴지겠지만 너의 연약함에 믿음을 더하고 내 능력을 넘치도록 구하렴. 그렇게 하면 네 삶에 놀라운 일들이 일어날 거야.

하나님 곁에 있는 축복의 사람

주께서 택하시고 가까이 오게 하사 주의 뜰에 살게 하신 사람은 복이 있나이다
우리가 주의 집 곧 주의 성전의 아름다움으로 만족하리이다

- 시편 65:4 -

네 영혼은 나를 기뻐하고 섬기도록 지음 받았다. 창조 본래의 모습이 그렇게 되어 있단다. 하지만 타락한 인간은 이런 모습을 잃어버렸지. 죄를 깨닫고 나에게 돌아와 거듭난 사람은 창조 본래의 모습이 회복된다. 영이 살아나게 되어 나를 인식하게 되지. 사람은 나의 생기를 불어넣어서 만든 영적인 존재란다. 그러므로 너는 영혼 없는 것을 섬기지 말고, 영혼을 충만하게 하는 나를 섬겨라.

나를 섬기는 것이 가장 큰 행복이란다. 너는 나에게 선택 받은 존재란다. 나에게 날마다 더 가까이 나와라. 나는 언제나 너를 거절하지 않는다. 나는 너를 지었고, 너를 선택했으며, 너를 초청했고, 너를 내 곁에 두었단다. 너는 나에게 꼭 필요한 존재라는 것을 기억해 주었으면 좋겠어.

신령한 복을 가진 축복의 사람

찬송하리로다
하나님 곧 우리 주 예수 그리스도의 아버지께서 그리스도 안에서
하늘에 속한 모든 신령한 복을 우리에게 주시되

- 에베소서 1:3 -

하늘에 속한 모든 신령한 복을 사모해라. 땅에서만 필요한 세상적인 복은 반쪽짜리 복이다. 그 복은 일시적인 것이기 때문에 사실 반쪽에도 미치지 못하지. 신령한 복은 이 땅이 없어져도 하늘에서 영원히 누릴 수 있는 복이야. 지혜로운 사람이라면 신령한 복을 사모한다. 신령한 복은 거룩하고 영화롭고 없어지지 않으며 누구도 빼앗을 수 없단다.

거룩하고 흠 없는 사람, 거듭난 사람만이 신령한 복을 받을 수 있단다. 너를 거룩하고 흠이 없게 하려고 내가 이 땅에 독생자를 보냈지. 구원받은 자녀에게는 독생자에게 주어지는 복이 함께 주어진다. 그건 부활과 생명, 영적인 친밀함, 그리고 기도 응답이야. 날마다 신령한 복을 구하고 그것을 누리며 기쁨으로 찬송하는 복된 인생을 살아가기 바란다.

축복의 사람이 됩시다

악을 악으로, 욕을 욕으로 갚지 말고 도리어 복을 빌라
이를 위하여 너희가 부르심을 받았으니 이는 복을 이어받게 하려 하심이라

- 베드로전서 3:9 -

언제나 말로 축복하는 사람이 되라. 어떤 일에도 사람을 원망하지 말고 저주하지 마라. 말에는 능력이 있고 권세가 있다. 무엇이든 네가 말하는 대로 받을 것이다. 그러니 말을 함부로 하지 말아다오. 악을 악으로, 욕을 욕으로 갚는다면 세상은 온통 악한 세상이 되고 말 거야.

나의 자녀는 상황에 따라, 감정에 따라, 상대방에 따라 행동하는 사람이 아니다. 누구를 만나도 변하지 않는 성품에 따라 행동하는 사람이다. 모든 악한 것을 선으로 바꾸기 원하거든 선한 말을 최대한으로 사용해라.

말을 예쁘게 하려고 노력해라. 나는 악담과 욕설, 비방, 비난하는 말을 싫어한다. 그리고 듣는 사람도 싫어한다. 네가 누구를 만나든지 최선을 기대하며 말해라. 네가 말한 대로 열매를 얻을 것이다. 말 한마디로 복을 가져오고 복을 나누어 주는 축복의 사람이 되길 바란다.

복음을 전하는 발

좋은 소식을 전하며 평화를 공포하며 복된 좋은 소식을 가져오며
구원을 공포하며 시온을 향하여 이르기를
네 하나님이 통치하신다 하는 자의 산을 넘는 발이 어찌 그리 아름다운가

- 이사야 52:7 -

이 세상에 복음보다 중요한 소식은 없다. 네가 살아오면서 보았던 뉴스 기사 중에 네 인생을 바꾸고 네 생명을 구해 준 기사가 있다면 말해 보거라. 아마도 대답할 수 없을 거야.

만약 온 세상을 구원할 수 있는 치료제가 개발된다면 얼마나 기쁜 소식이겠니? 하지만 이런 일이 실제로 일어났다. 이천년 전 십자가 사건으로 복음을 믿는 사람은 누구든지 구원을 받게 되었단다. 복음에는 구원이 있고 치유와 회복이 있다.

사람들은 세상의 새로운 소식에 귀를 기울인다. 그리고 새로운 소식을 전하느라 바쁘지. 하지만 그런 소식은 너에게 복을 안겨다 주지 않는다. 너는 나의 말에 부지런히 귀를 기울여라. 나는 네게 복을 주었고, 복 받은 인생을 살기를 원한다. 내가 네 삶을 통치할 수 있도록 나에게 인생을 맡기렴. 내가 너에게 복을 안겨 줄 거야.

복음은 하나님의 약속입니다

여호와의 말씀이니라
보라 날이 이르리니 내가 이스라엘 집과 유다 집에 새 언약을 맺으리라

- 예레미야 31:31 -

예레미야에게 선포한 새 언약은 그들에게 복음이 되었다. 내가 이스라엘과 맺은 옛 언약을 그들은 끝내 지키지 못했단다. 그래서 결국 나는 새 언약을 맺게 되었단다. 이것은 나의 일방적인 은혜와 사랑이란다. 자격 없는 자들에게 자격을 주었고, 소망 없는 자들에게 소망을 안겨다 주었다. 나는 너의 하나님이고 너는 나의 소중한 자녀란다.

이 복음은 이스라엘에만 해당되는 것이 아니야. 내가 새 언약을 성취하기 위해 이 땅에 독생자를 보냈단다. 십자가에서 흘린 언약의 피를 통해 새 언약이 성취되었지. 내 언약을 믿고 받아들이면 누구나 새 언약의 사람이 된단다.

이 복음은 오늘도 수많은 사람들을 구원하고 있단다. 성경은 복음을 증언하는 책이야. 날마다 부지런히 성경을 읽으면서 나의 약속을 발견하기 바란다. 그리고 그 약속을 네 마음에 새기고 간직하렴.

예수님이 전하신 천국 복음

예수께서 온 갈릴리에 두루 다니사 그들의 회당에서 가르치시며
천국 복음을 전파하시며 백성 중의 모든 병과 모든 약한 것을 고치시니

- 마태복음 4:23 -

천국 복음에 귀 기울이는 자녀가 되라. 나의 사랑하는 독생자는 이 땅에 조금밖에 머무를 수 없었어. 30여 년의 짧은 시간 동안 내 아들은 시간을 낭비할 수가 없었지. 가장 의미 있고 중요한 일들만 했단다. 그래서 천국 복음을 전파하는 일에 최선을 다했지. 천국 복음이 얼마나 중요했는지, 부활한 내 아들이 승천하기 전까지 얼마 남지 않은 기간 동안 제자들에게 천국 복음을 다시 한 번 전했단다. 이제 천국 복음의 중요성을 깨달았니?

네가 알아야 할 두 가지 길은 첫째, 구원의 길과 둘째, 구원 받은 사람이 걸어가야 할 길이란다. 내 아들이 너와 나를 연결해 주는 길이요, 진리요, 생명이란다. 그리고 구원받은 사람들이 할 일은 나를 사랑하고 이웃을 사랑하는 일이지. 그리고 네가 마땅히 전할 것은 천국 복음이란다.

생명을 살리는 복음

맹인이 보며 못 걷는 사람이 걸으며
나병 환자가 깨끗함을 받으며 못 듣는 자가 들으며
죽은 자가 살아나며 가난한 자에게 복음이 전파된다 하라

- 마태복음 11:5 -

너는 내가 지은 피조물 중에 가장 가치 있는 존재란다. 사람들은 가치 있는 것을 귀하게 여기고 보호한다. 나도 마찬가지로 가치 있는 존재를 소중하게 여긴단다. 나는 상한 영혼을 그대로 내버려 두지 않는다. 나는 나의 말과 능력으로 마음이 상한 사람을 고치고 살리고 일으켜 주는 하나님이다.

소중한 것을 잃어버렸다가 다시 찾았을 때의 감격을 떠올려 보렴. 시력을 잃었다가 되찾은 사람, 건강을 잃었다가 되찾은 사람의 기쁨은 말로 다 표현을 할 수가 없다. 빼앗기고 잃어버린 사람들의 가치를 회복시키는 것이 내가 기뻐하는 일이다. 복음을 듣고 받아들인 사람은 창조의 본래 목적을 회복할 수 있어. 너의 삶에서 회복이 필요한 부분이 있다면 나에게 맡기고 기도하렴. 나는 너를 치료하는 하나님이다.

복음을 전하여야 하리니

예수께서 이르시되
내가 다른 동네들에서도 하늘나라 복음을 전하여야 하리니
나는 이 일을 위해 보내심을 받았노라 하시고

- 누가복음 4:43 -

언제나 소망을 가지고 담대하게 복음을 전해라. 복음 전하는 일은 생명을 살리는 일이야. 이 일은 거듭난 자녀들이 가진 귀한 사명이란다. 한 사람의 생명을 살릴 수만 있다면 대부분의 사람들은 많은 노력이 들어간다고 해도 아까워하지 않는다. 복음을 전하는 일도 마찬가지란다. 한 번의 수고가 아닌 오랜 기간의 수고가 필요한 일이지만 생명을 살리는 일이기 때문에 그 수고는 아깝지 않다.

복음을 힘써 거부하는 사람들이 있다는 것을 안다. 그럼에도 불구하고 나는 그들을 버리지 않는다. 그들의 영혼이 구원 받기 위해 선한 계획을 이미 세워 놓았다. 나의 온 신경을 복음을 전하는 사람에게 집중하고 있단다. 하늘의 뜻이 이루어져 가는 시간이기 때문이다. 때를 기다리며 믿음과 소망을 가지고 복음을 전하는 사랑스러운 자녀가 되기를 바란다.

복음은 하나님의 능력

내가 복음을 부끄러워하지 아니하노니
이 복음은 모든 믿는 자에게 구원을 주시는 하나님의 능력이 됨이라
먼저는 유대인에게요 그리고 헬라인에게로다

- 로마서 1:16 -

복음에는 나의 능력이 깃들어 있다. 복음은 사람들에게 믿음을 심어 주며 사람들의 영혼을 깨우고 살리는 놀라운 능력을 가지고 있단다. 사람들은 복음을 반드시 들어야 한다. 믿음이 있어야 복음을 듣는 것이 아니야. 복음을 들으면 믿어지게 된다. 믿음은 들음에서 나며 들음은 나의 말이 담긴 성경에서 비롯되지.

복음은 그 자체로 강력하고 완전하다. 더 보태거나 포장할 것도 없다. 다만, 너는 복음을 축소시키지 않도록 주의해라. 복음이 축소될수록 나보다 세상을 닮아가게 된다. 복음화의 반대말로 세속화라는 말이 있단다. 교회가 세상보다 약한 것이 아니다. 복음을 소홀히 하는 교회가 약한 것이다. 복음은 세상의 어떤 지혜와 지식보다 강하다.

복음을 아는 일에 힘쓰십시오

형제들아 내가 너희에게 전한 복음을 너희에게 알게 하노니
이는 너희가 받은 것이요 또 그 가운데 선 것이라

- 고린도전서 15:1 -

복음을 아는 일에 힘써라. 너의 신앙은 언제나 성경을 기준으로서 있어야 한다. 성경을 덮어 놓고 믿는 믿음은 진정한 믿음이 아니야. 내가 원하는 믿음은 성경을 펼쳐 놓고 믿는 믿음이란다. 성경을 기준으로 두지 않으면 나와 올바른 관계를 가질 수 없단다.

성경을 더 깊이 알고 이해할 수 있도록 힘써라. 성경에는 단어 하나, 의미 하나에도 나의 생명과 능력이 깃들어 있단다. 그동안 많은 설교를 들으면서, 성경을 읽으면서 무심코 그냥 지나쳤던 구절들이 있을 거야. 그것들을 새롭게 바라보고 깊이 묵상해 보렴. 성경의 구절들이 너에게 분명히 새롭게 다가오게 될 거야. 이 과정을 사소하고 가볍게 넘기지 않았으면 한다. 복음은 언제나 강조해도 지나치지 않다. 네 인생이 복음으로 가득 채워질 수 있도록 내가 한걸음씩 인도해 줄게.

능력을 베푸시는 하나님

네 하나님 여호와를 기억하라 그가 네게 재물 얻을 능력을 주셨음이라
이같이 하심은 네 조상들에게 맹세하신 언약을
오늘과 같이 이루려 하심이니라

- 신명기 8:18 -

나는 너에게 능력을 주는 하나님이다. 내가 모든 능력의 근원이니 모든 일에, 모든 영역에서 나를 의지하렴. 내가 너의 능력의 하나님이 되어 너를 도와줄게.

두 가지만 기억해다오. 첫째로, 네 삶에 여유가 있을 때 나를 기억해라. 많은 사람들은 오직 자신의 능력으로 모든 것을 얻었다고 말한다. 하지만 따져 보면 반드시 누군가의 도움을 받게 되어 있어. 나는 모든 능력의 주인이다. 나의 도움을 인정하는 사람은 지혜로운 사람이다.

둘째로 네 삶에 어려움이 있을 때도 나를 기억해라. 내가 능력을 베풀어서 때에 따라 너를 도와줄 거야. 나는 언제나 너의 필요를 알고 있단다. 나에게 마음껏 구하렴. 내가 나의 능력을 마음껏 사용해서 너를 도와줄게.

능력의 하나님을 의지하십시오

주 여호와는 나의 힘이시라
나의 발을 사슴과 같게 하사 나를 나의 높은 곳으로 다니게 하시리로다
이 노래는 지휘하는 사람을 위하여 내 수금에 맞춘 것이니라

- 하박국 3:19 -

나는 너의 힘이 되는 하나님이다. 나를 의지하는 인생은 그 발걸음이 경쾌하고 가볍다. 하지만 사람의 힘을 의지하는 인생은 그 발걸음이 무겁지. 너는 날마다 나의 능력과 도움을 구하고 의지해라. 나는 생명의 하나님이란다. 너에게 생명이 넘치고 활력이 넘치도록 힘을 공급해 주겠다.

신앙생활을 가볍고 쉽게 하는 사람이 신앙생활을 잘하는 사람이란다. 신앙생활이 무겁고 어렵고 거기에 짓눌려 있다면 문제가 있는 사람이다. 나의 힘으로 하느냐 너의 힘으로 하느냐는 하늘과 땅 차이라는 것을 명심해라. 매순간마다 나를 바라보고 나에게 힘을 얻으렴. 나는 너에게 모든 것을 뛰어넘는 힘과 능력을 베풀어 주는 하나님이란다. 네가 사슴처럼 가볍게 믿음의 길을 걸어갈 수 있도록 도와줄 거야.

능력의 하나님을 고백하십시오

보라 하나님은 나의 구원이시라
내가 신뢰하고 두려움이 없으리니
주 여호와는 나의 힘이시며 나의 노래시며 나의 구원이심이라

- 이사야 12:2 -

신앙이란 고백하고 표현하고 선포하는 거란다. 머리로만 하는 생각은 끊임없이 변한단다. 그러나 한 번 내뱉은 말은 완성된 소리로 세상에 나오게 되지. 나는 너의 고백과 선포를 기뻐하고 귀하게 여긴다. 모세와 다윗은 언제나 상황과 환경이 아니라 나에게서 힘과 용기를 얻었단다. 그리고 그것을 말로 고백했지. 모세와 다윗은 신앙을 숨기지 않고 드러냈기에, 나도 내 능력을 그들에게 숨기지 않고 마음껏 드러냈단다.

불신앙을 다른 말로 하면 두려움이다. 네가 두려움을 가지면 나의 능력과 생명을 공급받을 수 없다. 너의 말로 나를 세상에 공개하고 드러내렴. 나를 기다리고 기대하는 사람들에게 구원의 능력이 나타난다. 나의 능력은 믿음이 담긴 입술의 고백을 통해 흘러나가게 된다는 것을 명심하렴. 오늘도 너의 믿음의 고백을 기다린다.

하나님의 능력을 구하십시오

하나님이 나사렛 예수에게 성령과 능력을 기름 붓듯 하셨으매
그가 두루 다니시며 선한 일을 행하시고 마귀에게 눌린 모든 사람을 고치셨으니
이는 하나님이 함께 하셨음이라

- 사도행전 10:38 -

날마다 성령의 기름 부음을 구해라. 너는 내가 소유하고 선택한 존귀한 자녀다. 너는 거룩한 나라의 제사장으로 부름 받은 존재야. 기름 부음은 나의 소유로 구별하고 내가 가진 능력을 나누어 주는 거룩하고 귀중한 의식이란다. 성령의 기름 부음은 나의 뜻을 올바로 수행하려면 반드시 필요하단다.

성령을 환영하고 사모하렴. 성령이 너에게 지혜를 주고 능력을 주고 열정을 공급해 줄 거야. 넘치는 능력의 비결은 나를 의지하고 나와 함께하는 것이다. 사람의 능력에는 한계가 있으나 나의 능력에는 한계가 없다. 네가 연약함과 부족함을 느낄 때 언제라도 간절히 나의 도움을 구해라. 성경을 읽을 때, 기도할 때, 예배할 때, 그리고 삶의 매순간마다 성령의 기름 부음을 구하렴.

하나님의 능력은 분명합니다

창세로부터 그의 보이지 아니하는 것들
곧 그의 영원하신 능력과 신성이 그가 만드신 만물에 분명히 보여 알려졌나니
그러므로 그들이 핑계하지 못할지니라

- 로마서 1:20 -

나의 능력은 너의 눈으로 볼 수 있다. 네가 자세히 보려고 하지 않아서 못 볼 뿐이다. 나는 세상을 창조한 하나님이다. 너는 내가 지은 모든 세계를 눈으로 볼 수 있다. 우주 만물에는 질서와 계획이 있고 나의 뜻이 담겨 있단다. 하지만 너는 그것을 아는 만큼만 볼 수 있다. 그러므로 나를 힘써 알아야 한다.

세상과 현상을 자세히 관찰하는 눈을 길러라. 사랑과 관심이 관찰을 낳고 관찰을 하면 이전에 보이지 않았던 것을 볼 수가 있지. 네게 믿음의 망원경이 생기면 더 멀리 내다볼 수 있다. 네게 믿음의 현미경이 생기면 더 자세히 볼 수 있지. 네 눈으로 분명하게 볼수록 더 아름다운 세상을 볼 수 있단다. 그것은 내가 세상을 정말 아름답게 만들었기 때문이다. 귀로 듣기만 하는 신앙보다 눈으로 보는 신앙이 더욱 복되단다.

하늘나라는 능력에 있습니다

하늘나라는 말에 있지 아니하고 오직 능력에 있음이라

- 고린도전서 4:20 -

천국 복음은 말에 달려 있지 않고, 오직 능력에 달려 있다. 수식어에 현혹되지 마라. 말에 담긴 진리와 참 의미를 바라보렴. 청산유수와 같은 말은 겉으로만 좋을 뿐이란다. 이런 말은 너의 심령에 들어가지 못하고, 물 흐르듯 밖으로 흘러서 없어지고 만다. 이런 말은 진심이 담기지 않은 말, 중언부언하는 말이란다. 그러나 진리가 담긴 말은 네 심령에 깊이 흡수되지.

나의 능력은 말을 통해 이루어진다. 그러나 그것은 말의 화려함 때문이 아니라 말의 진실성 때문이다. 중요한 것은 말에 담긴 능력이다. 전도의 말은 그 안에 진리와 진실이 담겨 있으므로 그 능력이 어마어마하단다. 전도의 말은 생명을 지배하고 영원을 지배하는 능력이 담겨 있다는 것을 명심해라. 겉모습에 현혹되지 말고 속마음을 살펴보는 지혜를 가지렴.

능력 주시는 자 안에서

나는 비천에 처할 줄도 알고 풍부에 처할 줄도 알아
모든 일 곧 배부름과 배고픔과 풍부와 궁핍에도 처할 줄 아는
일체의 비결을 배웠노라
내게 능력 주시는 자 안에서 내가 모든 것을 할 수 있느니라

- 빌립보서 4:12-13 -

너에게 능력을 주는 내 안에 머물러라. 믿음은 상황에 달려 있지 않다. 믿음은 오직 나에게 달려 있다. 모든 상황 속에서 네 마음이 나에게 확정되었으면 좋겠구나. 내가 기뻐하는 나의 계획을 이루기 위해서 너를 사용하기 원한다. 너를 마음껏 사용할 수 있도록 네 마음과 생각을 날마다 나에게 맡기렴.

네가 가진 것이 (물질이든, 믿음이든, 시간이든) 부족할 때도 있고 풍부할 때도 있다. 이때 너의 부족함과 연약함을 바라보며 나의 일을 포기하고 중단하지 마라.

"내게 능력 주시는 자 안에 있으면 어려운 일이든 힘든 일이든 할 수 있습니다"라고 날마다 고백하며 네게 맡겨진 사명을 감당하렴. 이것이 내가 기뻐하는 고백이란다. 나는 우주의 모든 만물을 조절하고 사용해서 너를 도울 수 있다. 나는 너에게 능력을 베푸는 전능한 하나님이다.

하나님과 동행하는 삶

이것이 노아의 족보니라
노아는 의인이요 당대에 완전한 자라
그는 하나님과 동행하였으며

- 창세기 6:9 -

나는 너와 함께 하는 하나님이란다. 신앙이란 나를 믿고 나를 바라보는 것이다. 다른 말로 하면 신뢰라고 할 수 있지. 나는 너와 영원히 멀리 떨어진 하나님이 아니란다. 나는 너와 친구처럼 친하게 교제하는 것을 좋아한다. 네가 종교적인 의무감으로 나를 대한다면 하나도 기쁘지 않아. 나는 네 마음에서 진정으로 우러나오는 순종과 헌신을 기뻐한단다. 나는 영혼 없는 형식이 아니라 영혼이 가득 담긴 마음을 원해.

친밀한 관계가 깊어질수록 믿음도 깊어질 수 있다. 노아는 평생 동안 나와 동행했단다. 나는 노아에게 나의 놀라운 계획을 들려주었지. 노아는 깊은 믿음을 가지고 나의 말에 순종했다. 너는 날마다 나를 굳게 의지하렴. 내가 너를 험한 세상에서 굳게 지켜줄 것이다. 나와 동행하는 날을 하루씩 늘려가자.

동행의 길이 축복의 길입니다

여호와께서 요셉과 함께 하시므로
그가 형통한 자가 되어 그의 주인 애굽 사람의 집에 있으니

- 창세기 39:2 -

나와 동행하면 축복의 길이 열린다. 요셉은 많은 사람들이 꿈의 사람으로 기억한다. 그래, 맞아. 또 어떤 사람들은 요셉을 형통의 사람으로 기억하지. 그런데 나는 요셉을 이렇게 기억하고 싶구나. 요셉은 나와 동행한 사람이었단다.

요셉이 자신의 힘과 지혜와 노력으로 애굽의 총리가 되는 것은 불가능한 일이었지. 하지만 나는 가장 완벽한 방법으로 요셉을 총리로 만들었단다. 꿈의 사람 요셉이 꿈조차도 꾸지 못할 방법으로 말이야. 요셉이 나를 믿고 의지했기에 나는 요셉과 동행하며 나의 뜻을 이룰 수 있었단다.

상황이 좋지 않아도 염려하거나 낙심하지 마라. 내가 함께하면 그곳이 어디든지 축복의 자리가 된다. 나에게 매순간 삶을 맡기고 나와 붙어 있는 것이 진정한 형통이란다. 열매는 시간이 지나면 저절로 열리게 되어 있지. 내가 인도하는 길이 열린 길이고 축복의 길이라는 것을 믿으렴.

동행의 길이 안전한 길입니다

내가 사망의 음침한 골짜기로 다닐지라도 해를 두려워하지 않을 것은
주께서 나와 함께 하심이라
주의 지팡이와 막대기가 나를 안위하시나이다

- 시편 23:4 -

나와 동행하면 안전하다. 내가 있는 곳은 그곳이 좁은 길이라도 안전한 길이 된다. 내가 없는 곳은 그곳이 넓은 길이라도 위험한 길이 된다. 어디에 있느냐가 아니라, 누구와 함께 있느냐가 너의 안전을 결정한다. 눈에 보이는 환경이 아니라 눈에 보이지 않는 나를 바라보는 연습을 하면 좋겠구나.

너에게 불편해 보이는 장소라도 내가 함께 있다면, 그곳이 도움의 장소가 될 것이다. 골짜기는 좁고 거친 길이지만, 그곳은 은혜의 물줄기가 흐르는 통로가 된다. 너에게는 나의 은혜를 경험하는 귀한 장소가 될 거야. 내가 너의 도움이 되어줄게. 지팡이와 막대기로 양떼를 지켜 주고 이끌어 주는 목자처럼 말이다. 네가 가는 길을 온전히 나에게 맡기렴.

지혜로운 자와 동행하십시오

지혜로운 자와 동행하면 지혜를 얻고 미련한 자와 사귀면 해를 받느니라

- 잠언 13:20 -

지혜로운 자와 동행하면 지혜를 얻는다. 사람은 누구나 가장 가까운 사람의 영향을 받게 되어 있다. 너는 너의 부모를 닮았고, 너의 친구를 닮았어. 좋은 사람을 가까이 두면 좋은 영향을 받아서 그 삶이 풍성해진다. 인생의 수준은 누구를 만나느냐에 따라 달려 있단다. 만남의 복을 나에게 구하렴.

무엇보다 지혜를 구하고 지혜를 얻기 바란다. 내가 말하는 지혜는 인간적인 세상의 처세술을 뛰어넘는 지혜를 말한다. 솔로몬은 어릴 때부터 이미 다윗에게 지혜를 인정받았단다. 그럼에도 불구하고 솔로몬이 나에게 구한 것은 듣는 마음이었단다. 이것은 지혜보다 더 높은 수준의 지혜였지.

솔로몬은 내가 선물한 지혜와 분별력을 가지고 나라를 이끌었단다. 지혜로운 왕을 가진 덕분에 나라가 평안했지. 반대로 솔로몬의 아들 르호보암은 자기와 함께 자랐던 젊은 신하들이 지혜롭지 못하여 어리석은 결정을 하고 말았단다. 나는 네가 지혜로운 사람들과 동행하기를 바란다.

동행하는 신앙

보라 처녀가 잉태하여 아들을 낳을 것이요
그의 이름은 임마누엘이라 하리라 하셨으니
이를 번역한즉 하나님이 우리와 함께 계시다 함이라

- 마태복음 1:23 -

임마누엘의 신앙을 날마다 자주 고백하렴. 이 고백은 내가 정말 좋아하는 고백이란다. 나는 너와 항상 함께 있단다. 사람들은 분명한 사실을 자주 잊어버린다. 매순간 나를 자주 의식하렴.

내가 너를 도울 수 있는 이유는 항상 네 곁에 있기 때문이야. 나는 한시도 너를 잊지 않고 너를 주목하고 있단다. 너에게 어려움이 닥쳐와도 안심해라. 내가 보이지 않게 일하고 있다는 사실을 믿으렴.

나는 성령을 네게 보냈단다. 성령을 사모하고 성령을 받으렴. 성령이 네 안에 머물면 나를 더 자주 의식할 수 있게 되지. 성령은 너의 생각을 지키고 다스리며 나의 뜻을 자주 생각나게 도와준단다. 너에게 날마다 임마누엘의 은혜가 있단다. 그 은혜를 깨닫고 마음껏 누리길 바란다.

하나님 뜻대로 동행하십시오

나를 보내신 이가 나와 함께하시도다
나는 항상 그가 기뻐하시는 일을 행하므로 나를 혼자 두지 아니하셨느니라

- 요한복음 8:29 -

진정한 동행은 나와 함께하며 나의 뜻대로 일하는 거란다. 나는 나를 위해 일하는 사람보다 나와 함께 일하는 사람을 좋아해. 나를 위한다고 하면서 정작 나를 빼놓고 스스로 일하는 사람이 많다. 이런 사람은 자기만족과 유익을 위해 일하지. 이건 내가 원하는 방법이 아니란다. 나를 위해 가는 길보다 나와 같이 가는 길이 즐거운 길이란다.

사람에게 초점을 맞추지 말고 나에게 삶의 초점을 맞추렴. 나의 자녀는 사람이 기뻐하는 일보다 내가 기뻐하는 일을 찾아서 한다. 그리고 자기 자신이 높아지는 일보다 나를 높이는 일을 찾게 되지. 이런 사람을 내가 기뻐하고 인정한다.

사람이 스스로 하는 일에는 자기만족은 있겠지만 영광도 없고 유익이 없다. 그러나 나의 도움을 힘입어서 하는 일에는 나의 영광이 머무른단다. 한 걸음씩 날마다 우리 함께 걸어가자.

동행하면 나타나는 열매

나는 포도나무요 너희는 가지라
그가 내 안에, 내가 그 안에 거하면 사람이 열매를 많이 맺나니
나를 떠나서는 너희가 아무 것도 할 수 없음이라

- 요한복음 15:5 -

나와 동행하면 나타나는 열매가 있다. 시냇가에 심은 나무는 물과 영양을 쉽게 공급받아서 잎사귀가 마르지 않고 열매도 많이 맺게 되지. 나와 함께 있으면 너는 내가 가진 은혜와 능력을 공급받게 된다. 시간이 지나면 네 삶 가운데 귀한 열매가 나타나지. 나를 닮고 나를 드러내는 성품들은 귀한 열매란다. 네가 천국 백성으로 살기 위해 꼭 필요한 성품들이지.

나는 네가 스스로 열매 맺도록 만들지 않았다. 나는 너를 포도나무의 가지처럼 만들었단다. 포도의 가지가 열매를 맺는 유일한 방법은 나무에 붙어 있는 거란다. 내 안에 머물러 있으면서 네가 선택하고 결정한 모든 결과는 나에게 맡기렴. 네가 나에게 머물러 있던 시간만큼 풍성한 열매를 너에게 안겨다 줄 거야.

하나님을 사랑하십시오

너는 마음을 다하고 뜻을 다하고 힘을 다하여 네 하나님 여호와를 사랑하라

- 신명기 6:5 -

나는 사랑의 하나님이다. 내가 너에게 가장 바라는 것은 사랑이란다. 이건 다른 단어로 바꿀 수 없단다. 사람은 나를 사랑하기 위해 지음 받은 존재란다. 내가 원하는 핵심은 사랑이고 결론도 사랑이란다.

예배는 네가 가진 인격으로 나를 향한 사랑을 표현하는 거란다. 예배를 잘 드리는 사람은 전문성이 아닌 진정성이 드러나는 사람이야. 나는 찬양 소리가 아닌 찬양하는 사람의 마음을 기뻐한다. 진정한 예배는 마음의 예배란다. 진정한 사랑은 형식이 아닌 마음에서 나온다.

온 마음과 온 정성과 온 힘을 다해 진정으로 나를 사랑해 보렴. 나에게 아무리 작은 것을 줄지라도 언제나 마음을 담으렴. 사람은 외모를 주목하지만 나는 언제나 마음의 중심을 바라본단다.

사랑으로 허물을 덮으십시오

미움은 다툼을 일으켜도 사랑은 모든 허물을 가리느니라

- 잠언 10:12 -

너는 끝까지 사랑을 선택하렴. 세상은 사랑이 점점 식어가고 있단다. 그럴수록 너는 더욱 뜨겁게 서로 사랑하기를 바란다. 사랑은 허물을 가리고 허다한 죄를 덮는다. 사랑은 사람을 살리고 회복시키는 약이란다. 사랑은 처방약도 되고 예방약도 된다. 사랑은 사람을 따뜻하고 부드럽게 만들지. 그래서 사람 사이에 죄가 터져 나오지 않도록 분노와 다툼을 줄여 준다. 만약에 죄가 터져 나오더라도 참고 용서할 수 있는 마음이 생긴단다.

너는 상처 주는 사람이 되지 말고, 상처를 낫게 해 주는 사람이 되라. 미움은 다툼을 일으키고 서로를 다치게 한다. 하지만 사랑은 서로를 낫게 하지. 사랑에는 회복과 치유의 능력이 있어. 누구를 만나든지 사랑의 마음으로 품으렴. 사랑 가운데서 서로 용납하는 일이 공동체를 살리고 지키며 세우는 일이다.

하나님의 위대한 사랑

하나님이 세상을 이처럼 사랑하사 독생자를 주셨으니
이는 그를 믿는 자마다 멸망하지 않고 영생을 얻게 하려 하심이라

- 요한복음 3:16 -

오늘 하루, 나의 사랑을 깊이 묵상해 보렴. 사람들은 만나는 사람마다 사랑하는 크기가 제각각 다르지. 하지만 나는 사람에 따라 사랑을 조절하지 않는단다. 나는 언제나 최상급의 가장 큰 사랑으로 사람들에게 베풀어 주지. 나의 사랑은 언제나 다함이 없고 변함이 없단다.

나는 내가 제일 아끼는 가장 귀한 선물을 너에게 주었단다. 나는 세상을 지극히 사랑했기 때문에 내 사랑하는 독생자를 이 땅에 보냈다. 내 아들은 사람들의 죄를 속하기 위한 희생제물이 되었지. 사람들은 이 사랑으로 구원을 얻게 되었어!

내가 독생자를 내어 줄 정도로 반드시 이루고 싶은 간절한 소원이 있었단다. 그것은 사람이 거듭나서 영생을 얻는 것이지. 나는 사람과 교제하고 사랑을 나누기 원해서 기회와 선물을 준 거야. 너와 이렇게 교제할 수 있어서 나는 너무나 기쁘단다. 나와 날마다 풍성한 사랑의 교제를 나누자. 영원히!

사랑은 지키는 것입니다

나의 계명을 지키는 자라야 나를 사랑하는 자니
나를 사랑하는 자는 내 아버지께 사랑을 받을 것이요
나도 그를 사랑하여 그에게 나를 나타내리라

- 요한복음 14:21 -

사랑은 약속을 지키는 것이란다. 진정한 사랑은 좋아하는 감정뿐만이 아니라 행동이 포함되지. 누군가를 사랑하면 약속하고 싶고, 그 약속을 지키고 싶어 한다. 나를 사랑하는 사람도 마찬가지란다. 거듭나서 나와 사랑에 빠진 사람들은 헌신을 결심하고 많은 다짐들을 하지. 내 말을 지키려고 하고 나와 많은 약속을 한다. 네 모습도 이와 비슷하지? 그 모습은 정말 아름답고 사랑스럽단다.

네가 나의 말을 기억하고 언제나 기쁨으로 순종하기를 바란다. 나의 계명을 지키는 사람은 자기의 영혼을 지키는 사람이란다. 지킨다는 것은 꾸준하고 변함없는 마음의 표현이지. 나는 그런 사람을 변함없는 사랑으로 지켜 줄 거란다.

먼저 사랑하신 예수님

우리가 아직 죄인 되었을 때에 그리스도께서 우리를 위하여 죽으심으로
하나님께서 우리에 대한 자기의 사랑을 확증하셨느니라

- 로마서 5:8 -

내가 너를 먼저 사랑했다. 너를 창조하기 전부터 나에게는 사랑의 계획이 있었단다. 너는 사랑의 결과로 나타난 귀하고 사랑스러운 피조물이란다. 나는 너를 향한 사랑을 숨기지 않고 다 드러냈단다. 독생자를 내어 준 사랑이 그 증거야.

에덴동산에서 아담과 하와가 죄를 짓고 동산 나무에 사이에 숨었을 때 나는 먼저 그들을 부르고 찾았단다. 나의 사랑은 언제나 먼저 보이고 먼저 내미는 사랑이란다. 나를 믿음으로 바라보고 손 내밀어 사랑을 받아들이렴. 그 사랑 안에 화목과 즐거움이 있다.

사람들을 먼저 사랑하는 습관을 가지렴. 나의 사랑을 받은 자녀는 그 사랑이 흘러 넘쳐서 다른 사람에게까지 사랑을 흘려보낼 수 있단다. 먼저 사랑할 때 사랑의 진정성이 드러난다. 먼저 사랑할 때 나의 성품을 세상에 드러낼 수 있단다.

사랑을 포함하십시오

그런즉 믿음, 소망, 사랑, 이 세 가지는 항상 있을 것인데
그 중의 제일은 사랑이라

- 고린도전서 13:13 -

모든 일에 나의 사랑을 더하렴. 무엇이든 사랑이 깃들면 선한 것이 되고 나의 기쁨이 되며 유익이 된다. 사랑으로 일할 때 나의 성품이 드러나게 된다. 사랑이 없이 행하는 모든 일은 나를 빼놓고 하는 일과 같다. 내가 빠진 그곳에는 나의 능력도 존재하지 않는단다. 사도 바울은 이것을 깨닫고 사랑이 없으면 아무것도 아니라고 말했지.

사랑은 오래 참고 사랑은 온유하며 시기하지 않으며 사랑은 자랑하지 않으며 교만하지 않는다. 사랑은 무례히 행하지 않고 자기의 유익을 구하지 않고 성내지 않고 악한 것을 생각하지 않는다. 사랑은 불의를 기뻐하지 않으며 진리와 함께 기뻐한다. 사랑은 모든 것을 참으며 모든 것을 믿으며 모든 것을 바라며 모든 것을 견딘다.

무슨 일을 하든지 동기가 중요하단다. 무슨 일을 하든지 사랑에서 출발했는지 아니면 자랑에서 출발했는지 점검해 보렴.

사랑이 머무는 사람

사랑은 여기 있으니 우리가 하나님을 사랑한 것이 아니요
하나님이 우리를 사랑하사 우리 죄를 속하기 위하여
화목 제물로 그 아들을 보내셨음이라

- 요한1서 4:10 -

사랑을 간직한 자녀로 살아다오. 사랑이 존재하기 때문에 인생은 귀하고 값진 것이란다. 사랑이 전혀 없는 인생은 죽은 인생이나 다름없지. 사랑이 있는 곳에 나도 있다. 사랑이 없는 곳에는 나도 없다. 나는 사랑의 하나님이다. 나를 사랑하고 이웃을 사랑하는 사람은 세상에 나를 알리는 사람이란다. 나를 믿는 믿음은 사랑을 통해 증명할 수 있지. 사랑이 모든 것을 연결해 준다. 사랑으로 나에게 연결받으렴.

사랑이 모든 것을 살린다. 사랑에는 생명이 있어서 사랑하면 살아나게 된다. 내가 독생자를 세상에 보낸 것은 사랑으로 너를 살리기 위해서였단다. 믿음도 나에게서 왔고 사랑도 나에게서 왔다. 내가 가진 사랑, 내가 공급해 준 사랑을 받아들이고 나의 은혜로 살아가는 자녀가 되길 바란다.

구원의 하나님

여호와는 나의 힘이요 노래시며 나의 구원이시로다
그는 나의 하나님이시니 내가 그를 찬송할 것이요
내 아버지의 하나님이시니 내가 그를 높이리로다

- 출애굽기 15:2 -

나는 구원의 하나님이다. 모세는 눈앞에서 이스라엘의 구원을 생생하게 경험했단다. 물이 쌓이고 파도가 일어서고 커다란 물이 엉긴 것을 직접 보았지. 내가 바람을 일으켰을 때 홍해가 바로의 병거와 그의 군대를 바로 삼켜 버렸단다. 모세는 나를 찬송하며 나의 이름을 높였지. 위에 적힌 성경 구절은 그 노래의 일부분이란다. 너에게도 이런 생생한 체험과 고백이 있었으면 좋겠구나.

불확실한 세상을 바라보며 불안해하거나 염려하지 않아도 된다. 나는 모든 일의 결과를 확실히 알고 있단다. 나의 계획은 반드시 성취된다. 믿지 못할 세상에 가장 믿을 만한 존재는 나라는 걸 명심해라. 나를 믿고 오늘 하루를 나에게 의지하렴. 내가 너를 최선의 계획으로 인도해 줄게.

구원은 하나님께 있습니다

구원은 여호와께 있사오니 주의 복을 주의 백성에게 내리소서

- 시편 3:8 -

구원은 오직 나에게 달려 있다. 다윗은 나와 매우 친밀한 사이였지. 다윗은 기도를 많이 했고, 찬양을 많이 했단다. 시편에는 다윗의 찬양과 기도가 많이 등장하지. 시편은 너의 신앙이 자라는 데에 많은 도움을 주니 시편을 가까이하렴.

다윗의 인생에는 위기가 참 많았다. 하지만 다윗은 위기가 있을 때마다 비슷한 방법으로 위기를 극복했어. 나의 말을 묵상하고 나의 말을 선포하며 나의 도움을 간절히 구했단다. 그 결과 두려움에서 벗어나고 내가 주는 구원과 복을 누릴 수가 있었지.

어떤 순간에도 나의 능력과 사랑을 의심하지 말고 믿으렴. 내가 베푸는 구원은 사람이 빼앗을 수 없단다. 신앙생활이란 구원의 경험을 쌓는 일이란다. 종교적인 형식만으로는 신앙이 자라지 않는다. 삶에서 은혜를 받는 경험이 쌓이고 쌓일 때 확신이 생기고 신앙이 자라게 된단다. 네 신앙이 날마다 자라나기를 기대한다.

구원으로의 초대

하나님이 그 아들을 세상에 보내신 것은 세상을 심판하려 하심이 아니요
그로 말미암아 세상이 구원을 받게 하려 하심이라

- 요한복음 3:17 -

나에게는 구원이 가장 중요해. 나는 사랑과 공의의 하나님이다. 세상의 심판은 반드시 있고 구원도 반드시 있다. 많은 사람들은 자기가 영원히 살 것처럼 살아가고 있지만, 인생은 생각보다 짧아. 구원으로의 초대는 인생에서 가장 귀중한 기회다. 지혜로운 사람은 인생의 결말을 생각하며 사는 사람이란다.

성경을 읽으면서 나의 사랑하는 독생자가 손 내미는 장면을 찾아보렴. 내 아들이 사람들을 구원할 때 나의 능력이 깃들어 있는 손을 사용했단다. 손을 잡으며, 손을 대며, 안수하며, 많은 사람을 고치고 구원했단다. 삶의 마지막 순간에도 십자가에 기꺼이 손을 내밀어 구원을 완성했단다. 지금도 사람들을 구원으로 초대하기 위해 손 내밀고 있는 내 아들을 마음으로 상상해 보렴. 네가 믿음의 손을 내밀어 오늘 하루도 구원의 자리로 나아오기를 바란다.

구원을 받을 만한 이름

다른 이로써는 구원을 받을 수 없나니
천하 사람 중에 구원을 받을 만한 다른 이름을
우리에게 주신 일이 없음이라 하였더라

- 사도행전 4:12 -

구원을 받을 만한 다른 이름은 없다. 오직 나의 아들 예수 이름밖에 없다. 이건 매우 중요해. 믿지 않는 사람들을 천국으로 이끌기 위해 반드시 말해 줘야 한단다.

대부분의 종교 가르침은 충고로 이루어져 있지. 이렇게 살아가라고 하는 이야기들이지. 이 땅에서 도움이 되는 윤리적이고 도덕적인 가르침이다. 하지만 그건 사람의 기준일 뿐이다. 사람의 기준은 나의 기준을 절대 만족시킬 수 없단다. 사람이 사람을 구원할 수 없는 이유다.

복음은 사건으로 이루어져 있지. 커다란 사건이 생기면 상황이 크게 바뀐단다. 십자가 사건, 부활 사건은 인류에게 엄청난 영향을 미치는 큰 사건이란다. 나와 나를 연결하는 길이 끊어졌는데, 독생자를 통해서 길이 생긴 거야. 너의 목표는 사람들이 천국으로 갈 수 있는 유일한 길로 안내하는 거란다.

가정의 구원을 이루십시오

이르되 주 예수를 믿으라 그리하면 너와 네 집이 구원을 받으리라 하고

- 사도행전 16:31 -

성경은 구원을 알려 주는 책이다. 성경을 통해 구원을 올바로 이해하고 깨달을 수 있게 되지. 구원의 사다리는 땅에서 만들 수 없다. 오직 하늘에서 내려오는 것으로만 구원을 이룰 수 있단다.

많은 사람들은 인간적인 기준으로 세상을 바라보기 때문에 구원을 쉽게 받아들이지 못한다. 성경을 거듭해서 읽다 보면 계속 네 마음에 생명과 지혜가 쌓이게 된다. 그래서 결국 나의 완전한 뜻과 계획을 깨달을 수 있게 되지. 내가 보낸 독생자의 사랑을 그저 믿고 받아들이면 된다.

구원은 공동체를 위한 것이란다. 한 사람의 생명을 살리는 구원은 가족과 공동체에도 흘러가게 되지. 네가 간직한 생명의 복음으로 주변을 밝게 비춰 주어라. 그러면 네가 속한 공동체에도 구원을 받는 일이 일어나게 될 거야.

믿음으로 받는 구원

사람이 마음으로 믿어 의에 이르고 입으로 시인하여 구원에 이르느니라

- 로마서 10:10 -

구원은 인간의 영역이 아니라 하늘의 영역이란다. 사람이 할 수 있는 어떠한 고귀한 행동도 인간을 구원할 수 없다. 구원은 오직 믿음으로 가능하단다. 한 번 타락한 인간은 율법이 요구하는 바를 절대 지킬 수 없어. 하지만 믿음은 달라. 믿음은 사람의 죄와 연약함을 인정하고 내 아들의 공로를 의지하기 때문이지. 처음 믿음의 말을 내뱉을 때는 어색할 거야. 하지만 믿음이 자랄수록 더욱 깊은 고백으로 변하게 되지.

믿음을 지키렴. 사람의 믿음은 연약한 믿음에서 강한 믿음으로 성장한다. 믿음은 네가 계속 사용해야만 강해진다. 날마다 나를 의지하고 가까이하며 신앙을 고백하렴. 그러면 믿음이 자라나게 될 거야. 어려운 상황에서도 믿음이 떨어지지 않게 입술의 말을 지켜라. 이렇게 일생에 걸쳐 이루어지는 고백과 믿음은 반드시 열매로 나타난다.

은혜로 받는 구원

너희는 그 은혜에 의하여 믿음으로 말미암아 구원을 받았으니
이것은 너희에게서 난 것이 아니요 하나님의 선물이라
행위에서 난 것이 아니니 이는 누구든지 자랑하지 못하게 함이라

- 에베소서 2:8-9 -

구원은 내가 베푸는 선물이야. 구원은 사람이 이룰 수도 없고 갚을 수도 없고 오직 받을 수만 있단다. 내가 너를 사랑해서 천하보다 귀한 독생자를 내어 주었단다. 구원의 은혜는 사람이 가치를 매길 수 없을 정도로 귀한 것이지. 그래서 나는 구원을 값없이 베풀어 주었단다. 구원은 자격 없는 사람이 은혜로 거저 받는 거란다.

사람은 자기가 조금이라도 구원에 도움을 주었다고 생각하면, 자신을 자랑하기 쉽다. 다시 한 번 말하지만 구원은 전적으로 나에게 달려 있단다. 신앙생활을 열심히 하는 것은 구원의 은혜에 감사해서 기쁨으로 하는 것이다. 신앙생활을 열심히 하면 구원을 받기 때문이 아니란다. 네가 구원의 의미를 깨닫기 바란다. 구원받은 사람은 자신이 아니라 구원을 베풀어 준 나에게 영광을 돌리면서 살게 된다.

천국의 모형

여호와 하나님이 동방의 에덴에 동산을 창설하시고
그 지으신 사람을 거기 두시니라

- 창세기 2:8 -

에덴동산은 내가 창조한 천국의 모형이다. 이곳은 죄가 있기 전의 선한 상태에서만 머물 수 있는 복된 곳이란다. 나에게 죄를 범한 아담과 하와는 에덴동산에서 쫓겨날 수밖에 없었단다. 아담 이후로 모든 사람이 죄를 범하여 나의 영광에 이를 수가 없게 되었지. 사람이 천국으로 다시 들어가려면 반드시 거듭나야 한다.

나의 뜻은 구원과 회복이란다. 내가 창조한 처음 모습대로 아름다운 형상이 회복되길 바라고 있단다. 그 모습이 너무 그리워서 내 아들을 보내어 너를 구원했단다. 네가 거듭나서 나의 뜻에 믿음으로 순종하고 살면 너는 가장 귀한 모습으로 살게 될 거야. 불순종이 모든 것을 엉망으로 만들었지만 순종은 모든 것을 아름답게 만들어 준단다. 오늘 하루, 나의 뜻을 구하고 나의 뜻대로 순종하며 하루를 아름답게 가꾸어다오.

천국을 믿으십시오

여호와께서 그의 보좌를 하늘에 세우시고
그의 왕권으로 만유를 다스리시도다

- 시편 103:19 -

나의 보좌는 하늘에 있단다. 네가 가진 육체의 생명이 다하면 나를 만나게 될 거야. 나를 만나기 전까지는 천국을 믿음으로 간직해야 한다. 주의사항이 있어. 천국을 마음대로 상상하지 말고, 성경에 기록된 천국을 믿어야 한다. 천국은 내가 실제로 만들고 내가 통치하는 복된 곳이야. 하지만 세상의 언어로는 다 표현할 수 없는 곳이란다. 천국에 다녀온 사람의 말보다는 성경에 나온 천국을 믿는 것이 안전하단다.

나는 오늘도 나의 권한으로 우주만물을 다스리고 있단다. 너를 향한 구원의 계획, 네 생명의 소유권도 내가 가지고 있다. 네가 할 수 있는 최선의 선택은 내가 원하는 뜻대로 행하는 거야. 나의 다스림을 받는 삶이 최선의 삶이란다. 내가 다스리지 않는 삶은 불행한 삶이란다. 내가 원하는 뜻은 성경에 나타나 있다. 성경을 부지런히 읽고 배우며, 그대로 살아가는 사람에게는 하늘에서부터 내려오는 복이 주어진단다.

천국이 가까이 왔습니다

이때부터 예수께서 비로소 전파하여 이르시되
회개하라 천국이 가까이 왔느니라 하시더라

- 마태복음 4:17 -

천국이 가까이에 있다. 바로 눈앞에 있는 천국을 놓치지 마라. 모세가 돌이켜서 불타는 떨기나무에서 나를 보았을 때 새로운 인생이 시작되었지. 네가 돌이켜 나를 바라볼 때 거듭난 인생, 새로운 삶이 시작된다. 회개하는 것은 어려운 것도 복잡한 것도 아니다. 회개는 너에게 매우 가까운 문제란다. 이것은 믿느냐 믿지 않느냐의 문제야. 하지만 결과는 하늘과 땅 차이란다.

나는 항상 너를 지켜보며 너를 향해 손을 내밀고 있단다. 이 땅에 존재하는 수많은 성경책과 수많은 찬양과 수많은 교회와 수많은 신앙 서적들과 수많은 믿음의 설교들은 널 위해 준비된 것이란다. 너에게는 돌이켜서 볼 수 있는 믿음이 필요해.

네가 돌이켜서 이것들을 바라보면 이 모든 것들이 너의 믿음을 위해서 쓰임 받게 된다. 그러나 네가 돌이키지 않으면 이것들과 영원히 단절된 삶을 살게 되겠지. 바로 눈앞에 있는 천국을 바라보고 붙잡는 인생을 살아라.

천국을 받아들이십시오

내가 진실로 너희에게 이르노니
누구든지 하늘나라를 어린아이와 같이 받아들이지 않는 자는
결단코 거기 들어가지 못하리라 하시니라

- 누가복음 18:17 -

나를 있는 그대로 바라보렴. 나를 바라보는 이 순간이 중요한 순간이며 은혜의 순간이란다. 지금 이 순간을 누리는 방법은 어린아이처럼 되는 것이다. 어른스럽게 계산하거나 따지거나 예측하는 일을 멈추어다오. 이 땅의 어른들은 일상을 온전히 즐기지 못한다. 눈앞의 일과 미래의 염려를 동시에 바라보려고 하기 때문이지.

어린아이는 장래를 내다보려 하거나 앞날을 걱정하지 않는다. 매순간에 달려들어 집중하고 그 순간을 그대로 즐긴다. 어린아이는 순진하기 때문에 의심 없이 곧이곧대로 믿고 받아들인다. 하지만 어른들은 의심이 많고 이기적이고 두 마음을 품을 때도 있지. 네가 어린아이처럼 낮고 겸손한 마음으로 천국을 받아들였으면 좋겠다. 천국은 사람의 지혜로 다 이해할 수 없단다. 그러나 그것을 고의적으로 나쁘게 받아들이면 천국을 소유할 수 없단다.

천국으로 가는 길

예수께서 이르시되 내가 진실로 네게 이르노니
오늘 네가 나와 함께 낙원에 있으리라 하시니라

- 누가복음 23:43 -

천국으로 가는 길은 반드시 있다. 나에게는 구원이 불가능한 상황은 존재하지 않아. 그러니 어떤 상황에도 절망에 빠지지 마라. 사람들은 천국으로 가는 길을 알 수 없다. 천국으로 가는 길은 오직 나에게 달려 있다. 나의 말을 믿고 의지하는 사람만이 천국의 소망을 가질 수 있단다. 나는 말로 생명과 소망을 주는 너의 하나님이다.

여기 두 강도를 주목해 보렴. 두 강도 모두 상황은 비참하고 절망적이었지만 한 사람은 내 아들을 욕했고, 다른 한 사람은 돌이켜 내 아들을 변호했지. 그리고 내 아들 예수의 말에 소망을 얻었단다. 네가 어떤 상황에 있든지 나를 의지하고 나의 도움을 구하렴. 나는 회개의 마음을 품고 나에게 얼굴을 보인 사람들을 결코 외면하지 않는다.

천국으로 들어가는 사람

예수께서 대답하시되 진실로 진실로 네게 이르노니
사람이 물과 성령으로 나지 아니하면 하늘나라에 들어갈 수 없느니라

- 요한복음 3:5 -

사람이 거듭나지 않으면 천국을 볼 수 없다. 천국은 바라고 원하는 사람마다 다 들어가는 곳이 아니다. 오직 나의 기준에 합격한 사람만 들어갈 수 있다. 에덴동산에는 타락하지 않은 최초의 인간만이 머무를 수 있었지. 죄를 범한 아담과 하와는 에덴동산에서 추방을 당하고 말았단다. 죄인은 천국에 갈 수 없지만, 내가 너를 천국으로 인도하고 구원할 방법을 만들어 놓았다. 그건 물과 성령으로 거듭난 사람이 되는 거란다.

나는 회개한 사람에게 새로운 생명을 새로 부어 준다. 인간의 본성은 타락해서 아무리 노력해도 천국에 들어갈 수 없어. 하지만 거듭난 사람은 새로운 피조물이 되어 영생을 얻게 되지. 거듭난 사람만 새로운 피조물의 영광과 은혜를 누릴 수 있단다. 육신의 생명은 거듭남의 기회이며 천국의 기회란다. 너의 소중한 인생을 귀하게 사용하면 좋겠구나.

천국 복음을 배우십시오

그가 고난 받으신 후에
또한 그들에게 확실한 많은 증거로 친히 살아 계심을 나타내사
사십 일 동안 그들에게 보이시며 하나님 나라의 일을 말씀하시니라

- 사도행전 1:3 -

세상의 어떤 것보다 천국 복음이 귀하고 중요하단다. 세상의 모든 일은 세상에서만 필요하지만 천국 복음은 너의 영생에 필요하기 때문이다. 천국 복음이 얼마나 중요한지는 성경을 읽으면 알 수 있다. 내 사랑하는 독생자는 이 땅에 있는 동안 천국 복음을 전했지. 부활한 후 승천하기 전까지도 천국 복음만 전했단다. 천국 복음은 이렇게 긴급하고 중요한 일이었단다.

복음이 아닌 다른 목적으로 교회에 나오는 것을 주의해야 한다. 교회 공동체는 이 땅에서 나의 뜻을 이루어 가는 공동체란다. 나의 뜻은 복음이 너와 네가 속한 공동체에 전해지는 것이란다. 오직 복음에만, 복음에 관련된 일에만 시간을 쏟으렴. 복음을 마음에 깊이 심을 때 생명과 능력이 넘치는 나의 자녀로 살아갈 수 있단다.

하나님께 충성하십시오

그날에 모세가 맹세하여 이르되 네가 내 하나님 여호와께 충성하였은즉
네 발로 밟는 땅은 영원히 너와 네 자손의 기업이 되리라 하였나이다

- 여호수아 14:9 -

날마다 네 마음을 지켜라. '충(忠)'이라는 글자 안에는 '중심(中心)'이 들어 있다. 네 마음의 중심을 지키는 것이 충성이란다. 사람은 외모를 주목하지만 나는 네 마음의 중심을 주목한단다. 끊임없이 변하는 세상에서 사람의 마음은 끊임없이 바뀌지. 세상은 언제나 네 마음을 혼란스럽게 만들고 두렵게 만든단다. 그것이 세상의 본래 모습이야.

마음을 지키는 비결은 변하지 않는 나의 약속을 바라보는 거란다. 환경과 상황에 관계없이 나의 마음과 나의 약속은 변하지 않는단다. 성경은 아무리 세월이 지나도 번역만 바뀔 뿐 내용은 하나도 바뀌지 않았단다. 변하는 세상에서 영원토록 변함없는 나를 향해 마음을 지키는 것이 충성이란다. 오늘 하루도 성경에 기록된 나의 약속을 단단히 붙잡아라. 내가 네 마음을 굳게 붙잡아 줄게.

충성하는 마음

충성된 사자는 그를 보낸 이에게 마치 추수하는 날에 얼음냉수 같아서
능히 그 주인의 마음을 시원하게 하느니라

- 잠언 25:13 -

내 마음을 헤아리는 사람이 충성된 사람이다. 진실한 충성은 행위보다 마음에 달려 있다. 마음을 주목하렴. 사람들은 자기 마음에 드는 사람에게는 진심으로 충성하지만, 마음이 떠난 사람에게는 진심으로 충성하지 않는다. 상대의 마음을 헤아리고 뜻대로 움직이는 사람은 지혜롭고 충성한 사람이지. 이런 사람을 만나면 정말 속이 편하고 속이 시원하단다.

의무감이 아니라 사랑을 가지고 나를 섬겨라. 네가 온 마음을 다해 나를 사랑하는 게 나의 소원이야. 너의 섬김에 불편함이 생긴다면 네 마음을 점검해 보렴. 나는 마음 없는 순종을 기뻐하지 않는다. 나는 보이지 않는 사람의 마음과 생각도 엑스레이처럼 촬영할 수 있단다. 어떤 마음도 숨길 수 없으니, 있는 모습 그대로를 나에게 보여 주렴.

충성된 일꾼

충성되고 지혜 있는 종이 되어 주인에게 그 집 사람들을 맡아
때를 따라 양식을 나눠 줄 자가 누구냐
주인이 올 때에 그 종이 이렇게 하는 것을 보면 그 종이 복이 있으리로다

- 마태복음 24:45-46 -

믿을 만한 사람이 되는 것은 큰 축복이란다. 나는 이런 사람에게 안심하고 나의 일을 맡길 수가 있지. 믿을 만한 사람이 되는 비결은 바로 관심이다. 관심과 열정을 가진 사람은 언제 어디서나 마음이 목표를 향해 있단다. 복음에 관심과 열정을 가진 사람은 내가 기뻐하는 사람이야. 이런 사람은 나의 눈을 주목하고 나의 말에 귀를 기울이지.

충성되고 지혜로운 일꾼은 언제나 나의 말을 들을 준비가 되어 있고, 언제나 내 뜻대로 행동할 준비가 되어 있지. 이런 사람은 내가 맡기는 일을 기쁨으로 기다리며, 즐거움으로 실행한단다. 어떤 일도 맡길 수 있지. 준비된 사람은 누구에게나 환영받고 사랑받는다. 하지만 마음에 아무것도 준비하지 않는 사람은 모든 상황을 미루고 피하고 거절하려고 한단다. 내가 너에게 원하는 마음은 한결같은 마음이란다. 오늘 하루도 마음의 중심을 나에게 두고 시선을 나에게 두렴.

충성을 쌓으십시오

그 주인이 이르되 잘하였도다
착하고 충성된 종아 네가 적은 일에 충성하였으매
내가 많은 것을 네게 맡기리니 네 주인의 즐거움에 참여할지어다 하고

- 마태복음 25:21 -

날마다 충성을 쌓으렴. 충성은 날마다 작고 단순한 영역부터 시작한다. 나는 너에게 어느 날 갑자기 큰 믿음을 요구하지 않는단다. 믿음의 조상 아브라함의 믿음은 수십 년에 걸쳐서 다듬어지고 완성된 거란다.

내가 너에게 하루를 맡긴 것은 하루를 잘 살라는 의미란다. 작은 하루가 모여서 너의 인생이 된다. 인생을 잘 사는 비결은 하루를 잘 사는 거란다. 하루의 삶은 네 인생의 그림을 완성하는 데 필요한 하나의 조각이 될 거야.

나는 네가 한 걸음씩 꾸준히 성장하기를 원한다. 네가 적은 일에 충성해도 착하고 충성된 일꾼이며, 네가 많은 일에 충성해도 착하고 충성된 일꾼이란다. 네 믿음과 순종이 모이고 쌓이면 나중에 너에게 큰 열매로 돌아오게 될 거야. 네게 맡겨진 하루를 성실하고 진실하게 사는 것이 나의 뜻이란다.

작은 것부터 충성하십시오

지극히 작은 것에 충성된 자는 큰 것에도 충성되고
지극히 작은 것에 불의한 자는 큰 것에도 불의하니라

- 누가복음 16:10 -

나는 일의 크기가 아니라 충성의 크기를 본다. 사소한 일이든 중요한 일이든 한결같은 마음으로 충성했으면 좋겠다. 작고 단순한 일들이 모이고 합해지면 크고 위대한 일이 된다. 대부분의 사람들이 신경 쓰지 않는 사소한 부분까지 충성하는 사람이 진정으로 위대한 사람이다. 작은 일도 소홀히 여기지 마라. 나는 이 모든 것을 합력해서 선을 이루는 하나님이란다.

너는 청지기라는 말을 들어 본 적이 있니? 청지기는 주인의 소유를 맡아서 관리하는 사람이란다. 너의 인생, 재능, 물질, 시간은 네 것이라고 생각하겠지만, 사실은 다 내 것이란다. 내가 너의 진정한 주인이고 너는 나의 소유된 자녀란다.

나는 내가 가진 소유를 내버려 두고 망치지 않는다. 너를 통해 반드시 이루고자 하는 나의 뜻이 있음을 기억하렴. 나에게 순종하고 충성할 때 너의 삶은 더욱 가치 있고 빛나는 삶이 된다. 오늘 하루 작은 것부터 찾아서 충성해 보렴.

맡은 자들에게 구할 것은 충성

사람이 마땅히 우리를 그리스도의 일꾼이요
하나님의 비밀을 맡은 자로 여길지어다
그리고 맡은 자들에게 구할 것은 충성이니라

- 고린도전서 4:1-2 -

사도 바울은 사람들의 시선에 그다지 신경 쓰지 않았다. 다만 나의 뜻과 나의 시선에는 관심을 많이 가졌단다. 사도 바울은 자신의 사명을 잘 알고 있었기 때문에 모든 어려움 속에서도 복음 전하는 일에 죽기까지 충성했지. 사도 바울은 나의 뜻을 잘 알고 있었기에 내가 원하는 길로 달려갈 수 있었단다.

사도 바울이 방문한 고린도교회는 사람들이 보기에는 풍족해 보였지만 여러 가지 문제를 가지고 있었다. 지식과 지혜, 자원이 풍족하다고 해서 그것 자체가 복이 되지는 않는다. 나는 교회가 그것들을 사용해서 나에게 충성하는 가운데 맺어지는 열매를 본다.

대부분의 사람들은 자신이 맡은 일의 크기로 자신을 평가한다. 하지만 나는 일의 크기가 아니라 충성의 크기를 본다. 남이 맡은 것을 비교하지 말고, 맡겨진 것에 충성하렴. 너의 진정한 가치는 일이 아니라 너의 영혼에 달려 있단다.

충성의 크기

그러므로 함께 하늘의 부르심을 받은 거룩한 형제들아
우리가 믿는 도리의 사도이시며 대제사장이신 예수를 깊이 생각하라
그는 자기를 세우신 이에게 신실하시기를
모세가 하나님의 온 집에서 한 것과 같이 하셨으니

- 히브리서 3:1-2 -

내 사랑하는 아들 예수를 깊이 묵상하렴. 내 아들은 나와 같은 신분을 가졌음에도 불구하고 나에게 죽기까지 충성했단다. 너는 스스로의 노력이 아닌 내 아들의 공로를 의지하여 구원을 얻었단다. 내 아들의 신실한 모습은 네가 얻은 구원과 영생의 소망이 되고 근거가 된단다.

날마다 성경을 주의 깊게 살펴 읽으면서 더 깊이 생각해 보아라. 세상에 나를 가볍게 믿는 사람들은 많다. 그러나 나를 진지하고 신중하게 믿는 사람은 적구나. 성경을 읽고 너를 향한 나의 계획과 뜻을 깨달으렴. 나의 뜻을 깨닫는 사람만이 행동으로 옮길 수 있단다. 믿음의 크기는 충성의 크기에 달려 있다. 오늘 주어진 하루를 믿음이 성장하는 기회로 삼으렴. 귀한 믿음의 사람으로 성장하여 충성된 일꾼으로 인정받는 날이 오기를 기대한다.

부활의 삶

예수께서 대답하여 이르시되
너희가 성경도, 하나님의 능력도 알지 못하는 고로 오해하였도다
부활 때에는 장가도 아니 가고 시집도 아니 가고 하늘에 있는 천사들과 같으니라

- 마태복음 22:29-30 -

부활의 삶은 세상의 삶과 다르다. 네가 성경을 모르고 나의 능력을 알지 못하면 부활의 삶을 오해하게 된다. 오직 성경대로 부활을 믿으렴. 나의 뜻은 내 아들이 이 땅에 다시 오기 전까지 복음이 전해지는 거란다. 그런데 세상에서는 사람들이 죽기 때문에 결혼을 통해 다음 세대를 계속 이어야 한다. 하지만 천국에서는 사람들이 죽지 않게 때문에 결혼 제도가 필요 없단다.

부활 이후 천국의 삶은 모든 것이 공급되는, 영원하고 완전한 삶이지. 그러나 세상은 불완전하기 때문에 너는 서로 돕고 섬기면서 부족함을 채우고 살아야 한다. 사람에게 사회가 필요하고 너에게 믿음의 공동체가 필요한 이유란다. 그리고 세상에서는 나의 은혜를 끊임없이 공급받으며 살아야 한다. 부활을 올바로 이해하는 지혜로운 자녀가 되길 바란다.

예수님의 부활 사건

그가 여기 계시지 않고 그가 말씀 하시던 대로 살아나셨느니라
와서 그가 누우셨던 곳을 보라

- 마태복음 28:6 -

부활을 성경대로 믿으렴. 세상의 많은 종교지도자들이 죽음만은 피하지 못했단다. 내 아들 예수도 죽음은 피하지 못했단다. 성경대로 십자가의 죽음이 예정되어 있었지. 하지만 성경대로 죽음에서 부활했단다. 모든 사람은 흙으로 지어져서 죽으면 흙으로 돌아간다. 하지만 내 아들 예수는 부활하여 영원히 썩지 않는 부활의 몸을 가졌단다.

성경의 가르침은 수천 년이 지났지만 전혀 낡은 가르침이 아니다. 복음은 지금도 사람에게 영원한 새 생명을 주고 그 영혼이 썩지 않게 지켜 준단다.

만일 사람이나 교회가 부패하고 타락한다면, 그것은 나의 뜻이 아니야. 교회가 세상을 닮아갈 때 부패하게 되어 있다. 너는 세상을 본받지 말고 날마다 새로운 마음가짐으로 나의 뜻이 무엇인지 분별해야 한다. 부활 신앙을 가진 사람은 썩어져 가는 세상에서 변하지 않는 신앙을 드러내면서 사는 사람이란다.

부활이요 생명이신 예수님

예수께서 이르시되 나는 부활이요 생명이니
나를 믿는 자는 죽어도 살겠고
무릇 살아서 나를 믿는 자는 영원히 죽지 아니하리니 이것을 네가 믿느냐

- 요한복음 11:25-26 -

거듭난 자녀는 영원히 죽지 않는다는 사실을 믿으렴. 복음은 인생을 위한 조언이나 충고가 아니란다. 복음은 영원한 생명이 달린 아주 중요한 소식이란다. 마르다는 성경을 알고 내 아들 예수를 잘 아는 사람이었지. 그러나 모든 것을 완벽하게 다 알지는 못했단다. 그 자리에서 나사로가 살아날 줄은 몰랐단다. 그래도 괜찮아. 복음은 알면 알수록 더 많이, 더 깊이 알 수 있다. 영생이란 나를 영원히 알아가는 삶이란다.

나를 피하지 말고 나를 떠나지 마라. 나를 떠난 인생은 살아가는 것이 아니라, 실상은 죽어 가는 것이란다. 내 안에 머무는 인생은 영생을 얻었으므로, 영원히 살아가는 인생이다. 내가 너에게 복을 주고, 생명을 더욱 풍성하게 채워 줄 거란다. 생명이 채워질수록 나를 아는 지혜와 나를 믿는 믿음이 더욱 자라나게 될 거야.

부활의 능력

그의 아들에 관하여 말하면 육신으로는 다윗의 혈통에서 나셨고
성결의 영으로는 죽은 자들 가운데서 부활하사
능력으로 하나님의 아들로 선포되셨으니 곧 우리 주 예수 그리스도시니라

- 로마서 1:3-4 -

예수의 부활은 특별한 사건이란다. 네가 믿는 복음에 반드시 포함되는 위대하고 놀라운 사건이지. 복음은 머릿속으로 진행하는 사상이나 이론이 아니다. 복음은 실제로 일어난 위대한 사건이며 복된 소식이란다. 사람을 구원하고 영원한 생명을 주는 소식은 복음뿐이란다.

지금까지 아무도 부활하지 않았는데, 내가 너에게 부활을 이야기했다면 너는 내 말을 이해할 수 없었을지도 몰라. 하지만 예수는 이 땅에 내려와서, 죽은 자들 가운데 부활한 최초의 사람이 되었단다. 부활 당시 많은 증인들이 함께 있었지. 아들의 부활 덕분에 너도 거듭난 부활의 자녀가 될 수 있단다. 죽을 뻔한 경험을 한 사람들은 대부분 경험 이후의 삶을 소중하게 여기고 살아가지. 하물며 부활한 새 생명을 얻는 자녀라면 그 삶을 더욱 귀중히 여기며 살아갈 거야.

부활하신 예수님의 간구

누가 정죄하리요 죽으실 뿐 아니라 다시 살아나신 이는 그리스도 예수시니
그는 하나님 우편에 계신 자요 우리를 위하여 간구하시는 자시니라

- 로마서 8:34 -

나는 단 하루도 너를 사랑하지 않은 날이 없단다. 나는 언제나 네 생각뿐이란다. 네가 나를 알기 전부터, 나를 사랑하기 전부터 너를 사랑했단다. 너를 위해 내 아들이 간구하였고, 너를 위해 성령이 탄식하며 간구했단다. 믿음 없던 너에게 믿음이 생긴 것은 나의 은혜 덕분이야.

내가 너를 미리 정하여 불렀고, 너를 의롭게 여겼으며 너를 영화롭게 하였단다. 너는 사랑스럽고 존귀한 나의 자녀란다. 너를 위해 내 아들을 아낌없이 내주었으니, 너에게 모든 것을 아낌없이 줄 수 있어.

거듭난 사람은 영생을 얻어 부활의 소망을 갖게 된단다. 내 아들을 살린 것처럼 너의 죽을 몸도 살릴 거란다. 그리고 이 땅에서 너와 함께 친밀한 교제를 나누면서 선한 일을 함께 할 거란다. 너는 이 땅에서 나의 성품을 점점 닮아 가게 될 거야.

부활 신앙을 소유하십시오

내가 받은 것을 먼저 너희에게 전하였노니
이는 성경대로 그리스도께서 우리 죄를 위하여 죽으시고 장사 지낸 바 되셨다가
성경대로 사흘 만에 다시 살아나사

- 고린도전서 15:3-4 -

사도 바울이 전한 복음을 묵상해 보렴. 누구든지 이 말을 굳게 지키고 믿는 사람은 구원을 받는다. 성경에 있는 대로 내 아들이 네 죄를 위해 죽었다가 성경대로 다시 살아났다. 이것이 복음의 요약이란다. 너에게 가장 필요한 지식은 진리와 복음에 관한 지식이야. 네가 성경을 배우고 기억하며, 성경대로 믿고 성경대로 살아가기를 바란다.

아들의 죽음은 죄를 위한 것이다. 피 흘림이 없이는 죄 사함도 없다. 또 아들의 부활은 거듭남을 위한 것이지. 아들의 부활이 없다면 모두가 여전히 죄 가운데 있는 불쌍한 인생들이 되었을 거야. 하지만 부활 사건은 일어났고, 제자들과 오백여 명의 사람들에게 목격되었단다. 아담의 죄로 모든 사람이 죽음을 맞이했듯이, 내 아들 예수를 통해 모든 사람이 새 생명을 얻게 되었단다. 복음 안에서 나의 일에 더욱 힘쓰길 바란다. 너의 수고는 결코 헛되지 않을 거야.

부활 소망을 소유하십시오

우리 주 예수 그리스도의 아버지 하나님을 찬송하리로다
그의 많으신 긍휼대로 예수 그리스도를 죽은 자 가운데서
부활하게 하심으로 말미암아
우리를 거듭나게 하사 산 소망이 있게 하시며

- 베드로전서 1:3 -

네가 믿을 때 믿음의 근거를 성경에서 찾으렴. 막연한 믿음이 아니라 성경에 근거한 믿음이 너의 생명을 살린단다. 명심해라. 믿음이 생기면 성경을 읽는 것이 아니다. 성경을 읽어야 믿음이 생긴다. 성경 전체를 읽어야 네가 가진 부분적인 믿음이 온전하게 완성될 수 있단다. 나의 능력과 지혜는 믿음이라는 통로를 통해 공급될 수 있지. 믿음이 있을 때 나의 은혜를 바라며 기대하게 된단다. 이것이 참 소망이란다.

막연한 소망이 아니라, 성경에 근거한 소망을 품어라. 막연한 소망은 헛된 소망이지만, 성경에 근거한 소망은 참된 소망이란다. 성경을 읽고 묵상하면서 부활 소망을 가지렴. 부활 소망은 생명이 있고, 열매가 반드시 열리는 소망이야. 거듭난 자녀들에게는 땅에서 주어지는 복과 하늘에서 주어지는 복이 반드시 있단다.

생명의 근원

여호와 하나님이 땅의 흙으로 사람을 지으시고 생기를 그 코에 불어넣으시니
사람이 생령이 되니라

- 창세기 2:7 -

내가 사람에게 생기를 불어넣었다. 나는 생명의 근원이며 생명의 주인이다. 내가 주는 생기에는 영적인 생명력이 있다. 내가 불어넣은 생기가 있을 때 진짜 살아 있는 생령이 된다. 나의 생기가 담겨 있지 않은 인생은, 흙먼지처럼 허망한 인생일 뿐이란다.

내가 사람에게 생기를 불어넣어 영적인 존재로 만든 이유는 나와 교제하기 위해서란다. 그것이 사람이 존재하는 이유란다. 신앙생활은 나와 영적으로 교제하는 생활이다. 설교도 영적인 것이란다. 설교 시간은 인간의 논리와 신학을 듣는 시간이 아닌 나의 음성을 듣는 시간이지. 기도는 영적인 대화의 시간이란다. 이렇게 네 삶의 모든 영역에서 나의 영을 의식하면서 살아가기 바란다.

생명을 살리는 기운

하나님의 영이 나를 지으셨고 전능자의 기운이 나를 살리시느니라

- 욥기 33:4 -

생명을 살리는 기운이 나에게 있다. 모든 생물의 생명과 모든 사람의 육신의 목숨이 다 나의 손에 있다. 세상의 어떤 존재도, 심지어 사탄도 생명은 함부로 건드리지 못한다. 나는 사람에게 생명과 은혜를 베풀며, 인생을 보살피고 지켜 주는 하나님이다. 생명을 소모하지 않고 생명을 충만하게 채우는 비결을 알려 줄 테니 기억하고 실천해 보렴.

너에게 확신을 주는 성경을 깊이 묵상하고, 나에게 성령의 힘과 능력을 구하고 은혜와 사랑을 넘치게 부어 달라고 기도하렴. 그러면 하루를 가장 충만하게 보낼 수 있단다. 영적인 채움이 있을 때, 영적인 삶을 누릴 수 있다.

나의 생기가 머무는 사람에게 복이 있다. 그 사람은 영적으로 나와 긴밀하게 연결된 사람이지. 세상에 휩쓸려 생기를 다 소모하지 마라. 세상에 휩쓸릴 때는 즉시 나를 바라보렴. 내가 세상을 이길 힘과 능력을 공급해 줄게.

하나님은 내 생명의 능력

여호와는 나의 빛이요 나의 구원이시니 내가 누구를 두려워하리요
여호와는 내 생명의 능력이시니 내가 누구를 무서워하리요

- 시편 27:1 -

다윗의 고백을 주목하고 묵상해 보렴. 다윗은 과거의 구원을 기억하는 사람이다. 다윗의 고백은 생각이 아닌 경험에서 우러나온 고백이야. 나는 너에게 이런 믿음을 원한단다. 네가 나의 인도함을 받으며 성경의 약속이 삶에서 이루어지는 일을 경험했으면 좋겠구나.

나에겐 빛이 가득하지. 나의 빛으로 무엇이든 비출 수 있고 무엇이든 찾을 수 있단다. 빛을 따라가면 길이 나오지. 내가 구원의 길이란다. 네가 잠시 어두운 골짜기에 있을지라도 빛이 비추어질 것을 알기에 너에게는 소망이 있단다.

나의 빛으로 모든 것이 밝게 드러나기에 네가 두려워할 것은 없단다. 나는 빛으로 어둠을 쫓아내고 빛으로 드러난 모든 악한 것들을 제거할 것이기 때문이야. 나는 너의 편에 있고 너를 위해 일하기 때문에 아무도 너를 대적할 수 없단다. 항상 내 편에 서 있으렴. 내가 너를 지켜 줄 거야.

생명의 원천

그들이 주의 집에 있는 살진 것으로 풍족할 것이라
주께서 주의 복락의 강물을 마시게 하시리이다
진실로 생명의 원천이 주께 있사오니 주의 빛 안에서 우리가 빛을 보리이다

- 시편 36:8-9 -

생명의 원천이 나에게 있단다. 오직 생명이 있는 존재만이 생명을 나누어 줄 수 있지. 생명의 근원을 거슬러 올라가면 나를 만날 수 있다. 나의 영원한 사랑은 너에게 끊임없이 충만한 생명과 기쁨을 공급해 준다. 원천으로부터 샘물이 솟아나듯이, 모든 생명은 나로부터 흘러나온다. 나를 통해 생명이 이어지고, 나를 통해서만 회복될 수 있다. 내가 공급하는 강물을 마셔라. 네가 걸어가는 믿음의 여정이 더 풍성해질 거야.

나의 빛은 생명을 더욱 빛나게 만들어 준다. 밝게 비추는 빛을 통해 너는 어디서나 나를 바라볼 수 있게 되지. 나에게서 나오는 빛과 생명이 어둠과 죽음을 물리칠 수 있단다. 네가 빛 가운데 있을 때 가장 안전하단다. 네가 빛 가운데로 걸어가면 믿음의 여정이 더 확실해질 거란다.

생명을 나누십시오

내가 진실로 진실로 너희에게 이르노니
내 말을 듣고 또 나 보내신 이를 믿는 자는 영생을 얻었고
심판에 이르지 아니하나니 사망에서 생명으로 옮겼느니라

- 요한복음 5:24 -

나의 말에는 진리와 생명의 능력이 담겨 있다. 내 말을 들음으로 만족하지 말고 믿음까지 이르기를 바란다. 많은 사람들이 나의 말을 들음에서 만족하고 말지. 나의 말을 아무리 많이 들어도 변하지 않는다면 믿음을 점검해 보아야 한다.

내 말을 듣고 잠깐 감동받았다고 해서 삶이 극적으로 바뀌지는 않는단다. 나의 말에 동의하여 네 생각을 내려놓고 그 위에 내 말의 권위를 올려놓을 때 비로소 믿음이 생긴단다.

나를 깊이 신뢰할 때 썩지 않는 씨앗이 심어지고 영적인 생명이 자라나서 나의 성품을 닮은 귀한 열매를 맺게 되지. 영적인 사망에서 생명에 옮긴 사람은 나와 더불어 풍성한 교제를 나누게 된다. 그리고 그 사람은 영원한 생명이 담긴 나의 말을 다른 사람들과도 나누게 되지. 오늘 하루, 나의 말을 더욱 진지하게 묵상해 보는 시간을 마련해 보렴.

생명의 떡

예수께서 이르시되
나는 생명의 떡이니 내게 오는 자는 결코 주리지 아니할 터이요
나를 믿는 자는 영원히 목마르지 아니하리라

- 요한복음 6:35 -

영생에 필요한 양식은 따로 있다. 그것은 바로 성경에 기록된 나의 말이란다. 나는 성경을 통해 말한다. 나를 사랑하는 사람은 나의 말이 담긴 성경도 사랑한단다. 나와 사랑에 빠진 사람들은 성경을 가까이하고 성경 읽기를 즐거워한다. 그런 사람들은 의무감으로 성경을 읽지 않고 기대감을 가지고 성경을 읽는단다. 네가 그런 경지에 어서 도달했으면 좋겠구나.

나의 양식은 하늘에서 내려 세상에 생명을 주는 양식이다. 육신에 필요한 양식은 세상에서 충분히 공급받을 수 있다. 그러나 영생에 필요한 양식은 오직 나를 통해서만 공급받을 수 있다는 것을 기억하렴. 나를 대신해서 생명의 떡을 공급할 수 있는 존재는 없단다. 나무가 물과 양분을 공급받아야만 살 수 있지. 너도 나를 믿으며 나와 가까이할 때 네가 가진 생명을 풍성하게 누릴 수 있단다.

생명의 성령의 법

그러므로 이제 그리스도 예수 안에 있는 자에게는 결코 정죄함이 없나니
이는 그리스도 예수 안에 있는 생명의 성령의 법이
죄와 사망의 법에서 너를 해방하였음이라

- 로마서 8:1-2 -

사람의 생명이 얼마나 귀한지 생각해 보렴. 세상의 어떤 일보다도 사람의 생명을 살리는 일이 중요하고 가치 있는 일이지. 너는 네 생각보다 훨씬 더 가치 있고 귀한 존재란다. 너는 나의 형상으로 만들어진 나를 닮은 자녀이기 때문이다. 네 목숨이 너무나 귀해서 나는 그 생명을 내 사랑하는 독생자의 목숨과 맞바꾸었단다. 이 사실이 믿어지니?

나는 인간을 영생하는 존재로 만들었지만 타락한 인간은 죄로 인해 영적인 생명을 잃어버렸단다. 그래서 사람이 가진 어떤 방법으로도 영생을 얻지 못한다. 내가 선택한 의로운 방법으로만 구원을 받을 수 있단다. 율법은 완전하지만 사람은 완전하지 않았단다. 그래서 내 아들이 필요했지.

너는 복음 안에 머물러 있어라. 그것이 내가 원하는 뜻이란다. 복음을 믿을 때 복음의 능력으로 너는 풍성한 생명을 누릴 수가 있단다.

하나님을 향한 열정

다윗이 여호와 앞에서 힘을 다하여 춤을 추는데
그 때에 다윗이 베 에봇을 입었더라

- 사무엘하 6:14 -

내 앞에서 거룩한 열정을 보여 다오. 온 마음을 다해서 나에게 찬양하고 영광을 돌리렴. 내 앞에서 즐거워하는 데에는 어떠한 제한도 없다. 나는 사람들에게 들리는 찬양이 아니라 나에게 들리는 찬양을 원한다. 사람을 의식하지 말고 나를 의식하렴.

나는 언제나 네 곁에 있는 하나님이다. 눈앞의 나를 바라볼 수 있는 믿음을 가지렴. 다윗은 나와 동행한 사람이란다. 나를 인격적으로 믿으며 친밀하게 교제했단다. 다윗의 믿음은 살아 있는 믿음이었단다.

다윗은 내 눈앞에서 행동하는 것처럼 행동했지. 다윗은 나에게 많이 묻고 많이 대화했단다. 다윗이 기도하고 찬양했던 수많은 시간들이 쌓여서 빛나는 믿음이 나타날 수 있었단다. 나와 개인적인 시간을 더 많이 가지렴. 그러면 너도 점점 내 앞에서 행동하는 믿음의 소유자가 될 거야.

열정으로 찬양하십시오

하나님이여 내 마음을 정하였사오니
내가 노래하며 나의 마음을 다하여 찬양하리로다

- 시편 108:1 -

다윗의 열정을 본받아라. 다윗은 나를 위해 노래하고 찬양하기로 마음을 정했단다. 다윗은 나를 위해 시편을 많이 지었지. 자기의 사명을 잘 알고 열정을 다해 실천하는 사람이었단다. 다윗은 어려울 때도, 힘들 때도 찬양을 멈추지 않았단다.

다윗은 환경이 아니라 오직 나를 바라보고 의지했다. 그래서 다윗은 나에게 기도 응답을 많이 받을 수 있었지. 다윗은 기도 응답을 받으면 나에게 또 감사 찬양을 드렸단다. 이렇게 다윗의 삶에는 찬양의 선순환이 계속 이루어졌단다.

자원하는 심령과 자발적인 헌신은 나의 마음을 기쁘게 한다. 마음의 초점을 세상이 아닌 나에게 맞추렴. 나를 뜨거운 마음으로 바라보는 사람에게 나의 열정과 능력을 보여 줄 거야. 나에게 온 마음을 쏟는 사람에게 나도 은혜를 쏟아 놓을 거란다.

열정으로 기도하십시오

너희가 온 마음으로 나를 구하면 나를 찾을 것이요 나를 만나리라

- 예레미야 29:13 -

네가 온 마음으로 나를 구하면 나를 만나게 될 거야. 내가 너에게 바라는 것은 너의 전부란다. 가난한 과부가 바쳤던 두 렙돈의 헌금이 귀한 이유는 생활비 전부를 넣었기 때문이야. 마리아의 향유가 귀한 이유는 단지 비싼 것 때문이 아니라, 결혼을 위해 모아둔 모두를 바쳤기 때문이란다.

네가 온 마음으로 나를 구할 때 주어지는 축복이 있다. 네가 온 마음으로 나를 구할 때, 네 주변에 있는 모든 것들은 점점 중요하지 않게 될 거야. 오직 나만 바라보려는 열정으로 결국 나를 만나게 될 수 있단다. 내가 너의 전부가 되는 거야.

날마다 나를 찾고 있다면 너는 잘하고 있는 거란다. 그 길이 올바른 길이고 그 길이 너의 생명을 풍성하게 하는 길이야. 사랑과 관심이 있을 때 열정이 생긴다. 나에게 더 많은 관심을 가지렴. 나는 언제나 너를 사랑하며 지켜보고 있단다.

열정으로 주를 사랑하십시오

예수께서 이르시되 네 마음을 다하고 목숨을 다하고 뜻을 다하여
주 너의 하나님을 사랑하라 하셨으니

- 마태복음 22:37 -

나는 너의 전부를 원한다. 네 마음을 다하고 목숨을 다하고 뜻을 다하여 나를 사랑하는 것은 무리한 요구가 아니란다. 네 인생에 있어서 가장 좋은 선택을 알려 주는 거란다. 내 아들은 마음과 목숨과 뜻을 다해 사람들을 사랑했단다. 사람들을 끝까지 사랑했지. 그 사랑을 힘입으면 너도 너의 전부를 다해 나를 사랑할 수 있단다.

사람은 자기가 바라는 것에 인생의 대부분을 바친다. 그런데 주의할 것이 있어. 세상의 모든 것들은 영원하지 않다. 그러니 영원하지 않은 것들에 열정을 낭비하지 마라. 오직 천국에 대한 열정, 복음에 대한 열정으로 인생을 채우렴. 그러면 너는 영생을 소유할 수 있단다. 명심해라. 너의 전부를 나에게 맡길 때, 나는 너의 전부가 된다. 앞으로, 영원히 말이야.

열정 있는 삶

무슨 일을 하든지 마음을 다하여 주께 하듯 하고
사람에게 하듯 하지 말라

- 골로새서 3:23 -

무슨 일을 하든지 마음을 다해라. 전심전력으로 하루를 살아라. 그것이 최고의 삶을 사는 비결이다. 오늘 하루는 내가 선물한 단 한 번의 기회란다. 오늘 하루에 너의 전부를 쏟으렴. 나는 너의 전부를 원한다. 주어진 하루에 최선을 다하는 습관이 인생을 풍요롭게 만든다. 부지런히 사는 것이 삶을 아끼는 것이고, 게으르게 사는 것이 삶을 낭비하는 거란다.

무슨 일을 하든지 기쁜 마음으로 자원해서 하길 바란다. 사람이 시키는 일로도 나를 섬기는 일이 가능해. 사람들이 몰라 줘도 괜찮아. 네가 진심으로 일하면 그 진심은 나에게 통한다. 네 인생은 나에게 평가받는다는 것을 명심해라.

몇몇 사람들의 눈을 피할 수 있어도 모든 사람들의 눈을 다 피할 수는 없단다. 그리고 나의 눈은 절대 피할 수 없다. 내 앞에서 행동하는 사람이 진정한 나의 자녀란다. 나는 언제나 마음의 중심, 마음의 동기를 본다는 것을 기억하기 바란다.

복음에 열정을 쏟으십시오

그가 우리를 대신하여 자신을 주심은
모든 불법에서 우리를 속량하시고 우리를 깨끗하게 하사
선한 일을 열심히 하는 자기 백성이 되게 하려 하심이라

- 디도서 2:14 -

선한 일에 열정을 품은 자녀가 되라. 내가 너에게 구원을 베풀고 너를 양육한 것은 바로 나의 자녀로 살게 하기 위해서란다. 나의 뜻을 이루기 위해서 너는 내 곁에 머무르며 나에게 배우고 그 신앙이 자라야 한다.

성경을 묵상하고, 나의 뜻을 구하다 보면 너는 너의 정체성을 발견하게 될 거야. 너는 천국을 소유하고 이루어 가는 복음의 일꾼이며 나의 사랑스러운 자녀란다. 정체성을 가진 사람은 마음이 방황하지 않고 목표가 흔들리지 않는다.

무엇보다 복음에 열정을 쏟으렴. 복음에는 생명과 능력이 있다. 나의 계획과 나의 뜻과 내 나라는 영원하단다. 너는 영원한 것에 열정을 쏟으렴. 선한 일을 행하는 것은 좋은 일이다. 더 좋은 것은 선한 일을 열정으로 행하는 것이다.

열정으로 서로 사랑하십시오

무엇보다도 뜨겁게 서로 사랑할지니 사랑은 허다한 죄를 덮느니라

- 베드로전서 4:8 -

무엇보다도 뜨겁게 서로 사랑해라. 사랑이 무엇보다도 위에 있단다. 허다한 죄를 덮을 정도의 크고 강한 사랑을 나누렴. 만물의 마지막이 가까이 오고 있다. 마지막 때에는 사람의 사랑이 식게 될 거야. 그럴수록 너는 더욱 열정을 가지고 사랑에 힘쓰렴. 사랑을 통해 네 믿음이 드러날 거야.

너는 정죄와 비난에 열심을 내는 자가 되지 마라. 도리어 사랑과 용서에 열심을 내는 자가 되라. 십자가의 사랑을 잊지 말고 날마다 기억하렴.

사람은 인생에서 얻지 못한 것보다 사랑하지 못한 것에 대한 미련이 더 남는다. 인생의 가치는 소유보다 관계에 달려 있기 때문이지. 너도 인생에서 사랑하지 못한 일, 더 사랑하지 못한 일을 후회하게 될 거야. 왜냐하면 인생은 짧고 기회는 생각보다 적기 때문이야. 그러니, 지금 여기에 있는 사람들을 후회 없이 사랑하기 바란다.

연합의 비밀

이러므로 남자가 부모를 떠나 그의 아내와 합하여 둘이 한 몸을 이룰지로다

- 창세기 2:24 -

나는 사람을 위해 이 땅을 창조했다. 아담은 자기를 위해 창조된 모든 것을 볼 수 있었지. 그런데 세상 모든 만물을 보아도 아담은 온전하게 만족하지 못하였다. 하와를 만난 아담은 "내 뼈 중의 뼈요 살 중의 살이라"는 최고의 고백을 했단다. 육신의 필요는 물질로 채울 수 있어도, 사람의 필요는 사람이 채울 수 있다. 그리고 영적인 필요는 오직 영적인 것으로만 채울 수 있지.

부부는 서로 필요한 존재야. 다른 어떤 사람보다 우선으로 서로의 필요를 확인해야 하지. 너의 신앙생활도 마찬가지란다. 너는 교회와 연합할 때 신앙이 자랄 수 있다. 교회를 돌보고 또한 교회의 돌봄을 받으면서 나의 은혜를 받아 그 믿음이 장성한 분량에 이르게 된단다. 연합의 아름다움을 묵상하는 하루가 되었으면 좋겠구나.

연합의 자리를 지키십시오

히스기야가 이스라엘 하나님 여호와를 의지하였는데
그의 전후 유다 여러 왕 중에 그러한 자가 없었으니
곧 그가 여호와께 연합하여 그에게서 떠나지 아니하고
여호와께서 모세에게 명령하신 계명을 지켰더라

- 열왕기하 18:5-6 -

연합이란 자리를 지키는 것이란다. 히스기야는 나를 의지하였는데, 그 모습이 각별했단다. 믿음을 지키는 자리는 결코 쉬운 자리는 아니야. 믿음에는 항상 좋은 일만 따르는 것은 아니다. 믿음에는 시련도 있고 고통도 따른다. 내가 허락한 믿음의 시련을 겪은 뒤에야, 비로소 믿음이 너에게 의미가 있단다. 나는 네가 믿음을 지키는 자녀가 되기를 바란다.

성경은 분명히 말하고 있어. 나를 의지했을 때는 이스라엘이 안전했다. 그러나 나를 의지하지 않을 때는 주변의 침략으로 고통을 당했단다. 주변의 국가와 연합했지만 진정한 해결책은 되지 못했단다. 히스기야는 나를 선택했고, 나와 함께 한 히스기야는 형통의 복을 누렸단다. 믿음의 자리를 지키는 시간이야말로 형통의 열매가 맺어지고 있는 시간이라는 것을 기억하렴.

연합의 아름다움

보라 형제가 연합하여 동거함이 어찌 그리 선하고 아름다운고
머리에 있는 보배로운 기름이 수염 곧 아론의 수염에 흘러서
그의 옷깃까지 내림 같고 헐몬의 이슬이 시온의 산들에 내림 같도다
거기서 여호와께서 복을 명령하셨나니 곧 영생이로다

- 시편 133:1-3 -

연합은 서로 다른 둘이 만나 하나가 되는 것이다. 부부의 관계도 그렇고 공동체의 관계도 그렇다. 너와 똑같은 사람은 세상에 존재하지 않는다. 너에게 어울리고 필요한 사람이 존재하지. 이 사람들과 연합하려면 서로 다투지 않고 사이좋게 지내야 한다.

연합할 때 더 나은 하나가 탄생하게 된다. 보배로운 기름은 여러 가지 재료가 하나가 되어야만 생기는 기름이란다. 헐몬은 이스라엘에 있고 시온은 유다에 있으니 이스라엘의 이슬이 유다에 내리는 신기한 모습이지. 연합의 선하고 아름다운 모습이 이와 같다. 날마다 연합과 통일을 위해 힘써 기도하렴. 그리고 기도하는 마음으로 이웃을 품어 주렴. 나의 은혜는 세상 모두를 품을 수 있다는 것을 기억하길 바란다.

연합의 유익

만일 우리가 그의 죽으심과 같은 모양으로 연합한 자가 되었으면
또한 그의 부활과 같은 모양으로 연합한 자도 되리라

- 로마서 6:5 -

세례의 의미를 되새기는 하루가 되었으면 좋겠구나. 세례는 네가 죄에 대하여 죽고 의에 대하여 살게 하는 의식이란다. 내가 큰 사랑과 능력으로 너를 예수와 함께 살렸단다. 내 아들이 의를 위하여 죽고, 나의 영광으로 다시 살아났다. 이처럼 너는 내 아들과 함께 죽은 바 되었다가, 나의 영광으로 새 생명을 얻었다. 아들과 연합하면 새 생명을 얻고 새 사람이 된다.

내 아들이 죄에서 자유로운 것처럼 너도 죄에서 자유를 얻었단다. 너의 옛사람이 내 아들과 함께 죽었으므로 너는 죄에게 더 이상 종노릇하지 않아도 된다. 너에게 주어진 생명은 나의 자녀로서 누리는 생명이야. 그리고 장차 너에게 다가올 천국에서는 부활의 거룩한 몸을 얻을 수 있단다. 너와 나는 같은 편이야. 네가 믿음의 선한 싸움에서 승리할 수 있도록 내가 너를 날마다 도와줄게. 나를 믿고 나에게 오늘 하루를 맡기렴.

주님과 연합하십시오

너희가 다 믿음으로 말미암아
그리스도 예수 안에서 하나님의 아들이 되었으니
누구든지 그리스도와 합하기 위하여 세례를 받은 자는
그리스도로 옷 입었느니라

- 갈라디아서 3:26-27 -

옷을 보면 같은 편인지 다른 편인지 구별할 수 있다. 너는 나와 같은 옷을 입은 같은 편이다. 사람들은 옷차림으로 사람들의 신분을 구별할 수 있지. 네 신분은 나의 자녀란다. 세상에서 가장 귀하고 높은 신분이지. 그러나 너의 태도와 행실이 내 이름을 높일 수도 있고 낮출 수도 있다. 나를 향해, 세상을 향해 언제나 예의 바르게 행동하렴. 너의 거룩함은 행실로 드러날 때 의미가 있단다.

세례는 내 아들과 합하기 위한 의식이란다. 의식을 통해 분명히 너의 신분은 달라졌단다. 그러나 의식을 치렀다고 해서 너의 모든 생각과 행동이 한 번에 달라지지는 않는다. 완전한 연합을 이루는 데에는 시간이 걸린다. 그러니 날마다 꾸준히 나에게 시간을 투자하렴. 네가 앞으로 받게 될 상급은 크고 위대하단다.

연합의 목적

그에게서 온 몸이 각 마디를 통하여 도움을 받음으로 연결되고 결합되어
각 지체의 분량대로 역사하여 그 몸을 자라게 하며
사랑 안에서 스스로 세우느니라

- 에베소서 4:16 -

네가 부름 받은 일을 할 때 최선을 다하렴. 너의 삶은 하늘의 뜻을 이루는 귀한 한 조각으로 쓰임 받는다. 너의 삶은 매우 독특한 삶이란다. 이 세상에는 오직 너만 할 수 있는 일이 있어. 그런데 그 삶은 나의 큰 계획에 포함되어 있단다. 나는 각 사람에게 분량대로 은혜를 나누어 주었다. 사람들마다 다른 모습의 재능과 은사를 주었지만, 목적은 하나야. 그들의 헌신과 봉사를 통해 교회가 한 몸으로 성장하기 위해서란다.

운동선수들은 그 몸을 아주 정교하게 움직인단다. 그래서 깜짝 놀랄 만한 결과를 만들어 내지. 올바른 교회의 모습은 다양한 사람들이 하나의 목적을 가지고 한 몸처럼 연결되는 거란다. 이때 교회는 엄청난 능력을 만들어 내지. 초대 교회의 모습이 이와 같아서 사람들은 놀라며 칭송했단다. 네가 맡은 일에 충성을 다하렴. 그 일을 통해 네가 속한 믿음의 공동체를 키우고, 너의 신앙도 키워 나가게 될 거야.

연합하여 자라나십시오

머리를 붙들지 아니하는지라 온몸이 머리로 말미암아
마디와 힘줄로 공급함을 받고 연합하여
하나님이 자라게 하시므로 자라느니라

- 골로새서 2:19 -

내 안에 머물며 나에게 모든 능력을 공급받으렴. 너는 나와 영적으로 연결되고 연합한 존재란다. 사람의 몸은 사람의 머리에서 나오는 생각에 따라 움직이고 행동한다. 그러므로 사람의 머리에서 나오는 생각이 중요하지. 나와 연결되어 있을 때 너는 내가 원하는 뜻대로 행동할 수 있다. 내 뜻대로 하지 않는 모든 일들은 나에게 의미가 없는 일이란다. 나를 위해 일하는 것보다 나와 함께 일하는 것이 중요해.

교회는 나의 생각과 나의 뜻으로 모인 사람들을 의미한다. 그래서 교회는 내가 원하는 한 가지 생각과 방향으로 움직일 수 있지. 그것은 복음을 전하여 생명을 구하고 보살피는 귀한 일이란다. 육신의 생각이 모여서 만들어진 탑이 바벨탑이란다. 교회가 육신의 생각으로 모인다면 그곳은 바벨탑이 되고 만다. 세상의 생각을 주의하고, 나의 은혜와 능력을 공급받으렴. 너는 나의 뜻을 이루는 소중하고 귀한 존재란다.

하나님의 안식

하나님이 그 일곱째 날을 복되게 하사 거룩하게 하셨으니
이는 하나님이 그 창조하시며 만드시던 모든 일을 마치시고
그 날에 안식하셨음이니라

- 창세기 2:3 -

여섯째 날에 나는 나의 형상대로 사람을 창조하였지. 창조된 사람이 일곱째 날에 한 일은 나와 함께 안식을 누리는 일이었단다. 나는 이 세상을 완전하게 창조하였단다. 그래서 나는 일곱째 날을 복되고 거룩한 안식일로 만들었지. 에덴동산에서 사람이 수정하고 개선해야 할 부분은 아무것도 없었단다. 하지만 죄를 범하고 에덴동산을 벗어난 사람은 이후로 진정한 안식을 누리기 힘들게 되었단다.

안식일은 내가 한 모든 일을 마음껏 누리는 시간이란다. 내가 한 일을 돌아보고 찬양하는 시간이지. 네가 안식의 참 의미를 깨달으면 더욱 풍성한 안식을 누릴 수 있단다. 내가 주는 안식은 거룩한 의무이며 특권이란다. 네 삶에서 안식을 잃어버리지 않았으면 좋겠구나. 하루마다 최선의 삶을 다하는 가운데 기쁨으로 찾아오는 안식을 꼭 누리렴.

진정한 안식

이는 엿새 동안에 나 여호와가 하늘과 땅과 바다와 그 가운데
모든 것을 만들고 일곱째 날에 쉬었음이라
그러므로 나 여호와가 안식일을 복되게 하여 그날을 거룩하게 하였느니라

- 출애굽기 20:11 -

안식일을 기억하여 거룩하게 지켜라. 이것은 십계명에도 나와 있는 명령이란다. 안식일은 너무나 중요해서 네가 그 의미를 잘 알아야 한다. 내가 여섯째 날까지 지은 모든 세상이 완전하여 일곱째 날에는 그날을 거룩하게 구별했단다. 모든 날이 내가 지은 거룩한 날이지만 안식일은 특별히 구별한 날이다. 그러므로 안식일을 내 뜻대로 거룩하게 지켜야 한다. 너에게 안식일은 세상이 아닌 나에게 집중하는 거룩한 시간이야.

세상의 생각과 일을 멈추는 데서 한 걸음 더 나아가, 나에게 더욱 가까이 나와 머무는 것이 진정한 안식을 누리는 길이다. 너의 마음과 행동으로 그 거룩한 시간을 구별하는 지혜로운 사람이 되길 바란다. 세상은 점점 안식과 거룩의 의미를 잃어버리고 원래의 의도를 변질시키지. 너는 변하지 않는 믿음으로 그 의미를 온전히 지켜 냈으면 좋겠어. 내가 너를 위해 지혜를 공급해 주겠다.

하나님 품 안에서 안식하십시오

그가 나를 푸른 풀밭에 누이시며 쉴 만한 물 가로 인도하시는도다

- 시편 23:2 -

나는 이 세상을 아름답고 완벽하게 지은 창조주 하나님이다. 이 사실을 기억하렴. 나는 세상을 마른 광야처럼 짓지 않았단다. 나는 세상을 푸른 풀밭처럼 지었지. 사람은 혹독한 환경의 광야에서 고독하게 견디는 존재가 아니란다. 사람은 나의 인도함을 받아서 머물며 자라고 교제하는 존재란다. 나를 떠나서는 진정한 삶의 이유를 찾을 수 없단다.

내가 너를 초청하고 불렀으니, 나의 따뜻한 사랑의 품에 안기렴. 아이가 부모에게 안기듯이 너는 나에게 언제든지 나아와라. 나의 사랑은 언제나 변함없단다. 나는 너의 인도자이며 치료자이고, 너는 나의 귀한 자녀란다.

쉼 없이, 안식 없이 사는 인생은 생명이 없는 인생이란다. 사람은 안식을 통해 평안과 회복을 얻을 수 있단다. 인생의 가치, 생명의 가치는 안식에 있다는 것을 기억하렴. 너를 따뜻하게 사랑하고 길러 준 너의 부모를 기억하듯 나를 기억하고 나의 사랑을 충만하게 받아 주었으면 좋겠구나.

안식을 통해 주어지는 복

또 내가 그들을 거룩하게 하는 여호와인 줄 알게 하려고
내 안식일을 주어 그들과 나 사이에 표징을 삼았노라

- 에스겔 20:12 -

나는 안식을 통해 너에게 복을 준다. 내가 창조의 때에 안식일을 만들었다는 것을 기억하렴. 안식일을 지키는 것은 창조의 능력을 믿고 인정하는 거란다. 사람은 창조의 원리대로 살아갈 때 가장 건강하고 복된 삶을 살아갈 수가 있지. 안식일을 지키느냐 안 지키느냐에 따라 삶의 질이 달라진단다.

세상의 유혹과 염려를 이기는 힘은 진실한 믿음과 거룩한 행실에서 나온다. 안식은 너의 믿음과 행실과 관련이 있어. 이스라엘 백성에게 안식일을 계명으로 준 것은 그들의 믿음을 보기 위해서였단다. 안식일을 지키고 인정하는 백성들은 내 백성으로 인정을 받았지. 세상에 속해 있으면 세상을 이길 힘을 얻을 수 없단다. 나에게 속해 있을 때 세상을 이길 힘을 얻게 된다. 오늘도 나를 의지하여 세상에서 이기는 삶을 힘차게 살아가길 바란다.

예수님께 나아와 안식을 누리십시오

수고하고 무거운 짐 진 자들아 다 내게로 오라
내가 너희를 쉬게 하리라

- 마태복음 11:28 -

내가 너에게 안식을 준다. 나에게 오렴. 구원은 돈 없이, 값없이 받는 것이란다. 과거의 무거운 멍에를 벗어 버리고, 내가 새롭게 맡기는 가벼운 멍에를 메었으면 좋겠구나. 신앙생활이 처음에는 불편하고 부담되는 멍에가 될 수 있다. 하지만 네 힘을 의지하다가, 나의 힘을 의지하게 되면 점점 가벼워지게 되지.

통제하고 해결할 수 없는 일들 때문에 괴로워하지 마라. 그건 너에게 무거운 짐이 될 뿐이다. 모든 일을 다 하려는 사람이 도리어 어리석은 사람이다. 네가 할 수 없는 일을 나에게 맡기는 사람이 지혜로운 사람이야. 나는 네가 다룰 수 없는 외부의 일과 미래의 일까지도 다 다룰 수 있다. 네가 할 일은 모든 일의 결과를 나에게 맡기는 거란다. 모든 일에 선한 결과를 기대하면서 네 앞에 맡겨진, 보이는 일에 충성해라. 그러고 나서 내가 허락하는 안식을 누리렴.

참된 안식

이날 곧 안식 후 첫날 저녁 때에
제자들이 유대인들을 두려워하여 모인 곳의 문들을 닫았더니
예수께서 오사 가운데 서서 이르시되 너희에게 평강이 있을지어다

- 요한복음 20:19 -

안식 후 첫날에 내 아들 예수가 부활했다. 그래서 예수의 제자들은 예수가 부활한 이후부터는 안식 후 첫날에 모여서 예배를 드리기 시작했단다. 그것이 오늘날에는 주일로 불리게 되었지. 창조의 능력과 부활의 능력을 믿는 사람들에게 참된 안식이 주어진다. 세상과 구별되는 너의 믿음을 나에게 보여 주렴. 내가 너를 거룩하게 살아갈 수 있도록 은혜와 복과 능력을 공급해 줄게.

네가 하늘나라의 자녀로 살기 위해 해결해야 하는 모든 문제들을 내가 다 해결해 주었단다. 네가 해결할 수 없는 문제들은 나에게 맡기면 된다. 네가 이 땅에서 할 일은 해결이 아니라 믿음과 순종이란다. 근심과 두려움의 문은 굳게 잠그고 평안과 감사의 문은 언제나 활짝 열어 놓아라. 내가 너와 항상 함께 있을 거야.

안식에 들어가기를 힘쓰라

그러므로 우리가 저 안식에 들어가기를 힘쓸지니
이는 누구든지 저 순종하지 아니하는 본에 빠지지 않게 하려 함이라

- 히브리서 4:11 -

안식에 들어가기를 힘써라. 나를 진심으로 믿는 사람만이 참된 안식을 누릴 수 있다. 나의 약속은 믿는 사람에게 효력이 있단다. 약속을 믿지 않는다면 아무 유익을 얻지 못한다. 믿지 않는다는 것은 곧 불순종을 의미하기 때문이지. 애굽을 빠져나온 이스라엘 백성들은 가나안 땅으로 인도함을 받았지. 하지만 나의 약속을 믿지 않은 사람들은 약속의 땅으로 들어가지 못했단다. 안식에 들어가기 위해서는 나의 말을 믿고 순종해야 한다는 것을 명심하렴.

참된 안식은 믿음과 순종에 달려 있어. 나의 안식은 저절로 얻어지는 것이 아니다. 세상의 염려와 헛된 수고를 멈추어야 한다. 내가 일할 때 너도 함께 일하고, 내가 안식할 때는 너도 함께 안식하렴. 언제나 나와 함께 호흡을 맞추면서 살아가렴. 나와 함께하는 사람에게 진정한 안식이 주어진단다.

평안의 주인

내가 평안히 눕고 자기도 하리니
나를 안전히 살게 하시는 이는 오직 여호와이시니이다

- 시편 4:8 -

나는 평안의 주인이다. 세상의 소식은 끊임없이 바뀌고 변하는 소식이야. 세상은 너에게 절대로 평안을 주지 않는다. 세상의 소리에 귀 기울이면 평안보다는 불안을 얻게 될 거야. 하지만 내가 들려주는 소식은 언제나 변함이 없지. 나는 너를 언제나 변함없이 사랑하며 지켜보고 있단다. 나의 약속과 나의 말은 언제나 변함이 없다. 너는 두 마음을 품지 말고, 오직 나의 말과 나의 약속을 의지하렴.

어둡고 캄캄한 밤에도 네가 나를 부르면 나는 들을 수 있단다. 아주 작은 소리도 들을 수 있게 언제나 귀 기울이고 있단다. 아침에 깰 때에 오늘을 걱정하지 말고 밤에 잠들기 전에 내일을 염려하지 마라. 나의 품을 의지하고 잠드는 사람에게는 평안이 임할 것이다. 오늘 하루, 평안이라는 단어를 마음속에 새기렴.

평안의 범위

군대가 나를 대적하여 진 칠지라도 내 마음이 두렵지 아니하며
전쟁이 일어나 나를 치려 할지라도 나는 여전히 태연하리로다

- 시편 27:3 -

내가 너의 빛이요 구원이며 생명의 능력이란다. 너는 나를 믿고 의지하며 평안을 얻으렴. 네 삶에서 믿음의 범위를 계속해서 넓혀라. 그 믿음의 범위에 따라 평안의 범위가 달라진단다. 네 믿음이 온전하게 나에게 붙들려 있으면 어떤 상황에 있어도 마음이 평안할 거야. 하지만 네 믿음이 흔들릴 때는 어떤 상황에도 마음이 두려울 거야.

두려워하지 말고 놀라지 말며, 오직 나를 바라보아라. 나에게 초점을 맞추면 내 모습이 생생하고 또렷하게 느껴지고 세상은 점점 시야에서 벗어나게 될 거야. 하지만 세상에 초점을 맞추면 반대의 상황이 벌어지겠지. 사람은 바라보는 대상에 마음을 맞추고 행동하게 되어 있단다. 네가 어떤 상황에 처하든지 너는 나를 기다려라. 강하고 담대한 마음으로 나를 기다리고 기대해라.

평안을 선포하십시오

어느 집에 들어가든지 먼저 말하되 이 집이 평안할지어다 하라

- 누가복음 10:5 -

네가 평안의 전달자가 되기를 바란다. '샬롬'이라는 말은 평안을 의미하는데, 사람들이 인사말로 건네는 '안녕'이란 말과 같다. 인사를 잘하는 사람은 어디서나 환영을 받고 칭찬을 받지. 너는 한 걸음 더 나아가 이웃에게 언제나 친절을 베풀며 그들에게 평안과 복을 빌어 주는 사람이 되라. 나는 사람들에게 평안과 복을 안겨다 주는 하나님이다.

네가 말과 함께 행동으로 평안을 주는 복된 자녀가 되길 원한다. 안전함과 편안함을 제공하는 사람은 주변 사람에게 칭찬을 받는다. 그러나 시비와 다툼을 일으키는 사람은 주변을 괴롭게 하지. 너는 걱정을 끼치는 사람이 아니라 걱정을 없애는 사람이 되렴. 불화를 잠재우고 평화를 일깨우는 사람은 복이 있는 사람이다. 화평하게 하는 사람은 나의 자녀로 인정을 받는 축복이 있다. 나는 평화의 하나님이기 때문이다.

평안을 너희에게 주노라

평안을 너희에게 끼치노니 곧 나의 평안을 너희에게 주노라
내가 너희에게 주는 것은 세상이 주는 것과 같지 아니하니라
너희는 마음에 근심하지도 말고 두려워하지도 말라

- 요한복음 14:27 -

부모의 사랑을 느끼는 아이의 마음은 평안하다. 이천 년 전에 구유에 태어난 아기에게 나의 사랑이 충만하게 내려졌지. 내가 부어 주는 사랑 덕분에 그 아기는 평안하게 잠들 수 있었단다. 내 아들은 내가 베풀어 주는 평안과 똑같은 평안을 제자들에게 안겨 주었다.

내가 너에게 주는 평안은 세상이 주는 잠시 잠깐의 평안과 다르단다. 세상이 주는 평안은 대부분 일시적이거나 형식적인 평안이란다. 영원하고 본질적인 평안은 나의 사랑으로만 가능하단다. 나의 은혜와 사랑으로 죄 사함을 받은 자녀는 영생의 소망과 함께 영혼의 평안을 얻게 되지.

너무나 많은 사람들이 근심과 두려움에 사로잡혀 있다. 근심이 그들에게는 일상적인 습관이 되었단다. 너는 세상의 근심과 두려움을 버리고 평안을 채우렴. 평안을 말하고 평안을 묵상하는 습관을 길러라.

세상을 이기는 평안

이것을 너희에게 이르는 것은 너희로 내 안에서 평안을 누리게 하려 함이라
세상에서는 너희가 환난을 당하나 담대하라 내가 세상을 이기었노라

- 요한복음 16:33 -

평안이야말로 세상을 이기는 가장 강한 마음이다. 내 안에서 평안을 누리렴. 세상은 너에게 불안을 가져다줄 거야. 세상이 새로운 소식을 전할수록 새로운 불안은 더욱 많아질 거란다. 지혜로운 사람은 세상에서 평안을 찾지 않고 평안의 주인에게서 평안을 찾는단다. 내가 참 평안의 주인이니 언제나 내 안에 머물러라.

너를 향한 나의 생각은 평안이야. 나는 너에게 미래와 희망을 주는 하나님이다. 나는 너의 구원을 위해 모든 것을 계획하고 준비해 놓았다. 평안이란 이 땅에서 누리는 구원의 모습 중 하나란다. 나를 믿는 사람은 어떤 상황과 형편 가운데에도 평안을 누리면서 살 수 있지. 담대함은 사람의 성격에서 오는 것이 아니란다. 담대함은 나의 성품과 약속으로부터 오는 것이다. 이것을 믿으렴.

평안을 받아들이십시오

육신을 따르는 자는 육신의 일을, 영을 따르는 자는 영의 일을 생각하나니
육신의 생각은 사망이요 영의 생각은 생명과 평안이니라

- 로마서 8:5-6 -

생명과 평안은 영의 생각을 하는 사람에게만 주어진다. 영의 생각은 네 안에서 일어나는 새로운 생명의 활동이란다. 믿지 않는 사람은 오로지 육신의 생각만 할 수 있다. 육신의 생각은 내 생각을 받아들이지 못하고 거부하지. 나를 처음 믿는 사람은 영적인 마음이 싹트게 되지. 그런 사람은 영적인 마음과 육적인 마음이 동시에 작동한다.

영의 생각을 어떻게 구별할 수 있을지 궁금하지? 영의 생각은 영적인 것에 대한 일시적이고 단순한 호기심이 아니다. 영적인 것에 늘 집중하는 마음, 영적인 일을 우선으로 여기는 마음, 영적인 것에 기뻐하고 만족하는 마음이 있다면 영적인 마음을 가지고 있다는 증거가 된다. 이런 사람은 영적인 열매, 곧 성령의 열매를 맺게 된다. 성령의 열매는 내가 가진 성품이야. 회심의 증거는 영적인 생각이란다. 믿지 않는 사람은 땅의 일을 좋아하지만 믿는 사람은 하늘의 일을 좋아한다.

평안의 매는 줄

그러므로 주 안에서 갇힌 내가 너희를 권하노니
너희가 부르심을 받은 일에 합당하게 행하여 모든 겸손과 온유로 하고
오래 참음으로 사랑 가운데서 서로 용납하고
평안의 매는 줄로 성령이 하나 되게 하신 것을 힘써 지키라

- 에베소서 4:1-3 -

교회를 지키는 비결은 성령의 열매에 달려 있다. 너의 삶에 성령의 열매가 나타나기를 구하렴. 성령의 열매는 나의 성품을 닮았기 때문에 성령의 열매를 맺는 사람은 나의 성품을 드러내게 된다. 성령의 열매가 나타나는 사람은 교회에 유익을 준단다.

좋은 기도는 너와 나의 뜻을 일치시키는 거란다. 그러면 마음에 평안이 찾아오지. 마찬가지로 좋은 교회는 뜻이 하나가 되는 교회다. 나는 화합을 좋아하고 마귀는 분열을 좋아하지. 이렇게 구별하면 쉽다.

완전한 사람은 없다. 하지만 나의 성품은 완전하지. 사소한 일마다 서로 의견이 달라도 평안의 매는 줄을 통해서 하나가 될 수 있단다. 교회가 성령으로 하나가 되면 마음이 갈라지지 않는다. 교회가 하나 되기 위해 힘쓰는 자녀가 되길 바란다.

성장하는 믿음

또 비유를 들어 이르시되
천국은 마치 사람이 자기 밭에 갖다 심은 겨자씨 한 알 같으니
이는 모든 씨보다 작은 것이로되 자란 후에는 풀보다 커서 나무가 되매
공중의 새들이 와서 그 가지에 깃들이느니라

- 마태복음 13:31-32 -

너의 믿음이 자라는 만큼 천국이 자란다는 사실을 기억해라. 네가 믿음을 키워야 하는 이유란다. 사람의 육체에는 한계가 있지만 사람의 영은 한계가 없다. 영적인 믿음의 세계에는 한계가 없단다. 그러니 네 믿음을 육신의 눈으로 고정하고 제한하지 마라. 작은 믿음이라고 해서 버릴 것이 아니라 오히려 키워야 한다.

믿음은 심는 거란다. 처음에 사람들이 심는 것은 작은 믿음이란다. 보기에도 별 볼 일이 없어서 초라하게 느껴질지도 몰라. 하지만 믿음은 생명력이 있어서 자란다. 믿음의 조상 아브라함의 믿음은 수십 년에 걸쳐 완성되었다는 사실을 기억하렴. 너의 믿음도 보이지 않게 자라고 있단다. 나중에는 크게 성장해서 다른 사람들이 기댈 정도가 될 거란다. 내가 너의 믿음이 자라도록 도와줄게. 믿음의 결과를 기대하렴.

성장하는 신앙

예수는 지혜와 키가 자라가며 하나님과 사람에게 더욱 사랑스러워 가시더라

- 누가복음 2:52 -

사람은 누구에게나 성장의 단계가 있다. 신앙도 마찬가지란다. 성장 단계마다 어울리는 믿음의 모습이 있단다. 네가 받은 믿음의 분량대로 믿음을 사용하렴. 네가 가진 믿음의 분량은 점점 늘어나게 될 거야. 나는 너에게 믿음을 선물로 주었단다. 그런데 그 믿음은 씨앗의 형태로 주어진다. 믿음이 네 안에서 계속 자라나게 될 거야.

몸의 근육을 키워 나가듯 네 믿음을 키워 나가라. 믿음은 근육과 같아서 사용할수록 강해진다. 네 믿음이 나의 은혜와 생명으로 채움을 받고 날마다 자라난다. 네 믿음이 자라는 모습은 내가 보기에 정말 예쁘고 사랑스럽단다.

나는 너에게 은혜를 베푸는 하나님이다. 나는 네가 자라며 강해지고 지혜가 충만하기를 바란다. 나는 네가 자라며 사람에게 사랑받는 존재가 되기를 바란다. 네 안의 믿음을 날마다 키우고 가꾸렴.

내면을 성장시키십시오

그의 안에서 건물마다 서로 연결하여 주 안에서 성전이 되어 가고
너희도 성령 안에서 하나님이 거하실 처소가 되기 위하여
그리스도 예수 안에서 함께 지어져 가느니라

- 에베소서 2:21-22 -

네 몸은 성령이 거하는 성전이다. 네가 가진 몸을 영혼이 성장하는 건물이라고 생각하고 상상해 보렴. 네 몸이 건물이라면 고쳐야 할 곳이 있고, 청소해야 할 곳이 생긴다. 내가 기뻐하는 장소가 되길 원한다면 부지런히 너의 영혼을 돌아보렴.

교회는 나의 뜻이 이루어지는 거룩한 장소란다. 믿음으로 연결된 자녀들은 한 몸이 되어 나의 뜻을 이룰 수 있단다. 거룩한 몸이 모여서 또한 거룩한 교회를 이루게 되지. 네 몸이 성장하듯이 교회 공동체도 항상 성장을 꿈꾸어야 한다.

성장이란 미완성에서 완성으로 나아가는 과정이란다. 그러니 아직 미숙한 믿음의 자녀들에게 실망하지 않아도 된다. 교회는 나의 은혜로 완성되어 가는 사람들의 모임이야. 내가 믿음의 자녀들을 키우고 자라게 만들 거야. 그들이 잘 자랄 수 있도록 섬기는 것 또한 너의 임무란다.

장성한 분량까지 성장하십시오

우리가 다 하나님의 아들을 믿는 것과 아는 일에 하나가 되어
온전한 사람을 이루어 그리스도의 장성한 분량이 충만한 데까지 이르리니

- 에베소서 4:13 -

모든 그리스도인의 목표는 온전한 사람이야. 인생은 나와 함께 끝까지 믿음의 삶을 살아가는 여정이란다. 믿음의 분량이 충만하게 찰 때까지 그 삶은 계속된다. 거듭난 사람에게 주어지는 새 생명의 모습은 아기와 같다. 영적인 생명은 자라나야 한다. 영적인 생명은 나이를 먹는다고 해서 저절로 자라지 않아. 네 안에 있는 믿음이 자랄 때 영적인 생명도 자란다.

믿음에 대해 올바로 배워야 믿음이 생겨난다. 그리고 나를 머리로만 만나는 것이 아니라 삶에서 몸소 경험하며 진심으로 사랑하고 순종할 때 믿음이 한 단계씩 자라게 되지.

이 지구상에 모든 것이 완성된 교회는 아직 없단다. 오직 성장해 나가는 교회와 성장이 멈춘 교회만 있을 뿐이다. 네가 속한 교회가 함께 성장하는 교회가 되기를 구하렴. 성장하는 교회가 가장 건강한 교회다.

성장하는 복음

이 복음이 이미 너희에게 이르매
너희가 듣고 참으로 하나님의 은혜를 깨달은 날부터
너희 중에서와 같이 또한 온 천하에서도 열매를 맺어 자라는도다

- 골로새서 1:6 -

날마다 복음을 더 깊이 받아들이고, 널리 전하는 자녀가 되라. 복음은 너의 안으로도 자라며, 너의 밖으로도 자란다. 나무가 자라서 널리 씨를 퍼뜨리고 숲을 이루는 것을 상상하면 이해가 될 거야. 네 안에 심겨진 복음의 씨앗이 자라서 마침내 열매를 맺고, 그 씨앗을 뿌리면 복음은 급속하게 퍼져 나간다. 복음이 유대 땅을 벗어나서 세계의 거의 모든 지역으로 퍼져 나갔지. 빛이 세상에 뻗어 나가는 것처럼 복음도 그렇게 퍼져 나간다.

복음을 들을 때 받아들이는 태도가 중요하단다. 진정으로 회개한 사람만이 회개에 합당한 열매를 얻게 되지. 복음을 받아들이기에 너무 늦은 때란 없다. 사람은 늙어도 여전히 결실하며 복음의 열매는 나이 제한이 없단다. 네 주변에 구원을 바라는 사람이 있다면 끝까지 소망을 가지렴.

성장시키는 하나님

형제들아 우리가 너희를 위하여 항상 하나님께 감사할지니
이것이 당연함은 너희의 믿음이 더욱 자라고
너희가 다 각기 서로 사랑함이 풍성함이니

- 데살로니가후서 1:3 -

네 안에서 내가 선한 일을 이미 시작했단다. 그리고 선한 일을 이루어 낼 것이다. 믿음의 시작만이 아니라 믿음의 성장도 나를 통해 일어난다. 믿음의 조상 아브라함도 처음에는 작은 믿음에서 출발했지. 믿음은 나의 말을 들으면서 자라나고, 나에게 순종하면서 더욱 강해진다.

믿음과 은혜가 성장하는 것은 너에게 맡겨진 의무란다. 너에게 주어지는 은혜는 간신히 버틸 만한 은혜가 아닌 풍성한 은혜란다. 날마다 충만한 은혜, 풍성히 넘치는 은혜를 구하렴. 나는 언제나 넘치게 베푸는 하나님이란다.

너는 나의 자랑스러운 자녀란다. 내가 너를 빛의 자녀로 계속 성장시킬 거란다. 나는 언제나 사랑으로 너를 이끌어 줄 거야. 나는 너를 끝까지 지키며 끝까지 은혜를 베풀어 줄 거야. 오늘도 나를 신뢰하는 마음을 지키며 하루를 살기 바란다.

속사람의 성장

갓난아기들 같이 순전하고 신령한 젖을 사모하라
이는 그로 말미암아 너희로 구원에 이르도록 자라게 하려 함이라

- 베드로전서 2:2 -

나의 말을 사모하는 사람의 모습은 아기들이 젖을 찾는 모습과도 같다. 영혼의 순수함과 간절함을 날마다 간직하며 하루를 살아라. 성경에 있는 나의 말이 영혼을 살리는 영양분이 된다. 세상의 어떤 지혜도 사람의 영을 성장시키지 못한다. 영적인 생명은 영적인 것을 공급받아야만 채워질 수 있다. 속사람을 살리고 성장시키는 지혜는 성경 안에 있다. 신앙생활을 오래 해도 속사람이 성장하지 않으면 너에게 유익이 없단다.

너는 항상 살아 있는 나의 말을 통해 거듭났다. 나의 말은 살리는 말이란다. 나의 말에 생명력이 있다. 나의 말에 열정을 가지고 귀 기울이는 사람이 되렴. 무미건조하게 성경을 읽으면 속사람에게 유익이 별로 없다. 사모하는 마음으로 성경을 읽을 때, 나의 말이 살아 있고, 네 영혼을 살리는 경험을 하게 될 거야.

충만한 계획

하나님이 노아와 그 아들들에게 복을 주시며 그들에게 이르시되
생육하고 번성하여 땅에 충만하라

- 창세기 9:1 -

나는 이 땅에 나를 예배하는 사람이 충만하기를 원한다. 내가 에덴동산에서 사람을 창조하고 복을 내리며 이렇게 말했지. "생육하고 번성하여 땅에 충만하라". 그러나 최초의 인류는 죄를 범하고 에덴동산에서 쫓겨났단다. 사람들이 늘어날수록 죄는 더 심해졌고, 나는 홍수의 심판을 결정했지. 나에게 은혜를 입은 노아와 그 가족만이 살아남았다. 나는 그들에게 복을 주며 다시 한 번 이렇게 말했단다. "생육하고 번성하여 땅에 충만하라".

환경이 바뀌어도 나의 뜻과 계획은 변함이 없다. 나는 이 땅에 예배자가 가득하기를 원한다. 나를 예배하는 자리에 나의 임재가 있다. 나의 마음을 알아주는 존재는 나의 형상으로 만들어진 사람밖에 없단다. 지구상에서 오직 사람만이 예배를 드릴 수 있지. 나와 친밀한 교제를 즐거워하며 나를 예배할 때 너의 진정한 가치가 드러난다.

충만한 은혜

주께서 내 원수의 목전에서
내게 상을 차려 주시고 기름을 내 머리에 부으셨으니
내 잔이 넘치나이다

- 시편 23:5 -

넘치는 은혜를 경험하렴. 나와의 친밀함은 구원받은 자녀가 누리는 특권이란다. 네 삶에 부족함이 있다면 나와의 관계에서 원인을 찾아보렴. 먼저 나와의 관계가 회복되면 다른 것은 저절로 회복된다. 나는 언제나 너에게 넘치도록 은혜를 베푸는 하나님이란다.

잔이 흘러넘치도록 풍성하게 부어주는 것은 친밀함의 표현이란다. 너에게는 친근함의 표현이고 원수들에게는 경고의 음성이란다. 나와 친밀하면 원수도 너를 건드릴 수 없게 되지.

진정한 풍요는 물질이 아니라 관계에 달려 있단다. 지금 세상은 어느 때보다 물질적인 풍요를 누리지만 다들 관계에 목말라 있단다. 내가 너의 목자가 되면 너는 더 이상 부족함이 없단다. 왜냐하면 목자는 양에게 필요한 것을 다 알고 있기 때문이지. 친밀한 관계가 회복되면 더 이상 부족하고 바랄 것이 없게 되지. 회복이 필요하면 나에게 나아와 회복을 구하렴.

충만한 지식

내 거룩한 산 모든 곳에서 해 됨도 없고 상함도 없을 것이니
이는 물이 바다를 덮음 같이 여호와를 아는 지식이 세상에 충만할 것임이니라

- 이사야 11:9 -

나를 알아가는 지식이 충만하기를 바란다. 나는 성전에 머물렀고, 내 아들 안에 머물렀다가 이제는 네 안에 머물러 있다. 너는 지금 나를 친밀하게 알아가는 단계야. 성경에 나타나는 지식이라는 단어는 거의 대부분 친밀함을 의미한다. 친구와의 친밀함, 부모님과의 친밀함과 같은 것이다. 나를 안다는 것은 나를 가까이하여 친해지는 거란다. 나를 경험하고 의지하고 신뢰하는 모습이지.

물은 나의 영이란다. 물이 바다를 덮는다는 것은 나의 영이 바다를 운행하는 모습과 같아. 때가 되면 나는 혼돈의 세상에 다시 질서를 가져다줄 거야. 마지막 때에 나의 권세와 영광과 지식이 가득 넘치게 될 거야. 그때는 모두가 나를 알게 된단다. 성경은 좋은 결말로 끝난단다. 그것도 영원히 말이야. 하루를 살아가는 과정은 좋은 결말을 이루어 가는 연습의 과정이란다.

충만하게 베푸십시오

주라 그리하면 너희에게 줄 것이니
곧 후히 되어 누르고 흔들어 넘치도록 하여 너희에게 안겨 주리라
너희가 헤아리는 그 헤아림으로 너희도 헤아림을 도로 받을 것이니라

- 누가복음 6:38 -

주라. 그리하면 너에게 충만하게 안겨 줄 것이다. 내가 약속한다. 내가 중요하게 여기는 일에는 반드시 보상이 있다는 것을 기억하렴. 복음을 전하고 남을 구제하는 일들이 여기에 속한다. 나는 네가 얼마나 남에게 나누어 주느냐에 관심을 가지고 있단다. 나누고 베푸는 것이 나의 성품이기 때문이야. 나의 자원은 무한하다는 것을 믿고 항상 넉넉한 마음을 지녀라. 나의 마음은 언제나 최소한이 아니라 최대치란다. 하늘에서는 모으는 자가 아닌 베푸는 자를 기억한다는 것을 명심해라.

사람들은 너무나 의롭지 못해서 남에게 도움을 받고 나서 보답할 능력이 있더라도 쉽게 잊어버리고 보답하지 않는다. 하지만 나는 절대 잊지 않고, 더 많이 보답한다. 나는 나의 약속에 신실한 하나님이란다. 나에게 순종하고 베푸는 사람에게는 반드시 그 상을 베푼다. 오랜 시간이 지난 후에라도 반드시 보답이 있다는 것을 명심하렴.

성령의 충만함을 구하십시오

빌기를 다하매 모인 곳이 진동하더니
무리가 다 성령이 충만하여 담대히 하나님의 말씀을 전하니라

- 사도행전 4:31 -

가장 성공적인 기도 제목은 성령의 충만을 구하는 것이다. 가장 성공적인 기도 응답은 성령의 충만을 받는 것이다. 성령이 충만할 때 세상에서 담대히 복음을 전할 수 있다. 하지만 성령의 능력이 없으면 거꾸로 세상에서 세상의 소식만을 잔뜩 듣게 될 거야. 예배를 마치고 교회 밖으로 나올 때 무슨 생각이 많이 드는지 점검해 보렴. 머리에 은혜가 머무는지 세상 계획이 머무는지를 통해 너의 신앙을 점검할 수 있단다.

성령이 충만할 때 마음이 복음으로 가득 차 있단다. 구원의 감격과 기쁨과 평안함이 있게 되지. 성령으로 가득 차 있지 않을 때 근심과 염려와 세상의 생각이 가득 차게 된다. 성령 충만은 일회성이 아니란다. 성령 충만은 날마다 구해야 되는 거야. '한 때'가 아니라 '어느 때'가 중요하단다. 날마다 어느 때나 성령의 충만을 구하렴. 세상을 이기고 버티는 능력은 성령의 충만함을 통해서 나올 수 있단다.

성령의 충만함을 받으십시오

그러므로 어리석은 자가 되지 말고 오직 주의 뜻이 무엇인가 이해하라
술 취하지 말라 이는 방탕한 것이니 오직 성령으로 충만함을 받으라

- 에베소서 5:17-18 -

오직 성령으로 충만함을 받아라. 성령으로 충만함을 받을 때 너의 목적과 사명과 할 일을 분명하게 구분할 수 있는 지혜가 생긴다. 네가 모든 것을 할 수 있지만, 모든 것을 할 수 있는 시간은 없단다. 세상에서 네가 어떻게 행할지를 자세히 주의하여 살펴보렴. 세월을 지혜롭게 사용해야 한다.

거룩한 몸을 함부로 사용하면 거룩함을 잃어버리게 된다. 너의 삶에서 방탕함을 허락하지 않도록 경계하며 절제해라. 너의 거룩한 몸을 상스러운 것으로 채우지 마라. 너의 거룩한 몸을 성스러운 것으로 채워라.

육신적인 즐거움은 영혼에 맺는 열매가 없다. 성령으로 충만하면 영혼에 맺는 열매가 많다. 성령의 열매는 사랑과 희락과 화평과 오래 참음과 자비와 양선과 충성과 온유와 절제란다. 이것은 곧 나의 성품이기도 하지. 성령의 충만함은 네 인생을 더욱 가치 있고 풍성하게 만들어 줄 거야.

충만한 은혜를 기억하십시오

우리 주의 은혜가 그리스도 예수 안에 있는
믿음과 사랑과 함께 넘치도록 풍성하였도다

- 디모데전서 1:14 -

나는 '너의 죄'를 기억하지 않고 '너'를 기억한다. 네가 나의 은혜를 잊지 않고 기억했으면 좋겠다. 죄악에 속한 너를 내가 의롭다고 하였다. 그리고 거룩하지 못한 너를 내가 거룩하게 하였다. 내가 먼저 너를 불렀고 내가 너를 구원하여 너에게 나를 섬길 수 있는 능력을 주었단다.

믿음이 없었던 너에게 믿음을 주었고, 사랑이 없었던 너에게 사랑을 주었지. 믿음과 사랑은 너의 능력이 아니라 나의 능력에서 나온다는 것을 깨달을 수 있겠지? 하늘에서 너에게 넘치는 은혜가 부어졌단다. 이것을 기억하지 않으면 금방 잊어버리고 만다. 일상에서 기적을 기억하지 않으면, 기적은 일상이 되어 사라져 버리고 만다는 것을 명심하렴.

은혜의 영수증을 날마다 기록하고 보관해 보렴. 네가 받은 복을 헤아리고 적는 것은 좋은 습관이다. 감사 노트와 기도 응답 노트도 좋은 아이디어란다.

하나님의 약속

내가 너로 여자와 원수가 되게 하고
네 후손도 여자의 후손과 원수가 되게 하리니
여자의 후손은 네 머리를 상하게 할 것이요
너는 그의 발꿈치를 상하게 할 것이니라 하시고

- 창세기 3:15 -

성경은 약속의 책이란다. 구약과 신약은 약속을 의미하지. 성경에는 수많은 약속이 있단다. 성경을 읽을 때 언약, 약속, 계명이라는 단어를 주의해서 읽어 보면 도움이 될 거야.

내가 뱀에게 내리는 심판은 사람에게 주는 약속이기도 하지. 나는 노아와 아브라함을 거쳐 많은 믿음의 조상들에게 계속 구원의 계획을 말하고 약속했단다. 그리고 내 아들을 이 땅에 보내어 새 언약을 마침내 이루었다.

성경을 통해서 보여 주는 나의 계획은 회복과 구원이란다. 나는 모든 것을 내가 보기 좋게 아름답게 지었지. 사람이 죄로 모든 것을 망가뜨리고 무너뜨렸지만, 그래도 나는 그것을 다시 깨끗하게 새롭게 할 수 있다. 그래서 나의 약속을 믿는 사람에게는 언제나 소망이 있단다.

성경의 약속

내가 내 언약을 나와 너 및 네 대대 후손 사이에 세워서
영원한 언약을 삼고 너와 네 후손의 하나님이 되리라

- 창세기 17:7 -

나는 이 세상의 처음과 끝을 다 계획해 놓았단다. 모든 일은 나의 선한 계획대로 이루어지고 있지. 잠깐 살다 가는 인생은 나의 큰 그림을 다 보고 갈 수 없단다. 하지만 나에게 속한 인생은 나의 큰 그림을 이루어 가는 귀한 한 조각이 된다.

아브라함은 나에게 큰 약속을 받았단다. 약속의 범위는 너무 커서 아브라함의 생애에 그걸 다 지켜볼 수 없었다. 하지만 약속으로 얻은 이삭을 통해 나의 뜻이 점점 이루어지는 모습을 확인할 수 있었지.

언약 안에는 자른다는 의미가 담겨 있단다. 언약을 지키면 나와 연결되어 있지만, 언약을 어기면 나와 끊어진다. 나의 말을 거역하는 인생은 나와 끊어지고 심판을 피할 수 없다. 그러나 나의 말을 붙드는 인생은 내가 책임지고 영원까지 붙들어 줄 거야. 이 땅에서 사라져 가는 것들을 붙잡지 말고, 영원한 나의 약속을 붙잡는 인생을 살아라.

은혜의 약속

그러나 그날 후에 내가 이스라엘 집과 맺을 언약은 이러하니
곧 내가 나의 법을 그들의 속에 두며 그들의 마음에 기록하여
나는 그들의 하나님이 되고 그들은 내 백성이 될 것이라
여호와의 말씀이니라

- 예레미야 31:33 -

내가 맺은 새 언약은 일방적인 언약이란다. 이스라엘 백성들은 나와 맺은 옛 언약을 깨뜨리고 말았지. 하지만 그들을 사랑하고 용서하여 새 언약을 맺었단다. 새 언약은 마음에 심어 주는 언약이지. 내 뜻과 나의 마음을 사람의 마음에 심어서 나를 깨닫고 알게 하는 언약이란다. 새 언약은 내 아들 예수를 통해 이미 성취되었단다. 회심한 자녀는 누구나 마음에 내가 머물고 영원히 떠나지 않는단다.

사람은 실수가 많으나 나는 실수가 없다. 그래서 나는 내가 일방적으로 맺은 언약을 반드시 지킬 수 있지. 어떤 죄인이라도 다시 나의 품으로 돌아올 수 있도록 은혜의 약속을 준비했단다. 나는 언제나 '다시 한 번' 기회를 주는 하나님이란다. 나의 약속과 은혜를 늘 마음에 두고 간직하렴. 나는 너의 하나님이고 너는 나의 자녀란다. 영원히 말이야.

예수님의 약속

그들이 먹을 때에 예수께서 떡을 가지사 축복하시고
떼어 제자들에게 주시며 이르시되 받아서 먹으라 이것은 내 몸이니라 하시고
또 잔을 가지사 감사 기도 하시고 그들에게 주시며 이르시되
너희가 다 이것을 마시라 이것은 죄 사함을 얻게 하려고
많은 사람을 위하여 흘리는 바 나의 피 곧 언약의 피니라

- 마태복음 26:26-28 -

오늘 하루는 성찬식에 대해 진지하게 묵상해 보렴. 성찬의 기억을 떠올려 보고 구절 하나하나를 생생하게 상상해 보기 바란다. 성찬식은 내 아들이 직접 만든 의식이다. 내 아들의 십자가 희생으로 속죄의 피를 흘렸다. 그 피를 믿는 사람은 모든 죄가 사함을 받는 축복을 얻는다. 이것이 새 언약의 피란다. 새 언약의 피를 믿고 기억하며 기념하렴.

성찬에는 십자가의 희생과 제사의 모습이 담겨 있고, 성령 안에서 기쁨과 환희가 담겨 있단다. 과거에 일어났던 십자가 사건, 현재 일어나는 교제, 그리고 미래의 부활 소망을 경험할 수 있지. 네가 성찬에 대해 알면 알수록 더 많은 유익을 누리게 될 거야.

복음의 약속

이 복음은 하나님이 선지자들을 통하여
그의 아들에 관하여 성경에 미리 약속하신 것이라
그의 아들에 관하여 말하면 육신으로는 다윗의 혈통에서 나셨고
성결의 영으로는 죽은 자들 가운데서 부활하사
능력으로 하나님의 아들로 선포되셨으니 곧 우리 주 예수 그리스도시니라

- 로마서 1:2-4 -

복음의 약속은 사람을 살리는 약속이다. 복음의 약속은 영원한 생명이 걸려 있고, 영원한 생명이 담겨 있는 위대한 약속이란다. 성경을 읽으면서 복음을 발견하렴. 복음에는 능력이 있어서 사람을 변화시킨다. 성경을 많이 읽어도 삶이 변화되지 않았다면 아직 복음을 발견하지 못했기 때문이야.

성경에서 복음을 발견할 수 있는 쉬운 방법이 있단다. 성경을 읽을 때 복음부터 읽는 거야. 마태복음, 마가복음, 누가복음, 요한복음을 읽고 내 아들의 말에 귀를 기울여 보렴. 나는 성경을 통해 너에게 말한다. 성경을 읽으면서 나를 만나야 하고 내 아들을 만나야 한다. 책에서가 아니라 실제로 말이야.

영원한 약속

이로써 그 보배롭고 지극히 큰 약속을 우리에게 주사
이 약속으로 말미암아 너희가 정욕 때문에 세상에서 썩어질 것을 피하여
신성한 성품에 참여하는 자가 되게 하려 하셨느니라

- 베드로후서 1:4 -

복음은 처음부터 끝까지 하나의 위대한 약속이란다. 복음의 빛은 영혼을 살리고, 복음의 능력은 나의 성품을 드러나게 해 준다. 그리고 복음의 약속은 네가 영원한 삶을 소유하게 해 준다. 너는 내가 선택한 거룩한 자녀란다. 나는 너를 어둠 가운데에서 불러내어 빛으로 이끌었단다. 나의 영광스러운 뜻과 계획 가운데 살게 하려고 나의 가장 귀한 독생자를 희생했지. 세상의 시선이 아닌 나의 시선으로 너를 바라보렴.

세상에서는 오직 세상에 필요한 것들만을 제공한다. 그것도 필요하지만 너에게 더욱 소중한 것은 영생이란다. 세상의 일시적인 것을 지나치게 탐하느라 보배로운 약속을 잊어서는 안 된다. 영적인 생명은 영적인 것이 심어질 때만 자란다. 나의 말에 나의 성품과 능력이 깃들어 있단다. 영원하고 신성한 약속을 굳게 믿고 붙잡으렴.

죄 사함의 약속

만일 우리가 우리 죄를 자백하면
그는 미쁘시고 의로우사 우리 죄를 사하시며
우리를 모든 불의에서 깨끗하게 하실 것이요

- 요한1서 1:9 -

자백은 철저하게 나의 약속을 의지하는 것이다. 자백은 나의 은혜와 죄 사함의 능력을 인정하는 것이다. 나의 은혜가 언제나 너의 죄보다 크단다. 은혜를 알면 정직하게 자백할 수 있지. 나의 은혜를 공급받는 비결은 간단해. 나를 외면하지 않고 나를 바라보면 된다. 너의 죄를 숨기지 않고 나에게 자백하면 된다.

건강을 위해서 의사의 치료와 처방을 따르는 것처럼 나를 철저히 신뢰하렴. 깨끗함과 정결함은 나의 자녀에게 필요한 요소란다. 신체와 장기가 깨끗하지 못하면 오염으로 인해 죽게 될 거야. 너의 영적인 생명은 늘 거룩하게 유지되어야 한다. 나에게서 죄를 사하는 능력이 나오고, 네가 자백할 때 너를 정결하게 하는 능력을 즉시 베풀어 준다. 너를 불의에서 깨끗하게 하는 나의 약속을 날마다 의지하렴.

자유를 주시는 성령

주의 성령이 내게 임하셨으니
이는 가난한 자에게 복음을 전하게 하시려고 내게 기름을 부으시고
나를 보내사 포로 된 자에게 자유를, 눈 먼 자에게 다시 보게 함을 전파하며
눌린 자를 자유롭게 하고

- 누가복음 4:18 -

진리의 성령이 너에게 임하면 네가 자유를 얻는다. 사람마다 제각각 끌리는 것이 다르단다. 사람들은 그것에 끌려 다니게 되어 있어. 나를 믿지 않는 많은 사람들은 영적으로 죄의 포로가 되어 살고 있단다. 안타깝지만 사람은 스스로의 힘으로는 죄에서 벗어날 수 없단다. 죄에서 자유를 얻게 하는 것은 오직 구원을 얻게 하는 보혈의 능력이란다. 네가 거듭나서 너에게 성령이 임하면 진정한 자유를 얻게 된다.

사람들은 자유를 외치지만, 실제로는 세상에 끌려 다니는 사람들이 많다. 세상에 사로잡힌 삶이 아닌 성령에 사로잡힌 삶을 살아라. 나를 만나고 영적인 눈을 뜨면 나의 인도함을 받게 되지. 성령의 이끌림을 받는 사람은 세상에 휩쓸리지 않는다.

속사람의 자유

종은 영원히 집에 거하지 못하되 아들은 영원히 거하나니
그러므로 아들이 너희를 자유롭게 하면 너희가 참으로 자유로우리라

- 요한복음 8:35-36 -

육신의 자유보다 거듭난 영혼의 자유가 중요하다. 평소에 공기의 존재를 느끼지 못하는 것처럼, 세상에서 자유를 누리는 사람은 자유의 의미를 제대로 느끼지 못할 수 있다. 하지만 세상에서 누리는 자유는 육신의 자유란다. 거듭난 사람에게는 새로운 영혼의 자유가 중요해. 죄를 범하는 사람마다 죄의 종이 된다. 사람에게는 죄를 이길 힘이 없지. 오직 나의 은혜와 능력을 믿고 의지해야만 죄에서 이길 수 있단다.

누군가 감옥에 갇혀 있다고 한 번 상상해 보렴. 감옥에서 누리는 자유는 진정한 자유라고 할 수 없지. 너에게는 죄와 사망의 굴레를 벗어날 수 있는 자유가 필요하단다. 그것이 내가 베풀어 주는 자유란다. 복음의 은혜를 덧입어 속사람의 자유를 얻은 사람이 진정으로 자유로운 사람이야.

자유를 얻은 사람

죽은 자가 수족을 베로 동인 채로 나오는데 그 얼굴은 수건에 싸였더라
예수께서 이르시되 풀어 놓아 다니게 하라 하시니라

- 요한복음 11:44 -

내가 하는 일은 사람을 살리고 사람에게 자유를 주는 일이다. 자유를 얻은 사람이 할 일은 다른 사람들이 자유롭게 다닐 수 있도록 베풀고 도와주는 일이란다.

내 아들 예수가 한 일은 나사로를 살리는 일이었단다. 성경을 살펴보면 돌을 옮겨 놓는 일과 풀어 놓아 다니게 하는 일은 사람들이 했지. 모든 일을 함께 함으로써 사람들은 나사로가 살아나는 기적을 볼 수 있었단다. 가나의 혼인 잔치에서 항아리에 물을 채운 사람은 하인이었다. 그때 내 아들이 물을 포도주로 변화시킨 거란다. 순종하면 기적이 일어난다.

나는 사람이 할 수 있는 일은 사람에게 맡긴다. 그리고 나는 사람이 할 수 없는 일을 한단다. 너와 내가 협동해서 일할 때 놀라운 결과가 나타난다. 그러니 네 힘으로 할 수 없는 일은 나에게 맡기고 기도하렴. 기도가 너보다 세고 강하다. 그리고 내가 너에게 맡기는 일에는 믿음으로 순종하렴.

자유를 얻은 의의 종

하나님께 감사하리로다
너희가 본래 죄의 종이더니 너희에게 전하여 준 바
교훈의 본을 마음으로 순종하여 죄로부터 해방되어 의에게 종이 되었느니라

- 로마서 6:17-18 -

의의 종이 될래, 아니면 죄의 종이 될래? 답은 누구에게 순종하느냐에 달려 있단다. 죄에 순종하면 사망에 이르고, 의에 순종하면 영생에 이른다. 사람은 원래 나를 섬기며 나와 교제하도록 지음 받은 존재란다. 의의 종이 되면 죄로부터 자유를 얻게 되지. 주인을 잘 만나면 그 종은 주인의 은혜 덕분에 자유와 행복을 누릴 수 있단다.

마음을 지키렴. 마음을 지키려면 마음에 누군가 있어야 한다. 마음을 지키는 비결은 마음에 성령을 모셔 두는 거란다. 사람들은 마음을 지키기보다는 마음을 내버려 두는 경우가 많지. 네 마음을 죄가 두드리는지 은혜가 두드리는지 확인하는 습관을 가져라. 조금만 주의하면 악한 생각인지 선한 생각인지 구별할 수 있다. 네 마음에 은혜를 채우렴. 그러면 모든 선한 일에 은혜로 순종할 수 있단다.

영적인 자유를 누리십시오

주 안에서 부르심을 받은 자는 종이라도 주께 속한 자유인이요
또 그와 같이 자유인으로 있을 때에 부르심을 받은 자는 그리스도의 종이니라

- 고린도전서 7:22 -

나에게 속한 사람은 누구나 자유인이란다. 네가 어떤 사람 밑에서 일한다고 해도, 나를 믿으면 언제나 영적인 자유를 누릴 수 있단다. 내가 너를 자유롭게 하기 때문에 너는 사람에게 판단을 받을 필요가 없지. 세상의 뜻과 사람의 판단에 기준을 두지 않도록 주의하렴. 나를 믿는 사람은 세상에 속한 사람이 아니라 나에게 속한 사람이다. 영적인 자유를 누리는 사람은 나의 뜻과 나의 기준으로 사는 사람이다.

나는 선한 목적을 가지고 너를 독특하게 만들었단다. 너를 위해 선한 미래를 만들어 놓았으니 네 인생을 나에게 맡기렴. 미래가 불안할 때 사람이 아닌 나를 의지해라. 사람을 의지하면 그 사람이 하나님이 되어 버린단다. 사람에게 붙들려 있으면 삶에서 진정한 자유를 누릴 수 없단다. 진정한 자유는 나에게 달려 있어. 나를 믿고 창조의 목적에 맞는 삶을 자유롭게 살아가기를 바란다.

주의 영이 주시는 자유

주는 영이시니 주의 영이 계신 곳에는 자유가 있느니라

- 고린도후서 3:17 -

나의 영이 있는 곳에 자유가 있다. 나의 영이 빛을 비춰 줄 때 너는 자유롭게 볼 수 있다. 성령은 너의 마음과 너의 걸음을 비춰 주는 빛이 된다. 성령을 통해 마음을 덮고 있던 어둠과 고집으로부터 벗어날 수 있게 되지. 네 삶의 주도권을 나에게 넘겨라. 그러면 너는 이전보다 더 크고 많은 자유를 누릴 수 있게 된단다.

나의 영이 머물 때 너의 영혼은 과거에서, 죄에서, 세상에서 자유로워진다. 자유롭다는 말은 한계가 없다는 말이지. 나는 너에게 자유를 주고, 자유를 보호해 주는 하나님이란다. 사탄은 나의 길을 걷는 사람들을 어떻게든 방해하려고 발버둥을 치고 있다. 나의 길을 자유롭게 걸어 다니는 것이 자유란다. 나의 길을 가지 못하는 것이 자유롭지 못한 것이지. 네가 잘못된 생각, 태도, 행동에 빠지지 않도록 구하고 기도하렴. 내가 너를 이끌어 주고 보호해 줄게.

자유는 섬김의 기회입니다

형제들아 너희가 자유를 위하여 부르심을 입었으나
그러나 그 자유로 육체의 기회를 삼지 말고
오직 사랑으로 서로 종노릇하라

- 갈라디아서 5:13 -

자유는 섬김의 기회란다. 참된 자유는 그 자유로 나와 사람을 섬기게 하기 위한 것이다. 복음의 자유를 얻은 사람은 나에게 순종함으로 그 자유를 지킨단다. 자유를 함부로 사용하면 오히려 자유를 빼앗기게 되지. 이미 구원을 얻은 사람은 받은 구원을 기뻐하고 감사한다. 그래서 구원 받은 사람답게 살면서 그 삶을 지켜내려고 한다. 구원을 잃어버릴 수는 없지만, 구원의 감격과 기쁨을 잃어버릴 수는 있단다.

너는 나를 섬기고 이웃을 섬기기 위해 자유를 얻었단다. 자유는 내가 가진 성품 중의 하나이지. 나는 나의 뜻 안에서 자유를 베푸는 하나님이란다. 네가 자유를 어떻게 사용하느냐에 따라 그 가치가 달라진다. 게으름과 육신의 본능에 자유를 사용하면 자유의 가치는 떨어진다. 사랑으로 섬기는 곳에 네 자유를 사용하면 그 가치는 더욱 빛나게 될 거야.

행동의 절제

내가 말하기를 나의 행위를 조심하여 내 혀로 범죄하지 아니하리니
악인이 내 앞에 있을 때에 내가 내 입에 재갈을 먹이리라 하였도다

- 시편 39:1 -

말을 절제하는 사람에게는 유익이 있다. 말은 계속 이어지고 연결된다. 한 번 내뱉은 말은 꼬리를 물고 계속 이어진단다. 선한 말 뒤에는 선한 말이 따라오고 악한 말 뒤에는 악한 말이 따라온다. 그러니 말로 죄를 짓고 싶지 않다면 차라리 침묵하는 것이 낫다.

기쁘고 즐거울 때 찬양하는 것은 어렵지 않다. 그러나 고난을 묵묵하게 참는 것은 참 힘들다. 나도 잘 안다. 하지만 고난의 상황에도 나는 너를 떠난 적이 없다는 것을 기억해라. 나는 어려움에 처한 사람이 무슨 말을 할지 이미 알고 있다. 내가 허락한 시련 때문에 잠깐 실망할 수 있다. 하지만 그 순간까지도 내가 너를 지키고 있다는 것을 기억하렴. 행위를 조심하고 언어를 절제한다면 너에게 유익이 있단다. 깊이 묵상하는 습관이 너의 말과 생각을 절제하는 데에 도움을 줄 거야.

생각의 절제

말이 많으면 허물을 면하기 어려우나
그 입술을 제어하는 자는 지혜가 있느니라

- 잠언 10:19 -

나는 너에게 풍부한 감정을 주었단다. 하지만 감정에 지배당하도록 만들지는 않았다. 성숙한 사람은 충분히 생각하고 신중하게 생각하는 사람이야. 모든 일에 곧바로 반응해야 할 필요는 없다. 세상은 언제나 빠른 반응을 요구하지. 생각하기 전에 마음을 빼앗는 전략이란다. 분별과 절제의 마음을 가지고 생각을 정리하는 사람이 지혜로운 사람이다. 그런 사람은 세상이 그 마음을 함부로 빼앗고 흔들지 못한다.

무절제한 생각이 무절제한 말을 만들어낸다. 감정을 생각 없이 다른 사람에게 뿌리지 마라. 감정을 나에게 가져와서 정직하게 고백해라. 그러면 그 생각이 어디로부터 온 것인지 깨닫게 될 거야. 의인의 혀는 가치가 높지만 악인의 마음은 가치가 적단다. 오늘 하루 절제에 대해 많이 생각했으면 좋겠구나. 묵상하는 연습을 통해서 네 생각을 정리하는 지혜가 생기게 될 거야.

마음의 절제

노하기를 더디 하는 자는 용사보다 낫고
자기의 마음을 다스리는 자는 성을 빼앗는 자보다 나으니라

- 잠언 16:32 -

마음을 다스리는 지혜를 가지렴. 사람은 혼자서 살 수 없다. 자기중심적 생각에서 분노가 찾아오지. 상대의 처지를 헤아릴 수 있는 사람이 지혜로운 사람이다. 그리고 상대의 부족함과 연약함을 받아들일 수 있는 사람이 진정으로 강한 사람이다.

합당한 이유로 화가 났다고 해도 분노는 여전히 최선의 방법이 아니다. 상대의 실수를 갚아 주지 말고 덮어 주는 사람이 되렴. 나의 사랑으로 이웃을 사랑해라. 사랑은 허다한 죄를 덮어 준단다.

분노를 급히 해결하려 할 때 거기에서부터 다툼과 실수가 나오지. 분노의 감정 그 자체가 아니라 처리하는 방법이 중요해. 감정을 정리하는 습관을 들여라. 집주인이 집을 마음대로 방치하지 않는다. 집주인은 집을 관리하며, 청소하고 치운다. 네가 감정을 관리하는 마음의 집주인이 되었으면 좋겠구나.

신앙인의 절제

이기기를 다투는 자마다 모든 일에 절제하나니
그들은 썩을 승리자의 관을 얻고자 하되
우리는 썩지 아니할 것을 얻고자 하노라

- 고린도전서 9:25 -

운동선수를 보고 절제를 배울 수 있단다. 절제하는 사람은 가장 중요한 것을 아는 사람이다. 그리고 가장 중요한 것 외에는 한눈팔지 않는 사람이지. 자기에게 좋은 일은 어떤 일이든 해내고, 자기에게 나쁜 일은 어떤 일이든 하지 않는다. 훌륭한 운동선수는 자신의 모든 것을 쏟아 부어서 결국 자신에게 가장 중요한 목표를 얻을 수 있단다.

운동선수는 훈련의 목표와 방향이 분명하지. 노력한 만큼만 얻을 수 있다는 것을 알기에 어떤 시간도 어떤 힘도 헛되이 쓰지 않는다. 믿는 사람은 멋대로 사는 사람이 아니라 법대로 사는 사람이란다. 너의 신앙에 방해가 되는 삶을 분별하여 멀리하렴. 그리고 신앙에 필요한 삶을 받아들여서 습관으로 만들도록 해라. 올바른 길을 포기하지 않고 걸어가는 비결은 절제에 달려 있단다.

감정의 절제

하나님이 우리에게 주신 것은 두려워하는 마음이 아니요
오직 능력과 사랑과 절제하는 마음이니

- 디모데후서 1:7 -

능력과 사랑과 절제하는 마음은 나에게서 비롯된 것이란다. 능력과 사랑과 절제는 다 성령의 은사이며 또한 성령의 열매란다. 이건 사람에게서 나오는 것이 아니지. 네 속에 있는 성령의 은사를 다시 불붙게 하여 공급받을 수 있는 거란다.

신앙생활은 뜨거운 감정으로 하는 것이 아니라 뜨거운 성령의 은사로 감당하는 것이지. 나의 은혜를 힘입으면 세상을 이기는 담대한 능력과 넘치는 사랑과 믿음 안에서 절제하는 마음으로 신앙생활을 할 수 있게 된다.

사람의 감정과 열정을 앞세워서 신앙생활을 하다 보면 실수를 하게 된다. 복음의 일은 사람의 행위대로 하는 것이 아니라 내가 주는 은혜로 감당하는 거란다. 날마다 기도하고 나의 일을 묵상하며, 내가 준 은사를 올바르게 사용하렴.

경건한 사람의 절제

하나님 아버지 앞에서 정결하고 더러움이 없는 경건은
곧 고아와 과부를 그 환난 중에 돌보고
또 자기를 지켜 세속에 물들지 아니하는 그것이니라

- 야고보서 1:27 -

경건한 사람들의 절제를 본받으렴. 경건한 사람은 세상에 물들지 않고 나의 사랑에 물들어 있는 사람들이다. 그들은 악에서 멀리 떠나고, 언제나 선한 곳에 머무르는 사람들이다. 참다운 신앙이란 피상적이고 관념적인 활동이 아니란다. 실제로 사랑을 실천하고 절제를 실천하는 삶이란다. 자기의 유익을 절제하고 남의 유익을 구하는 삶을 실천하는 삶이지.

경건의 모양보다 중요한 것은 경건의 능력이란다. 경건한 사람은 나의 성품을 닮은 사람이다. 겉모습이 아니라 속마음이 중요하다. 보이기 위한 경건이 아닌, 마음에서 우러나는 절제의 삶을 살아라. 그리하여 공동체에 유익과 회복을 가져다주는 사람이 되라.

말의 절제

우리가 다 실수가 많으니
만일 말에 실수가 없는 자라면 곧 온전한 사람이라
능히 온몸도 굴레 씌우리라

- 야고보서 3:2 -

말실수를 줄이는 확실한 방법은 말을 줄이는 것이란다. 죄로부터 완전하게 자유로운 사람은 아무도 없다. 그러니 실수하는 사람을 보면 먼저 비판하는 것보다 온유한 마음으로 대하며 자신을 살펴보는 것이 좋다. 온유한 사람은 말로 행동하지 않고 오히려 행동으로 말하지. 이것이 지혜로운 태도란다. 무슨 말을 해야 할지 모를 때는 나에게 물어보고 구하는 습관을 들여라. 내가 너에게 지혜를 줄 거야.

믿는 사람들의 입술에는 권세가 있다는 것을 명심해라. 내가 말하라고 명령한 말은 해야 한다. 그러나 내가 싫어하는 말은 하지 않아야 한다. 말을 함부로 내뱉지 말고, 네 입술과 혀를 지켜라. 은혜 없이는 어떤 사람도 자신의 혀를 길들일 수 없단다. 말 한마디의 영향력을 가볍게 여기지 마라. 말 한마디를 다스리는 사람이 인생 전체를 다스릴 수 있다.

정의는 하나님의 성품입니다

그는 반석이시니 그가 하신 일이 완전하고 그의 모든 길이 정의롭고
진실하고 거짓이 없으신 하나님이시니 공의로우시고 바르시도다

- 신명기 32:4 -

정의는 나의 성품이란다. 나의 성품은 영원하며 결코 변하지 않는다. 나의 성품을 바르게 아는 것은 매우 중요한 일이야. 너의 기분에 따라 나의 성품을 마음대로 해석한다면 내 뜻을 오해할 수 있단다.

네가 사는 세상은 결함이 많아 보이겠지만 나는 실수하지 않는다. 이 세상에 내 허락 없이 일어나는 일은 없단다. 나는 빛도 짓고 어둠도 창조하며 나는 평안도 짓고 환난도 창조하는 하나님이란다. 이 모든 것이 나의 주권 안에 있다.

네가 겪는 시련은 내가 허락해야만 너의 삶 가운데 들어올 수 있다. 그건 나의 실수가 아니라 나의 의도란다. 너를 완벽하게 만들기 위한 과정 가운데 하나야. 순금은 제련을 통해 얻을 수 있지. 너의 삶은 지금 바르고 완벽하게 만들어지고 있는 중이란다.

정의를 이루시는 하나님

그의 손이 하는 일은 진실과 정의이며 그의 법도는 다 확실하니
영원무궁토록 정하신 바요 진실과 정의로 행하신 바로다

- 시편 111:7-8 -

나는 정의를 이루는 하나님이란다. 나의 의도는 언제나 분명하고 확실하다. 나의 손으로 하는 일은 정교하고 완벽하다. 나는 우주를 나의 손으로 완벽하고 정확하게 움직이고 있단다. 한 치의 어긋남도 없이 말이야. 지구가 태양보다 조금만 가까워도, 조금만 멀어도 인간은 살 수 없단다. 나의 은혜에서 조금만 벗어나도 인간은 도저히 살 수 없단다.

나는 진실과 정의로 이 세상을 이끌고 있단다. 선이 악을 이긴다. 내가 너에게 선함과 의로움을 요구하는 이유란다. 아담 이후로 타락하고 부패한 인간은 스스로는 나의 요구를 이룰 수 없지. 그래서 나는 가장 정의로운 희생의 방법으로 인간을 구원했단다. 이 진리는 영원토록 변하지 않는단다.

내 아들을 믿고 나에게 속하면 정의에 속하게 된단다. 그리고 내 뜻대로 사는 것이 정의를 이루는 것이란다. 나는 너의 믿음과 행동을 통해서 정의를 이루어 가는 거야. 명심해라. 너의 삶은 나의 정의를 이루어 가는 귀한 한 조각이란다.

정의를 실천하십시오

공의와 정의를 행하는 것은
제사 드리는 것보다 여호와께서 기쁘게 여기시느니라

- 잠언 21:3 -

나는 공의와 사랑의 하나님이란다. 네가 있는 곳에서 공의와 사랑을 실천하면 내 마음이 기쁘다. 그건 공의롭고 정의로운 나의 성품을 드러내는 삶이기 때문이지. 의로운 삶이 포함되지 않는 예배는 내가 받을 수 없단다.

의로운 것과 의로워 보이는 것은 다르다. 진실한 것과 진실해 보이는 것은 다르다. 하지만 사람들은 보이는 것에 약해서 두 가지를 자주 혼동한다. 사람은 외모로 판단하지만 나는 마음의 중심을 보고 판단한단다. 사람의 행위가 자기 보기에는 모두 정직해 보여도 나는 마음의 의도를 정확하게 바라볼 수 있단다.

나와 올바른 관계를 맺는 것처럼 이웃과 선하고 올바른 관계를 맺으렴. 진실한 마음으로 서로를 돌보며 죄를 떠나 바른 길로 갈 수 있게 도와주는 것이 공의와 정의란다.

정의를 베푸신 하나님

내가 붙드는 나의 종, 내 마음에 기뻐하는 자 곧 내가 택한 사람을 보라
내가 나의 영을 그에게 주었은즉 그가 이방에 정의를 베풀리라

- 이사야 42:1 -

나는 이 땅에 정의를 베푸는 하나님이다. 사람들은 자신이 정의롭게 살지 못하더라도, 정의로운 세상을 요구하지. 사람들은 차별받는 것을 싫어한단다. 정의롭지 못한 대우를 받으면 누구나 다 싫어하지. 남을 괴롭히는 사람도 자기가 괴롭힘 당하는 것은 못 참는단다. 정의를 실천하지는 못해도, 정의로운 세상을 누구나 바라고 꿈꾼다.

기뻐하렴. 너에게 정의를 베푸는 사람이 있단다. 그 사람은 내 아들 예수란다. 나의 정의로운 뜻을 어기지 않고 죽기까지 순종했지. 십자가의 사랑으로 죽음을 이기고 정의를 이루었단다. 거듭난 네 인생은 나와 함께 정의를 이루어 가는 인생으로 쓰임 받게 될 거야. 이기심을 위해 사람을 찾아다니지 말고, 정의를 실천하는 사람들과 함께하렴.

정의롭게 행동하십시오

만일 악인이 돌이켜 그 악에서 떠나 정의와 공의대로 행하면
그가 그로 말미암아 살리라

- 에스겔 33:19 -

나는 악인이 죽는 것을 기뻐하지 않는다. 악인이 그의 길에서 돌이켜 떠나 사는 것을 기뻐한다. 너를 향한 나의 뜻은 죄에서 돌이키는 것이란다. 나는 악인에게 말한다. "너는 죽으리라". 그런데 그가 돌이켜 나의 말을 지켜 행하면 살게 될 거야. 회심한 사람의 죄는 내 기억에서 지워질 거란다.

나의 정의를 의심하지 마라. 회심하지 않은 사람들은 대부분 원인을 자기 잘못이 아닌 다른 사람의 잘못으로 돌린다. 아무리 그럴듯한 이유와 논리가 있어도 나에게는 변명과 핑계에 불과하단다. 나의 길이 바르지 않다고 말하는 사람들도 있지만, 실상은 그 사람들의 행실이 바르지 않은 거란다.

다른 사람 때문에 구원을 놓친다고 하면 얼마나 안타까울지 상상해 보렴. 생명이 걸려 있는 문제에 대해서는 어떤 핑계도 댈 수 없단다. 회심하지 않은 사람, 은혜에서 떠난 사람에게도 아직 기회는 있단다. 돌이켜 행하면 나의 정의로움으로 인해 구원을 얻게 될 거야.

정의를 베푸십시오

사람아 주께서 선한 것이 무엇임을 네게 보이셨나니
여호와께서 네게 구하시는 것은 오직 정의를 행하며 인자를 사랑하며
겸손하게 네 하나님과 함께 행하는 것이 아니냐

- 미가 6:8 -

나는 네가 정의롭기를 바라고 원한다. 악한 길에서 떠나고 죄의 길에서 돌이키기를 바란다. 그리고 나와 함께 걷기 원한다. 나를 떠나서는 무엇을 가지고도 나를 기쁘게 할 수 없단다. 네가 가진 소유물로 나를 기쁘게 하는 것이 아니다. 나는 우주의 모든 것을 이미 소유하고 있단다. 그래서 아무리 많은 제물을 나에게 가져와도 나를 기쁘게 할 수 없다.

내가 바라는 것은 내 약속을 지키는 신실함이란다. 올바른 삶을 살면서 너의 믿음을 나에게 보여라. 너의 믿음이 나를 기쁘게 한다. 내가 너에게 베풀었던 정의와 사랑을 이웃과 공동체에 베풀어라. 정의롭게 약자들을 보호하며 겸손히 동행하는 것이 나의 뜻이란다. 내면을 선한 것들로 날마다 가득 채우렴. 나는 너의 외모가 아니라 너의 중심을 보고 있다는 사실을 기억하렴.

정의를 지키십시오

이 예수를 하나님이 그의 피로써 믿음으로 말미암는 화목제물로 세우셨으니
이는 하나님께서 길이 참으시는 중에 전에 지은 죄를 간과하심으로
자기의 의로우심을 나타내려 하심이니

- 로마서 3:25 -

너는 나의 정의를 이루는 데 꼭 필요한 사람이야. 내 뜻대로 정의롭게 사는 사람은 나의 영광을 드러내게 되지. 죄를 짓는 것은 나의 영광을 깎아내리는 일이다. 죄를 사소하게 여기면 안 된다.

죄의 크기는 무엇을 했느냐의 문제가 아니라 누구에게 했느냐의 문제란다. 가령 그림을 망가뜨려도 그림의 값어치에 따라 물어내야 할 금액이 달라진다. 너의 죄가 티끌만큼 작아서 내가 참은 것이 아니다. 오히려 반대에 가까워. 죄는 나의 영광을 가리고 모욕하는 일이다. 나의 영광의 가치가 무한하므로 죄의 크기는 그만큼 크단다.

네가 값없이 받은 은혜는 값으로 매길 수도 없는 큰 가치가 있단다. 네가 받은 의로움을 결코 가볍게 여기지 마라. 그 의로움은 내 독생자의 목숨을 대신할 정도로 귀하고 값진 것이란다.

정직한 사람

여호와는 의로우사 의로운 일을 좋아하시나니
정직한 자는 그의 얼굴을 뵈오리로다

- 시편 11:7 -

인생에 정직한 사람이 되렴. 인생의 골짜기를 만나면 누구나 그 곳을 피하고 도망치고 싶은 욕구가 생긴다. 시련을 피하고 싶은 것이 사람의 본능이지. 때로는 믿음을 완성하기 위해 필요한 시련의 과정이 있단다. 네가 가장 힘든 순간에 내가 너의 얼굴을 바라보고 있다는 사실을 꼭 기억하렴.

믿음 때문에 당하는 고난을 정직하게 감당하기 바란다. 나는 고난을 덜어 주지 않을 거야. 그 대신 너에게 확신을 더해 줄 거란다. 너에게 감당할 수 있는 은혜를 더해 줄 거란다.

사람들은 이렇게 말한다. "다 끝났으니 이제 포기해라". 하지만 나는 이렇게 말한다. "다 끝났으니 이제 안심해라". 모든 일의 결말은 나에게 달려 있단다. 나는 여전히 하늘 보좌에 앉아서 너를 바라보고 있다. 끝까지 나를 믿고 의지하렴. 그러면 나의 임재를 경험하게 될 거야.

하나님은 정직하십니다

여호와의 말씀은 정직하며 그가 행하시는 일은 다 진실하시도다

- 시편 33:4 -

나는 너에게 신실한 하나님이란다. 정직은 나의 성품 중의 하나란다. 나는 거짓도 없고 후회도 없고 변함이 없다. 나는 너의 모든 부족함을 넉넉하게 채우고 너를 믿음의 길로 인도하기 위해 모든 약속을 지킬 것이란다.

나의 뜻은 단호하고 분명하여 헷갈리지 않는다. 그래서 너는 나를 신뢰할 수 있지. 사람의 마음과 생각은 하루에도 수없이 바뀌지만 나의 마음과 생각은 바뀌지 않는다.

나의 말이 담겨 있는 성경을 삶의 기준으로 삼아라. 나는 나의 말로 모든 것을 지었다. 내가 말할 때 모든 것이 이루어졌다. 나의 계획은 영원하고 사라지지 않는다. 오늘 하루도 나를 즐거워하며 나를 찬송하면 좋겠구나. 찬송의 가사는 널 위한 것이 아니라 날 위한 것이기 때문이지. 찬송은 정직한 나의 자녀들이 마땅히 할 일이란다.

정직한 태도

그는 정직한 자를 위하여 완전한 지혜를 예비하시며
행실이 온전한 자에게 방패가 되시나니
대저 그는 정의의 길을 보호하시며 그의 성도들의 길을 보전하려 하심이니라

- 잠언 2:7-8 -

정직은 좌우로 치우치지 않는 곧은 마음을 말한다. 언제나 정직한 모습으로 나를 만나라. 정직하지 않은 사람이 가지는 지식은 속임수와 거짓이란다. 정직한 사람만이 나에게서 참된 지혜를 얻을 수 있다. 신앙생활에 지름길은 없다. 신앙에는 오직 바른 길만 있단다.

네 인생이 문제와 어려움으로 막혀 있다면 나와의 교제를 먼저 회복해 보렴. 요셉과 다니엘과 믿음의 사람들은 나와 막힘이 없이 교제했단다. 그래서 어려움 가운데에도 형통할 수 있었단다. 요셉과 다니엘은 항상 정직했던 사람들이야. 지름길이 아닌 바른길을 구하는 사람이었지. 순간을 모면할 수 있는 재치나 꾀를 내지 않은 사람이었단다. 정직함 때문에 위기를 맞이하기도 했지만, 나의 도움으로 위기를 모면했단다. 나에게 정직함을 보이렴. 내가 너에게 지혜를 주마.

정직한 마음

사람의 행위가 자기 보기에는 모두 정직하여도
여호와는 마음을 감찰하시느니라

- 잠언 21:2 -

정직의 기준은 사람이 아니라 나에게 달려 있다. 사람은 자기 마음을 마음대로 할 수 없단다. 자기가 볼 때는 정직한 것 같아도 나는 모든 사람의 마음을 점검할 수 있지. 내 앞에 정직한 사람은 스스로 겸손하게 된다. 자기 마음을 신뢰하는 사람은 스스로를 속이는 사람이다.

날마다 마음을 부지런히 살펴라. 마음 가는 대로 살지 말고 마음을 내 앞에서 통제해라. 자신을 기준으로 삼지 말고 성경을 기준으로 삼아라. 모든 일을 시작할 때 나의 인도를 받으렴. 나는 사람의 걸음뿐만 아니라 마음도 다스린다. 내가 너의 길을 만들고 너의 삶을 만들어 준다. 정직한 마음을 가지고 너의 앞길을 나에게 맡기렴. 내가 너를 선한 길로 인도해 줄게.

정직은 하나님의 성품입니다

내가 깨달은 것은 오직 이것이라
곧 하나님은 사람을 정직하게 지으셨으나 사람이 많은 꾀들을 낸 것이니라

- 전도서 7:29 -

나는 사람을 정직하게 지었단다. 나는 나의 형상대로 사람을 만들었지. 너에게는 나의 성품이 깃들어 있단다. 나는 사람을 정직하게 살도록 만들었단다. 하지만 사람들은 많은 꾀를 만들어 냈지. 이건 나의 뜻이 아니란다.

지혜와 꾀는 전혀 다르다는 것을 명심해라. 지혜는 나의 성품에서 나오는 것이지만 꾀는 타락한 본성에서 나오는 것이다. 꾀는 꾸며내는 생각이다. 꾀가 나쁜 이유는 진실을 숨기기 때문이야. 꾀에는 거짓된 속성이 들어 있단다.

만일 정직한 사람이 피해를 본다면 정직이 문제가 아니라 피해를 주는 사람이 문제란다. 나는 정직한 성품을 통해 나의 일을 이루어 간다. 나의 자녀는 믿을 수 있는 신실한 자녀란다. 너와 내가 믿을 수 있는 관계가 되기를 바란다. 그리고 네가 사람들에게 신뢰를 얻는 정직한 사람이 되기를 원한다.

정직은 정해진 길로 가는 것입니다

의인의 길은 정직함이여
정직하신 주께서 의인의 첩경을 평탄하게 하시도다

- 이사야 26:7 -

정직은 정해진 길로 가는 것이다. 정직은 길과 관련이 있단다. 정직을 떠올릴 때 바르고 곧게 뻗어 있는 길을 생각하렴. 믿음의 길은 여러 갈래가 아닌 하나의 길이다. 믿음의 길은 나의 뜻에 의해 정해진 길이다. 정직한 사람은 곁길이 아니라 정해진 길만을 걸어간다.

나의 뜻대로 살고 나의 뜻을 이루는 사람이 의인이란다. 나는 의로운 사람을 통해 나의 일을 성취한단다. 네가 확인해야 할 것은 하나다. 너의 조건, 환경, 과거가 아니라 나의 약속이란다. 너에게 필요한 것은 완벽한 환경이 아니라 변하지 않는 나의 약속이란다. 나를 믿고 헌신의 길을 가는 사람은 심지가 견고한 사람이지. 그런 사람에게 나는 평안을 내려 준다. 내가 너를 인도하고 나의 뜻을 이룰 수 있도록 은혜를 내려 줄게. 나와 함께 믿음의 길을 걸어가자.

7월 7일

정직한 길

누가 지혜가 있어 이런 일을 깨달으며 누가 총명이 있어 이런 일을 알겠느냐
여호와의 도는 정직하니 의인은 그 길로 다니거니와
그러나 죄인은 그 길에 걸려 넘어지리라

- 호세아 14:9 -

나의 길은 정직한 길이며, 사람을 살리는 길이란다. 나에게 돌아오렴. 어떤 죄인도 나에게 돌이켜 죄 사함을 받으면 나는 의인으로 여겨 나의 사랑을 베풀어 준단다. 나는 구원의 하나님, 회복의 하나님이야. 멸망으로 가는 사람들을 그냥 내버려 두지 않는다. 나의 정직한 길을 알려 주고 긍휼의 마음으로 죄인들을 늘 기다리고 있다.

곁길과 샛길과 굽은 길로 다니지 않도록 주의해라. 그 길은 편해 보이지만, 사람에게 아무런 유익이 없다. 그 길에는 나의 능력이 머물지 않기 때문이야. 사람의 지혜로 내 길을 가려고 하면 절대 갈 수 없다. 나의 주권을 인정하고 나를 의지하는 사람에게는 사람이 깨달을 수 없는 지혜를 내려 준다.

나의 뜻은 구원과 회복이란다. 복음의 길은 생명의 길이다. 하지만 죄인과 악인들에게는 심판으로 가는 멸망의 길이지. 오늘도 나의 길을 정직하게 걸어가렴.

우주를 덮는 하나님의 영광

여호와 우리 주여 주의 이름이 온 땅에 어찌 그리 아름다운지요
주의 영광이 하늘을 덮었나이다

- 시편 8:1 -

하늘은 나의 빛나는 영광을 비추는 창이다. 눈은 영혼을 비추는 창이지. 네가 하늘을 들어 나를 볼 때 네 영혼은 나의 영광을 볼 수 있단다. 사람들은 자기가 쉽게 볼 수 있는 것만 보려고 한다. 오늘은 나의 영광을 묵상해 보는 게 좋겠구나.

새로운 마음으로 하늘을 바라보렴. 우주는 나의 영광이 깃들어 있는 작품이다. 광대한 우주 속에서 사람은 작은 존재일 뿐이지. 아무리 큰 별이라도 나의 마음을 채울 수 없다. 그러나 사람은 나의 마음을 채우는 존재란다. 오직 사람에게 나의 형상이 깃들어 있기 때문이지. 나는 너를 언제나 마음에 품고 너를 바라보고 있단다.

위대한 사람에게만 나의 영광이 임하는 것이 아니란다. 나의 주권을 인정하고 나의 영광을 바라보는 사람에게 나의 영광이 임한다. 작고 보잘것없어 보이는 사람들에게도 말이지. 네 마음에 나를 가득 채우고, 하루를 시작하렴.

자연에 드러난 하나님의 영광

하늘이 하나님의 영광을 선포하고
궁창이 그의 손으로 하신 일을 나타내는도다

- 시편 19:1 -

나는 창조주 하나님이다. 자연에는 나의 영광이 드러나 있단다. 나를 믿지 않는 사람들도 자연의 신비와 우주의 신비 앞에서는 감탄하지. 자연은 거짓말을 하지 않는다. 모든 피조물들이 나의 영광을 선포하는 것처럼, 너도 나에게 영광을 돌리기 위해 지음 받은 존재란다.

나는 아브라함과 모세, 그리고 이스라엘 백성들에게 나의 모습을 드러내고 나의 뜻을 전했다. 나는 계명을 통해 사람들이 어떻게 살아야 할지 가르쳐 주었지. 그리고 약속을 통해 사람들을 구원의 길로 인도했단다.

네 삶을 가치 있게 사는 방법은 나에게 더 많은 영광을 돌리는 것이다. 네가 나를 더욱 깊이 알아 갈수록 더 깊이 나를 경배할 수 있단다. 성경을 통해 나를 배우고 알아 가렴. 네가 나를 알아 갈수록 너는 나와 닮은 모습으로 변화될 거란다. 그 모습을 통해 내가 영광을 받을 거란다.

제한이 없는 하나님의 영광

여호와는 모든 나라보다 높으시며
그의 영광은 하늘보다 높으시도다

- 시편 113:4 -

영광은 나의 성품이란다. 나를 마음껏 경배하고 찬양하렴. 나의 영광에 반응하는 가장 좋은 방법은 나를 찬양하는 거란다. 찬양을 통해 너와 나의 관계가 새롭게 세워진다. 네가 찬양하면 네 마음도 즐거워지도록 너를 지었단다.

나는 높은 곳에 있지만, 낮은 곳을 보는 하나님이란다. 나는 동시에 모든 사람들을 바라볼 수 있고, 오직 너 하나만 주목할 수 있지. 하늘의 태양이 지구를 비추며, 네 얼굴을 비추는 것처럼 말이다. 네가 깨닫지 못하는 순간에도 나는 여전히 일하고 있단다.

네가 나를 완벽하게 이해하는 것은 불가능한 일이야. 하지만 나를 진실하게 알아 가고 믿는 일은 얼마든지 가능하단다. 네 삶의 모든 영역에서 나를 드러내고 높이고 나에게 영광을 돌리면 좋겠구나. 나는 나에게 영광 돌리는 사람에게 더 많은 영광을 보여 줄 거란다.

홀로 영광 받으실 분

나는 여호와이니 이는 내 이름이라
나는 내 영광을 다른 자에게, 내 찬송을 우상에게 주지 아니하리라

- 이사야 42:8 -

영광은 나에게만 어울리는 단어란다. 나는 내가 가진 것을 나누고 베푸는 것을 좋아하지. 그러나 내가 가진 것을 빼앗기는 것은 좋아하지 않아. 나는 내 영광을 다른 자에게 주지 않는다. 네가 하루 동안 가장 많이 생각하고 가장 많이 찾는 것이 무엇인지 생각해 보렴. 하루를 돌아보면 너의 삶이 영광을 쌓아 가는지 빼앗기는지 구별할 수 있을 거야.

나는 사람의 인생을 창조하고 다스리는 하나님이란다. 많은 사람들이 자기 인생을 자기 마음대로 살려고 하지. 내 뜻과 사람의 뜻이 어긋날 때 내가 하는 일은 자비와 은혜로 사람을 타이르고 구원으로 인도하는 거란다. 나는 인자와 사랑이 넘치는 하나님이야. 나는 사람을 그냥 내버려 두지 않고 타협하지도 않는다. 나는 내 의지로 끝까지 사람들을 올바른 길로 이끌 것이다. 나의 임재를 구하렴. 나의 영광을 바라볼 때 너는 진정한 찬양으로 나에게 영광을 돌릴 수 있단다.

예수님의 영광

말씀이 육신이 되어 우리 가운데 거하시매 우리가 그의 영광을 보니
아버지의 독생자의 영광이요 은혜와 진리가 충만하더라

- 요한복음 1:14 -

내 아들 예수는 나와 함께 영광을 가지고 있었단다. 그래서 내 아들을 통해 나의 영광을 볼 수 있지. 육신을 입은 내 아들이 말과 행동으로 나를 온전하게 드러냈단다. 내 아들은 자기의 영광을 가지고 있었지만 자기 영광을 구하지 않고 오직 나를 영화롭게 했다. 나는 내 아들을 살리고 하늘에서 영광을 받게 했단다. 내 아들의 삶 자체가 복음을 담고 있다.

복음에는 나의 영광이 드러나 있다. 성경을 읽을 때 구원에 이르는 믿음이 생겨나려면 성경을 통해 나의 영광을 보아야 한다. 성경을 그냥 읽으면 성경을 온전히 이해할 수 없다. 진지하게 기도하며 성령의 도움을 구하렴. 성령이 빛을 비춰줄 때 영적인 은혜와 진리가 밝게 보이기 시작할 거야.

하나님의 영광을 위해

그런즉 너희가 먹든지 마시든지 무엇을 하든지
다 하나님의 영광을 위하여 하라

- 고린도전서 10:31 -

삶에서 실제로 나에게 영광을 돌리는 방법을 배우렴. 내 아들은 인생 전체에서 무엇을 하든지 나에게 영광 돌리는 일을 했다. 나는 사람을 나의 영광을 위해 살도록 창조했단다. 그런데 사람의 죄로 그 능력을 잃어버리고 말았지. 그래서 나의 아들을 통하여 사람에게 구원을 베풀었단다. 거듭난 사람은 다시 나의 영광을 위해 살 수 있게 되었지.

너는 영원한 영광에 부름 받은 자녀란다. 내 아들과 함께 장래에 영광을 받기로 되어 있단다. 내 아들을 본받아서 이 땅에서 무엇을 하든지 나의 영광을 위해 살아가렴. 네가 무슨 일을 할 때든지 '이 일이 하나님께 영광이 되는가?'를 마음속으로 물어보렴. 네가 먹고 마시는 사소한 일상에서도 얼마든지 나에게 영광을 돌릴 수 있다. 자기에게 영광이 되는 일은 죽으면 다 사라진다. 하지만 나에게 영광이 되는 일은 영원히 남는다. 하루를 지내면서 얼마나 영광을 의식하면서 살았는지 스스로 점검해 보렴.

하나님께 영광 돌리는 삶

하나님의 약속은 얼마든지 그리스도 안에서 예가 되니
그런즉 그로 말미암아 우리가 아멘 하여 하나님께 영광을 돌리게 되느니라

- 고린도후서 1:20 -

나에게 영광 돌리는 삶을 살아라. 너는 나의 영광을 위해 지음 받았다. 삶에서 나의 성품을 체험하고 경험하면 누구나 나를 찬양하고 나에게 영광을 돌리게 되지. 나를 가까이하렴, 나를 가까이 하고 나에게 머물면 나를 더 경험하게 된다. 나를 아는 만큼 나를 사랑할 수 있단다. 나를 아는 만큼 나를 닮아 갈 수 있지. 너는 다양한 방법으로 나에게 영광을 돌릴 수 있단다. 성경을 자세히 읽으면서 그 방법을 찾아 보렴.

내가 너에게 맡긴 일을 이룰 때 나는 영광을 받는다. 네가 착한 일을 행하면 나에게 영광이 된다. 나를 찬양하면서 나에게 영광을 돌릴 수 있지. 나를 가까이하면 열매를 맺어서 영광을 돌릴 수 있다. 나를 믿고 인정하면 그것에 나에게 영광이 된다. 네가 할 일은 날마다 삶 가운데 나의 영광을 드러내는 것이란다. 달이 햇빛을 반사하는 것처럼 나의 영광을 비추는 사람이 되라.

영원을 소망하십시오

내 평생에 선하심과 인자하심이 반드시 나를 따르리니
내가 여호와의 집에 영원히 살리로다

- 시편 23:6 -

너는 영원히 나의 자녀라는 사실을 기억하렴. 나의 약속은 영원히 지켜진단다. 내가 너의 목자가 되면 너에게 더 이상 부족함이 없단다. 나와 친밀한 교제를 나누면 나는 너에게 모든 것을 공급해 줄 거야. 잔이 넘치는 축복은 아무에게나 주어지지 않는다. 그건 아주 친밀한 사람에게만 베푸는 혜택이란다.

나와 친밀한 자녀는 이 땅에서의 삶이 풍성하단다. 네가 이 땅을 떠날 때에도 영원히 하늘나라에서 나와 함께 살게 될 거야. 사람이 느끼는 죽음의 공포는 고통 때문이 아니라 단절 때문이란다. 모든 관계가 끊어졌을 때의 느낌은 상상조차 하기 싫어하지. 하지만 천국 소망이 있는 나의 자녀는 세상과 영원히 단절되는 공포에서 참된 자유를 누릴 수 있게 된다. 오늘도 영원한 천국 소망을 품고 나와 동행하는 삶을 살기 바란다.

영원하신 하나님의 계획

산이 생기기 전, 땅과 세계도 주께서 조성하시기 전
곧 영원부터 영원까지 주는 하나님이시니이다

- 시편 90:2 -

영원부터 영원까지 나는 너의 하나님이란다. 태초에 내가 천지를 창조하였다. 나는 태초 이전부터 있었단다. 나의 영원한 시간에 비하면 너의 인생은 하나의 점과 같다. 나는 점과 같은 인생들을 정확한 시간에 맞추어서 정확한 장소에 보냈지. 내가 너와 너의 자녀들을 위해 모든 것을 예비해 놓았단다. 나는 영원을 다스리는 존재이니 그게 가능하단다.

이 땅에서 너는 나의 영광을 드러내며 살아라. 나에게는 천년이 하루 같으며 한순간처럼 느껴진단다. 인생은 잠깐밖에 없는 기회야. 잠깐의 시간 동안에 너의 영원한 생명이 달려 있단다. 그래서 인생을 소중하게 살아야 한다. 세상에서 너의 삶은 금방 사라지지만, 영적인 너의 삶은 영원토록 존재한다. 네 이웃과 네 자녀들에게 나의 영원한 영광을 비추어 주렴. 그들도 나의 영원한 계획에 포함되어 있단다. 나는 너와 네 자녀에게 나의 영광을 영원토록 드러낼 거란다. 나의 말을 오래 기억하렴.

영원하신 능력의 하나님

너는 알지 못하였느냐 듣지 못하였느냐
영원하신 하나님 여호와, 땅 끝까지 창조하신 이는
피곤하지 않으시며 곤비하지 않으시며 명철이 한이 없으시며

- 이사야 40:28 -

언제나 영원한 나를 묵상하렴. 나는 나의 약속을 영원히 잊지 않고 기억한다. 사람은 살다 보면 나의 약속을 잊을 때가 있지. 명심해라. 기억하지 않으면 잊어버린다. 나는 어제나 오늘이나 동일하게 너를 지켜보고 있단다. 나의 말을 날마다 배우고 묵상해야 하는 이유가 있다. 그것은 네가 나의 말을 알아야 하고 들어야 하기 때문이란다.

나에게는 창조의 능력이 있으며 그것을 유지하는 능력도 있단다. 그것도 영원히 말이야. 나는 무슨 일을 해도 힘이 약해지지 않는다. 나는 영원한 능력을 너에게 베푸는 것을 즐거워한단다. 나는 너를 구경하지 않고 너를 위해 오늘도 부지런히 일하고 있단다. 네가 그 힘을 얻는 비결은 오직 나를 믿고 바라보는 것이다. 이 성경 구절을 간직하고 있다가 네가 힘이 들 때마다 꺼내서 읽어 보렴. 그러면 큰 도움이 될 거야.

영원히 솟아나는 샘물

내가 주는 물을 마시는 자는 영원히 목마르지 아니하리니
내가 주는 물은 그 속에서 영생하도록 솟아나는 샘물이 되리라

- 요한복음 4:14 -

내가 주는 물을 마셔라. 내가 주는 물은 네 영혼을 살리는 생명의 물이란다. 네가 세상에서 공급받는 모든 것들은 세상에서 일시적으로 필요한 것들이야. 거기엔 영원한 가치가 없기 때문에 너에게 영원한 만족을 주지 못하는 것이다. 만일에 집에 있는 가구와 가전이 평생토록 고장 나지 않고 그대로 있다고 하자. 과연 만족스러울까? 더 새로운 것을 요구하게 될 거야. 이처럼 세상에서 목마르지 않을 물을 달라고 하는 것은 어리석은 요청이란다.

너는 성령을 받아서, 넘치는 은혜를 날마다 구하고 공급받으렴. 영적인 생명이 살아 숨 쉬면 성령이 주는 영원한 기쁨과 만족을 얻을 수 있다. 성령의 공급은 영원하기 때문에 네가 끊임없이 구하고 요청해도 줄어들지 않는다. 육신을 따르지 않으려면 네 삶에서 성령의 충만을 구해야 한다. 물을 마셔야만 목마르지 않는 것처럼 구하는 사람만이 받을 수 있다는 것을 명심해라.

영원한 생명

내가 그들에게 영생을 주노니 영원히 멸망하지 아니할 것이요
또 그들을 내 손에서 빼앗을 자가 없느니라

- 요한복음 10:28 -

내가 영생의 주인이란다. 내 음성에 귀를 기울이렴. 내 음성을 듣고 믿고 나를 따라오렴. 이건 영생이 걸린 중요한 문제란다. 내 양이 아닌 다른 사람의 말에 귀를 기울이지 마라. 그들에게는 영생이 없다. 영생을 받은 사람이 영생을 받지 못한 사람의 말을 들어서 되겠니?

너는 영생의 소망을 가지고 살아가렴. 내가 영생을 주었다는 것은 너를 귀하게 여긴다는 뜻이다. 내 아들의 생명까지 내주며 살려낸 너를 절대 그냥 내버려 두지 않는다. 한 번 자격을 얻으면, 영생을 빼앗기지 않는다.

물론, 너의 믿음은 아직 연약하기 때문에 실수하고 넘어질 때도 있을 거야. 그래도 회개를 통해 다시 일어설 수 있다. 내 손은 항상 너를 붙잡고 있다. 나의 강한 손이 절대 놓치지 않으며, 너를 일으켜 세워 줄 거란다. 나는 네가 천국에 들어갈 때까지, 너를 끝까지 지켜 주고 보호할 거야.

영원한 구원의 근원

그가 아들이시면서도 받으신 고난으로 순종함을 배워서 온전하게 되셨은즉
자기에게 순종하는 모든 자에게 영원한 구원의 근원이 되시고

- 히브리서 5:8-9 -

나에게 순종하는 자녀에게는 영원한 구원이 있단다. 아담은 죽기까지 불순종했다. 반드시 죽는다고 경고했음에도 불구하고 아담은 나에게 불순종하고 죄를 지었지. 아담 이후로 인류는 불순종의 삶을 사는 존재가 되었단다. 불순종으로 인해 모두 영생을 잃어버리고 구원받지 못할 존재가 되었지.

내 아들 예수는 죽기까지 순종했다. 내 아들 덕분에 너는 순종의 삶을 다시 살 수 있게 되었단다. 피조물이 나에게 영광을 돌릴 수 있는 유일한 방법은 나에게 순종하는 것이다. 영생을 얻는 비결은 바로 나의 말에 순종하는 거란다.

세상에서 어떤 위대한 일을 이루더라도 구원을 얻을 수는 없다. 세상일에 너무 몰두한 나머지 영원한 생명을 놓치는 실수를 해서는 안 된다. 세상의 성취는 세상이 끝나면 다 사라지는 것이다. 세상이 끝나도 없어지지 않는 영원한 생명을 소유한 사람이 지혜로운 사람이다.

영원한 생명을 붙드십시오

너희는 처음부터 들은 것을 너희 안에 거하게 하라
처음부터 들은 것이 너희 안에 거하면 너희가 아들과 아버지 안에 거하리라
그가 우리에게 약속하신 것은 이것이니 곧 영원한 생명이니라

- 요한1서 2:24-25 -

네가 처음부터 들은 복음을 다시 묵상하면서 복음 안에 머무르길 바란다. 복음이 네 안에 있을 때, 너는 내 안에 머물 수 있게 되지. 너는 영생의 약속을 얻은 나의 자녀란다. 나는 너에게 아주 풍성한 유산을 물려줄 거야. 그것은 나의 성품과 은혜, 그리고 영생이란다. 이 땅에서뿐만 아니라 영원히 천국에서도 누릴 수 있는 유산이란다.

영원한 생명은 육적인 삶과 전혀 다른 생명이다. 육적인 삶은 잠시 잠깐의 만족과 함께 허기와 갈증이 반복되는 삶이다. 그러나 영생은 영원히 충만함을 느끼는 삶이다. 장차 네 영혼이 내 안에서 무한한 기쁨과 만족을 누리게 될 것이다. 이 땅에서 영생의 약속을 소유하고 마음껏 누려라. 세상의 영광이 아닌 나의 영광을 묵상하고 추구하며 살아라.

완벽이 아닌 완전

너는 네 하나님 여호와 앞에서 완전하라

- 신명기 18:13 -

내 앞에서 네가 완전하기를 바란다. 나는 '완벽'이 아니라 '완전'을 요구한다. 완벽과 완전은 그 의미가 조금 다르지. 내 앞에서 완전하게 하는 것은 나를 보기가 부끄럽지 않도록 성실히 노력하는 것을 말한다.

전혀 죄가 없고 티가 없는 완벽한 사람은 이 세상에 존재하지 않는다. 사실 대부분의 사람은 완벽이라는 단어를 끔찍하게 생각하지. 완벽을 추구하는 사람은 교만한 사람이고, 완전을 추구하는 사람이 겸손한 사람이란다. 내 뜻을 오해해서 완벽주의자가 되지 않게 주의하렴.

두 마음이 아닌 한 마음으로 나를 온전히 섬기는 것이 완전한 삶이다. 사람의 연약함을 깨닫고 나의 은혜를 의지하는 것이 곧 흠 없고 완전한 삶이다. 나를 떠나서는 네가 결코 완전할 수 없단다. 오늘 하루를 나와 동행하는 완전한 삶으로 드려라. 내가 너의 팔을 완전하게 붙들고, 너의 걸음을 완전하게 인도해 줄게.

완전한 태도

자비한 자에게는 주의 자비하심을 나타내시며
완전한 자에게는 주의 완전하심을 보이시며
깨끗한 자에게는 주의 깨끗하심을 보이시며
사악한 자에게는 주의 거스르심을 보이시리이다

- 사무엘하 22:26-27 -

너의 태도와 행동이 너의 인격을 나타낸다는 것을 명심하렴. 자비하게 행동하면 자비한 사람이 된다. 깨끗하게 행동하면 깨끗한 사람이 된다. 나는 너의 행동을 기억하며 그 결과를 이미 다 알고 있단다. 내 앞에서 완전하게 행동하라는 말을 기억하렴. 그것이 완전한 사람의 비밀이다. 완전하게 행동하는 사람이 완전한 사람이다.

경찰이 보는 앞에서 죄 짓는 사람은 없지. 내가 보는 앞에서 대충, 적당히, 눈치껏, 요령껏 하는 사람은 없다. 그러니 마음으로 나를 늘 의식하고 살아라. 무엇을 하든지 사람에게 하듯 하지 말고 나에게 하듯 성실하게 하렴. 내가 안 보이는 것처럼 행동하는 사람에게 나는 나타나지 않는다. 나를 떠난 사람에게는 나의 모습을 숨기고 나를 찾는 사람에게는 나의 모습을 나타낸단다. 이 사실을 깨닫는 사람에게는 복이 있다.

완전하신 하나님

하나님의 도는 완전하고 여호와의 말씀은 순수하니
그는 자기에게 피하는 모든 자의 방패시로다

- 시편 18:30 -

너를 향한 나의 완전한 뜻이 성경에 담겨 있단다. 내가 알려 주는 길은 모든 사람들을 위한 길이란다. 그리고 너를 위한 길이기도 하지. 나는 너의 인생길을 완전하게 만들어 주는 하나님이야. 나는 언제나 변함이 없는 너의 하나님이다.

세상은 끊임없이 변하지만 나의 약속은 변하지 않는다. 나의 말이 담긴 성경은 이미 완전해서 거기에 추가 사항이나 개선 사항이 필요 없단다. 나는 성경에 근거해서 너와 함께 완전하게 소통하기를 원한다. 그러니 너의 인생길에 의문이 들고 의심이 생길 때 성경에 나와 있는 나의 말을 외면하지 마라.

성경을 외면할 때, 기도를 외면할 때, 나와의 교제가 끊어져서 나와 불통이 될 때 너의 인생길에 문제가 생긴다. 너의 삶은 성경에 담긴 나의 말과 나의 약속을 통해 완전해질 수 있단다. 그러니 성경을 부지런히 배우고 읽으렴.

완전한 말씀

여호와의 율법은 완전하여 영혼을 소성시키며
여호와의 증거는 확실하여 우둔한 자를 지혜롭게 하며

- 시편 19:7 -

나는 날마다 너를 자세히 들여다보고 있단다. 나는 네 머리카락까지도 다 셀 수 있을 정도로 너를 보고 있단다. 너는 날마다 성경을 자세히 들여다보아라. 그래야 나의 존재를 깨달을 수 있다. 너는 나를 직접 볼 수는 없지만, 성경을 통해 나를 만날 수 있단다.

내 율법은 완전하여 영혼을 소성시키며, 내 증거는 확실하여 우둔한 자를 지혜롭게 하며, 내 교훈은 정직하여 마음을 기쁘게 하고 내 계명은 순결하여 눈을 밝게 한다. 요약하면 성경은 생명과 지혜와 기쁨을 주고 바르게 볼 수 있도록 도와준다.

성경은 완전하단다. 성경에는 네 영혼과 네 인생길에 필요한 모든 게 담겨 있단다. 너에게 필요한 생명, 너에게 필요한 모든 영양분이 다 담겨 있지. 네가 순금보다 귀하게 여기고 송이 꿀보다 더 달갑게 여겨야 할 것이 바로 성경이란다. 성경을 언제나 가까이 두렴.

완전한 하나님의 뜻

사람의 마음에는 많은 계획이 있어도
오직 여호와의 뜻만이 완전히 서리라

- 잠언 19:21 -

사람의 마음에는 많은 계획이 있어도 오직 나의 뜻만이 완전히 이루어진다. 대부분의 사람들은 자기가 가진 모든 계획을 다 꺼내 놓고 나서, 나의 뜻을 마지막에 구한다. 나의 뜻은 감추었다가 마지막에 쓰는 비장의 무기가 아니야. 가장 먼저 꺼내야 하는 무기란다. 이걸 반대로 쓰면 인생이 힘들어진다.

너는 나의 뜻을 이루기 위해 지음 받은 존재란다. 나의 뜻에 맞는 생각과 태도를 언제나 간직해라. 사람의 계획에 몰두하지 않도록 주의해라. 자기 생각에 지나치게 빠지면 나의 뜻을 놓치게 될 수 있다. 아이들이 과자나 장난감에 마음을 빼앗기면 부모님을 놓치는 것처럼 말이지.

나의 계획은 사람에 의해 좌절되지 않는다. 나의 뜻에 어긋난 계획은 결국 내가 무너뜨린다. 그러니 무너질 벽을 세우지 말고, 나의 뜻을 세우는 지혜로운 자녀가 되라. 날마다 성경을 통해 기도를 통해 나의 뜻을 먼저 구하렴.

말씀을 완전하게 이루신 예수님

내가 율법이나 선지자를 폐하러 온 줄로 생각하지 말라
폐하러 온 것이 아니요 완전하게 하려 함이라

- 마태복음 5:17 -

내 아들이 구약의 예언과 약속을 완전하게 성취했다. 율법과 선지자란 구약성경 전체를 의미하지. 내 아들 예수는 단지 율법의 요구를 충족시켰을 뿐만이 아니라 구약성경 전체를 성취했단다. 그럼 네가 성경대로 살려면 어떻게 해야 할지 궁금하지? 내 아들이 이미 이루어 놓은 것을 토대로 해서 살아가면 된다. 값없이 주어진 은혜를 힘입어서 살아가면 된다.

값없이 주어진 구원 앞에 성실한 사람이 되렴. 성경대로 완전하게 살려면 복음의 능력을 믿고, 십자가 보혈의 공로를 믿고 의지하면 된다. 죄를 안 지으려고 소심하게 사는 삶이 아니라, 성령의 은혜로 주어진 완전하고 충만한 영생의 삶을 사는 것이지. 거듭나서 새 생명을 얻은 사람은 그 삶을 기쁘게 누리며 능력과 생명이 넘치게 살아가게 되어 있다. 성경을 읽으면서 생명력 넘치는 복음을 발견하기 바란다. 복음이 너에게 믿음과 소망을 안겨다 줄 거야.

완전함을 사모하십시오

우리가 그를 전파하여 각 사람을 권하고 모든 지혜로 각 사람을 가르침은
각 사람을 그리스도 안에서 완전한 자로 세우려 함이니
이를 위하여 나도 내 속에서 능력으로 역사하시는 이의 역사를 따라
힘을 다하여 수고하노라

- 골로새서 1:28-29 -

네가 완전해지는 방법은 오직 하나야. 나와 함께하는 것, 내 안에 거하는 것이다. 완전한 삶이란 나를 닮아 가는 삶이지. 사람은 복음 없이는 제대로 살 수 없는 불완전한 존재란다. 나는 사람이 영적으로 살아 있도록 지었단다. 거듭난 사람은 복음을 듣고 배울 때 신앙이 자란다. 내가 원하는 것은 너의 신앙이 날마다 성숙해지는 것이다. 영생을 얻은 사람의 생명은 영원히 자란다.

내가 아닌 다른 곳에서 만족을 찾으려 할 때 그 삶은 실패하게 될 거야. 세상에는 영원하고 완전한 것이 없단다. 복음의 사역자들이 열심히 복음을 소개하는 이유가 있다. 사람에게 인정받으려고 하는 일이 아니다. 네가 나를 볼 때 부끄럽지 않은 완전한 사람으로 자라게 하기 위해서란다. 기도와 성경 읽기를 통해 나를 더욱 깊이 알아 가면 좋겠구나.

온유한 사람

온유한 자를 정의로 지도하심이여
온유한 자에게 그의 도를 가르치시리로다

- 시편 25:9 -

나는 온유한 사람을 지도하며 가르치는 하나님이다. 다윗의 온유함을 본받으렴. 다윗은 언제나 나에게 마음을 두고, 배우기를 원했다. 다윗은 온종일 나를 기다릴 수 있는 마음을 지녔지. 다윗은 자신의 연약함이 아닌 나의 선한 성품을 바라보았단다. 사람이 자기 죄와 허물만 묵상하다 보면 상한 심령에서 빠져나오지 못하니 주의해야 한다.

온유함의 비결은 나에게 초점을 맞추는 거란다. 나의 성품에 반해서 나에게 길들여지는 모습이지. 나의 거룩함에 이끌려서 너의 강한 본성을 포기하는 모습이란다. 마음이 딱딱한 사람은 나의 은혜를 받기 어렵다. 날마다 네 마음이 은혜를 받기 쉬운 상태로 만들어라.

겸손히 나를 우러러보는 사람에게 복이 있다. 나를 바라는 사람에게 나의 뜻을 비춰 주며 갈 길을 보여 줄 거란다. 날마다 너의 마음을 온유하게 가꾸렴. 더 많은 은혜가 너에게 쏟아지게 될 거야.

온유한 사람이 누리는 복

온유한 자는 복이 있나니
그들이 땅을 기업으로 받을 것임이요

- 마태복음 5:5 -

온유한 자는 복이 있다. 너의 성품을 나에게 기꺼이 바치는 마음이 온유한 마음이지. 이런 사람은 자기 마음대로 살지 않는다. 나의 마음과 뜻대로 살아가고 그 삶을 기쁘게 여기지. 온유한 사람은 사람의 감정에 쉽게 휘둘리지 않는다. 마음이 온유한 사람은 다른 사람들을 편안하게 해 준다.

나에게 필요한 사람은 높은 자리에 있는 사람이 아니다. 강한 권력을 가진 사람도 아니고, 유명한 사람도 아니다. 나에게 필요한 사람은 온유한 사람이란다. 온유한 사람이 나의 은혜를 받을 수 있단다. 천국은 사람이 이룬 업적으로 갈 수 있는 곳이 아니다. 천국은 내가 이룬 것으로 갈 수 있는 곳이다.

온유한 사람만이 나의 다스림을 받을 수 있다. 사람의 통치는 진정한 통치가 아니야. 역사를 보면 정복자들의 나라는 또 다른 정복자들이 지배했단다. 정복은 정복을 낳을 뿐이란다. 하지만 온유한 사람은 내가 천국을 기업으로 준다. 너에게 주어진 천국은 누구도 빼앗을 수 없는 땅이란다.

온유한 주인

나는 마음이 온유하고 겸손하니 나의 멍에를 메고 내게 배우라
그리하면 너희 마음이 쉼을 얻으리니
이는 내 멍에는 쉽고 내 짐은 가벼움이라 하시니라

- 마태복음 11:29-30 -

내 아들의 온유함과 겸손함을 배우렴. 내 아들 예수는 온유하고 겸손한 마음으로 사람들에게 친절을 베풀었단다. 제자들의 발을 씻기기도 하고, 가난하고 보잘것없는 사람들을 찾아가 섬겼단다. 내 아들은 나의 온유한 성품을 삶의 모습으로 완전하게 드러냈지. 나는 겸손하고 온유한 주인이다. 나는 폭군처럼 너를 멋대로 다루지 않는다. 나는 변하지 않는 나의 약속에 근거해서 사랑과 은혜로 모든 피조물을 다스리고 있단다. 네가 나의 마음을 헤아려 주었으면 좋겠구나.

성품은 마음에서 나타난다. 겉모습으로 보여 주는 것은 잠깐이야. 마음에서 우러나와야 한다. 그러기 위해서 마음을 오래 가꾸어야 하지. 자녀는 부모를 닮고, 좋은 주인을 닮아 간다. 나에게 머무르며 나에게 길들여지면 너는 점점 온유한 사람이 될 거야.

온유한 성품

사랑은 오래 참고 사랑은 온유하며 시기하지 아니하며
사랑은 자랑하지 아니하며 교만하지 아니하며

- 고린도전서 13:4 -

사랑에는 온유함이 깃들어 있단다. 그래서 사랑하는 마음을 묵상하면 온유한 성품에 대해서도 깨달을 수가 있지. 사랑은 오래 참는 거란다. 한두 번 참는 것은 누구나 할 수 있지. 불평 없이 오래 참는 것은 그 상황을 이해하는 깊은 마음이 있을 때만 가능하다. 자기의 목숨을 노리는 사울 왕에게 복수할 기회가 있었지만 복수하지 않았던 다윗의 마음이란다.

온유하다는 말도 꾸준히 지속적인 온유를 의미하지. 참음에서 끝나지 않고 친절을 베푸는 행동이 있을 때 사람들은 온유함을 느낄 수 있단다. 따라서 오래 참고 온유를 베풀 때 그리스도인의 사랑이 제대로 드러나는 거란다. 진정 온유한 사람은 이웃에게 소망을 주고 치유를 준다. 그래서 온유한 마음은 많은 사람의 마음을 차지할 수 있지. 오늘 하루도 온유한 성품을 묵상하고 온유한 마음을 마음에 품고 실천해 보기를 바란다.

온유한 말투

아무도 비방하지 말며 다투지 말며 관용하며
범사에 온유함을 모든 사람에게 나타낼 것을 기억하게 하라

- 디도서 3:2 -

범사에 온유함을 나타내는 나의 자녀가 되렴. 온유함은 혼자서 스스로 드러나지 않는다. 온유한 성품은 항상 다른 사람과의 관계에서 드러나지. 온유함은 상대방을 헤아리는 마음이란다. 상대방을 이해하고 용납하는 말투를 사용하렴. 나의 자녀는 말뿐만 아니라 말투를 통해서도 나의 은혜와 사랑을 드러내야 한다. 부드럽고 선한 말투는 사람의 마음을 열리게 한다. 하지만 험한 말투는 사람의 마음 문을 닫아 버리지. 말투를 부드럽게 다듬는 연습을 하기 바란다.

사람은 누구나 깨닫지 못하고 실수할 때가 있지. 사람은 나의 사랑과 자비 없이는 살 수 없단다. 사람은 나의 은혜로 완성되어 가는 존재야. 그러니 말과 행동으로 서로를 격려하고 보듬어 주기 바란다. 사람들끼리 사랑하고 선을 행하는 것이 나의 뜻이란다. 부드러운 말투로 사람들의 마음을 편안하게 만들어 주었으면 좋겠다.

온유한 마음

그러므로 모든 더러운 것과 넘치는 악을 내버리고 너희 영혼을 능히 구원할 바
마음에 심어진 말씀을 온유함으로 받으라

- 야고보서 1:21 -

마음에 심어진 진리의 복음을 온유함으로 받으렴. 온유함은 상대방을 헤아리는 마음이란다. 복음을 들을 때도 온유한 태도를 가져라. 거듭난 사람은 복음을 거듭해서 듣고 마음에 받아야 한다. 진리의 복음은 네 영혼에 깊이 심어진 후에 자라서 열매를 맺지. 오직 살아있는 나의 말이 네 영을 살리며, 자라게 한다.

온유함은 상대방의 입장을 먼저 헤아리는 거란다. 많이 듣고 적게 말하는 사람이 지혜로운 사람이다. 경청이란 자기 생각과 불필요한 생각을 버리고 오직 상대의 입장에서 듣는 거란다. 요즘 시대에는 듣는 사람은 없고 말하는 사람만 있단다. 그래서 세상은 혼란스럽고 소란스럽지. 이런 세상에서 겸손하고 온유하게 나의 말에 귀를 기울이면 세상이 줄 수 없는 보물을 발견하게 될 거야. 온갖 좋은 은사와 온전한 선물이 다 위로부터 내려와서 너에게 주어질 거란다.

온유한 태도

너희 마음에 그리스도를 주로 삼아 거룩하게 하고
너희 속에 있는 소망에 관한 이유를 묻는 자에게는
대답할 것을 항상 준비하되 온유와 두려움으로 하고 선한 양심을 가지라
이는 그리스도 안에 있는 너희의 선행을 욕하는 자들로 그
비방하는 일에 부끄러움을 당하게 하려 함이라

- 베드로전서 3:15-16 -

어떤 상황에도 온유한 마음과 태도를 가져라. 너는 복음을 간직하고 복음을 전하는 복음의 일꾼이란다. 필요할 때 전하려면 준비가 되어 있어야 한다. 사람들이 궁금해하는 것은 복음에 대한 지식과 교리가 아니란다. 사람들이 진짜 궁금해하는 것은 너의 개인적인 신앙이지. 네 안에 있는 소망에 관한 이유를 마음속에 품고 있으렴. 그리고 그것을 전할 때는 너의 사연으로 이야기하면 좋단다.

복음을 전할 때는 담대하게 말하되, 무례한 모습을 보여서는 안 된다. 사랑은 무례하게 행하지 않는 것이란다. 부모가 자녀에게 사랑을 표현할 때 실제로 사랑이 드러나야 하는 것처럼, 복음을 전할 때는 복음의 선한 모습이 드러나야 한다. 생명을 나누어 주는 마음으로 사랑과 소망을 가지고 너의 이야기를 들려주렴.

하나님 앞에 겸손하십시오

내 이름으로 일컫는 내 백성이
그들의 악한 길에서 떠나 스스로 낮추고 기도하여 내 얼굴을 찾으면
내가 하늘에서 듣고 그들의 죄를 사하고 그들의 땅을 고칠지라

- 역대하 7:14 -

나는 내 앞에서 겸손한 사람을 기뻐한다. 겸손하여 낮아진 사람은 기도하며 나의 얼굴을 찾는다. 그리고 자신을 돌아보며 악한 길에서 돌이키게 되지. 바로 이 세 가지가 기도 응답의 비결이란다. 온전하고 정직하여 나를 경외하며 악에서 떠난 욥의 모습을 통해 겸손의 모습을 알 수 있지.

나는 사람의 위대함과 훌륭함에 대해 관심이 없다. 사람이 땅에서 이루어 낸 일은 천국에서 볼 때 보잘것없기 때문이야. 나는 내 앞에서 겸손한 사람에게 관심이 있다. 나에게 너의 의로움을 보이려고 하는 것은 어리석은 행동이다. 나의 의로움을 의지하는 것이 지혜로운 행동이지.

나의 자녀로 살아가는 인생 여정에서 꼭 필요한 것이 바로 겸손이란다. 겸손은 피조물이 마땅히 누리는 영광이란다. 겸손을 구하고 사모하렴.

겸손의 유익

사람이 교만하면 낮아지게 되겠고
마음이 겸손하면 영예를 얻으리라

- 잠언 29:23 -

겸손한 사람에게 많은 유익이 있단다. 나는 겸손한 사람을 구원하고, 겸손한 사람의 기도를 들어주며, 겸손한 사람을 높여 준단다. 겸손한 사람은 영예를 얻고 은혜를 받으며 천국을 소유하게 되지. 오직 너의 힘만으로 하루를 살아 보렴. 그게 얼마나 어려운지 깨달으면 겸손의 위력을 느끼게 될 거야.

교만의 다음 단계는 부서짐과 무너짐이다. 교만은 너에게 가장 위험한 마음가짐이다. 겸손의 다음 단계는 존귀와 영광이다. 겸손은 너에게 가장 안전한 마음가짐이다. 겸손할 때 새로운 기회가 열리고 새로운 은혜가 주어지며 더 많은 축복이 나타난다.

나는 교만한 사람을 무너뜨리고 겸손한 사람을 일으켜 세운단다. 내가 인생의 과정을 그렇게 설계했단다. 인생의 교훈은 변하지 않는다. 이 사실을 깨닫는 사람에게는 복이 있단다.

천국은 겸손으로 세워집니다

그러므로 누구든지 이 어린아이와 같이 자기를 낮추는 사람이
천국에서 큰 자니라

- 마태복음 18:4 -

자기를 낮추는 사람이 천국에서 큰 사람이란다. 천국은 하늘에 있는 것으로 세워졌지. 땅에 있는 것으로는 천국을 세울 수 없다는 것을 명심해라. 제자들에게는 열정이 있었지만 그만큼 야망과 시기심과 경쟁심도 많았지. 제자들은 자신들의 서열에 굉장히 관심이 많았단다. 그런 땅에 속한 기준으로는 천국을 세울 수 없다.

열심히 섬기는 것보다 겸손히 섬기는 것이 더 중요하단다. 과도한 열정이 자기 자신을 드러내는 경우가 많기 때문이야. 어린아이는 겸손하지만 어른이 될수록 겸손하지 못하단다. 겸손의 비결은 어린아이처럼 되는 것이다. 사람의 본성을 비우는 과정에서 겸손을 발견할 수 있게 되지.

어린아이의 본성에서 겸손을 배우렴. 어린아이는 야망도 없고 우월감도 없다. 어린아이는 교훈을 잘 받아들이고 부모의 보살핌을 의지하기 때문에 근심 걱정이 없다. 어린아이처럼 겸손한 사람이 천국에서 큰 사람이란다.

겸손하면 하나님 눈에 띕니다

누구든지 자기를 높이는 자는 낮아지고
누구든지 자기를 낮추는 자는 높아지리라

- 마태복음 23:12 -

겸손한 사람은 사람의 눈에 띄지 않지만 나의 눈에는 잘 보인다. 나는 겸손한 사람만을 주목하고 있기 때문이지. 자기를 높이는 사람은 많지만 자기를 낮추는 사람은 매우 적다. 그래서 겸손한 사람은 천국 기준으로 볼 때 굉장히 가치 있고 높은 위치에 있는 사람이란다.

내 앞에서 자기 자신이 아무것도 아니라고 느낄 때, 은혜가 진정 가치 있는 은혜가 된단다. 네가 겸손하게 낮출 때 나는 너를 존귀하게 높여 줄 거야. 네가 겸손히 마음을 비울 때 내가 은혜를 가득 채워 줄 거란다.

사람의 타락한 본성은 높은 지위를 탐하게 되어 있다. 그리고 항상 권한을 지키지 못하고 함부로 쓰게 되지. 사람에게 잘 보이려고 하는 사람이 되지 않게 주의해라. 자기 이름이 높여지기를 원하는 사람은 교만한 사람이다. 군림하는 사람이 아닌 섬기는 사람이 되라. 천국은 가진 것이 아닌 베풀고 나눈 것으로 평가를 받는다는 것을 기억하기를 바란다.

범사에 겸손한 사람

아무 일에든지 다툼이나 허영으로 하지 말고 오직 겸손한 마음으로
각각 자기보다 남을 낫게 여기고 각각 자기 일을 돌볼뿐더러
또한 각각 다른 사람들의 일을 돌보아 나의 기쁨을 충만하게 하라

- 빌립보서 2:3-4 -

네가 가진 믿음이 어디에서 온 것인지 점검해 보렴. 사람에게는 누구나 인정받고 존경받고 싶은 욕구가 있지. 사람에게 인정받는 것보다 나에게 인정받는 게 더 중요하단다. 사람의 기준은 항상 바뀌지만 나의 기준은 바뀌지 않아. 나에게 겸손한 것처럼 모든 일에 겸손한 태도를 가지렴. 남보다 더 잘하려고 하는 것은 나에게 의미가 없단다. 나는 네가 내 말에 순종했느냐에 관심이 있단다.

믿음 안에서 선하게 달려가는 것과 시기하고 질투하는 것은 다르다. 다른 사람들보다 더 뛰어나고자 하는 마음은 이기적인 마음이다. 섬김에는 등수가 필요 없지. 네가 가장 잘 섬길 수 있는 자리를 찾아서 자신과 타인에게 유익을 주는 삶을 살아라. 나는 경쟁이 아닌 연합하는 모습을 기뻐한단다.

겸손을 선택하십시오

그러므로 너희는 하나님이 택하사
거룩하고 사랑받는 자처럼 긍휼과 자비와 겸손과 온유와 오래 참음을 옷 입고

- 골로새서 3:12 -

사람은 옷에 따라 그 사람의 신분과 지위, 성품이 드러난다. 긍휼과 자비, 겸손과 온유한 마음은 내가 가진 성품이지. 너는 내가 가진 옷을 입을 때 가장 아름다운 사람이야. 나의 성품을 드러낼 때 거룩하고 사랑스러운 사람이 된다. 너는 거듭나 새 생명을 얻었단다. 너에게 더 이상 옛사람의 옷은 어울리지 않는다. 가장 어울리는 새 사람의 옷을 입으렴.

날마다 옷을 고르는 것처럼 네 생각과 행동을 신중하게 선택해라. 그리고 이 모든 것 위에 사랑을 더해라. 사랑은 모든 것을 완성하는 최고의 장신구란다.

내가 너를 선택하였고, 네가 가는 믿음의 여정을 잘 만들어 놓았단다. 너에게 가장 유익하고 좋은 것을 선택할 수 있도록 나에게 지혜를 구하렴. 겸손하게 기도하는 그 시간은 너에게 영적으로 매우 유익한 시간이란다.

겸손한 사람들이 받는 은혜

젊은 자들아 이와 같이 장로들에게 순종하고 다 서로 겸손으로 허리를 동이라
하나님은 교만한 자를 대적하시되 겸손한 자들에게는 은혜를 주시느니라

- 베드로전서 5:5 -

나의 권능 아래에서 늘 겸손하기를 바란다. 때가 되면 내가 너를 높여 줄 거야. 너는 내 앞에서도 순종하고 너에게 속한 사람들에게도 겸손히 순종하기 바란다. 네 주변에 있는 사람들은 내가 보내준 선물이란다. 너를 향한 나의 선한 계획에 포함되어 있는 사람들이지. 믿음은 절대 혼자서 자라지 않는다. 신앙의 선배들이 도와주고 격려해 주고 기도해 준 덕분에 오늘의 네가 있는 거란다.

너는 겸손의 성품을 감사와 순종, 섬김으로 드러내라. 겸손한 사람은 자신과 상대방, 그리고 나를 인정하는 사람이다. 교만한 사람은 은혜의 가치를 모르기 때문에 은혜를 받을 수 없지. 그러나 겸손한 사람은 은혜의 가치를 알기에 내가 베푸는 은혜를 풍성하게 누릴 수 있단다.

자비하신 하나님

네 하나님 여호와는 자비하신 하나님이심이라
그가 너를 버리지 아니하시며 너를 멸하지 아니하시며
네 조상들에게 맹세하신 언약을 잊지 아니하시리라

- 신명기 4:31 -

나는 너에게 자비를 베푸는 하나님이란다. 내가 너를 깊이 사랑한다. 내가 너를 버리지 않으며 너를 멸하지 않으며 너를 잊지 않는단다. 상황이 괜찮지 않아도 너는 괜찮다는 것을 기억하렴. 나의 사랑과 자비는 모든 허물을 덮는다. 죄인들이 구원받을 수 있는 것은 나의 자비 때문이란다. 내가 나의 자녀를 어려움에서 건지지 못할 상황은 없단다.

나의 자비는 영원하다. 이스라엘의 40년 광야 기간 동안 백성들은 불평과 원망이 참 많았지. 그럼에도 불구하고 나는 모세를 통해 그들에게 은혜와 자비를 베풀었단다. 이스라엘 백성들은 불평과 원망을 했지만 모세는 나의 은혜를 구했단다. 내가 이스라엘 백성에게 베풀었던 만나와 메추라기가 40년 동안 끊임없이 공급되었다는 것을 기억하렴. 나는 사람의 불평과 원망조차도 은혜로 바꾸는 하나님이란다. 누군가가 원망과 불평을 한다고 해도 너는 나에게 은혜와 자비를 구하렴. 내가 너의 기도에 반드시 응답해 줄 거야.

자비를 드러내는 사람

자비로운 자에게는 주의 자비로우심을 나타내시며
완전한 자에게는 주의 완전하심을 보이시며
깨끗한 자에게는 주의 깨끗하심을 보이시며
사악한 자에게는 주의 거스르심을 보이시리니

- 시편 18:25-26 -

자비는 나의 거룩한 성품이야. 성도가 맺을 수 있는 성령의 열매 중 하나이기도 하지. 자비는 단순히 감정의 하나가 아니란다. 나는 자비를 내 언약 안에 두었단다. 그래서 영원히 변하지 않는 마음으로 죄인을 불쌍히 여기며 끊임없이 구원을 베풀어 준단다. 거듭난 네 생명이 나를 닮아 가면 너의 삶에도 자비의 열매가 열리게 되지. 나의 자비로움을 많이 묵상하고 바라보렴. 그리고 날마다 자비를 구해라. 그러면 너는 나를 닮은 자비로운 사람으로 자라게 될 거야.

네 생각과 행동의 결과는 나에게 달려 있다. 악한 일로 선한 결과를 기대하지 말고, 선한 일로 악한 결과를 염려하지 마라. 네가 행한 그대로 베푸는 나를 기억하렴. 나는 불의를 기뻐하지 않으며 정의를 기뻐한단다. 그러니 너는 언제나 내 편에서고 내 안에 머물러라. 내 안에는 사랑과 자비와 긍휼과 은혜가 언제나 가득하단다.

자비를 기대하십시오

그의 기적을 사람이 기억하게 하셨으니
여호와는 은혜로우시고 자비로우시도다

- 시편 111:4 -

나의 자비와 은혜는 넓고 깊단다. 이를 즐거워하고 기리며 찬양하렴. 찬양은 은혜의 결과물이며, 은혜에 반응하는 가장 좋은 행동이야. 나는 나의 의로운 약속을 근거하여 자비를 베푼단다. 그러니 은혜와 자비를 기억하는 사람은 나의 약속을 함께 기억하게 되지.

내가 모세에게 나타나서 크고 놀라운 구원의 계획을 말했단다. 모세는 그것을 들었고 그것을 보았단다. 구체적이고 자세한 계획을 나는 실제로 완전하게 이루었단다. 나는 세상을 다스리는 법칙과 계획을 가지고 있단다. 또한 한 사람의 인생에 대한 완전한 계획도 가지고 있지. 너를 향한 계획을 기대하면서 나의 말에 귀를 기울여라.

나의 구원 계획을 이루기 위해 나는 끊임없이 자비를 베풀 거란다. 나의 거룩한 이름을 걸고 말한다. 지혜의 근본은 나를 경외하는 거란다. 나의 약속을 지키는 사람이 나의 자비를 맛보게 될 거야. 그리고 나를 영원히 찬양하게 될 거란다.

자비를 환하게 드러내십시오

정직한 자들에게는 흑암 중에 빛이 일어나나니
그는 자비롭고 긍휼이 많으며 의로운 이로다

- 시편 112:4 -

나를 깊이 묵상하면 성품이 나를 닮아가게 된다. 나의 성품을 닮아갈수록 너는 점점 너그럽게 되지. 그리고 마음에 질서가 생기게 된다. 그 사람은 악인의 길을 보아도 헷갈리지 않고 정직한 길을 걸어갈 수 있게 되지. 너는 나를 멀리서 바라보는 구경꾼이 아니란다. 적극적으로 나의 성품을 드러내는 나의 자녀다.

믿음의 길에는 푸른 초장만 있는 것이 아니라 골짜기도 있다. 그러나 고난 중에도 위로를 얻을 수 있단다. 내가 너의 빛이 되기 때문이야. 나는 자비롭고 긍휼이 많으며 의로운 네 하나님이란다. 두려워하지 말고 나의 약속을 굳게 믿으렴.

네가 받은 은혜를 기억하고 나에게 감사하기 바란다. 다른 사람에게 은혜를 베푸는 것도 감사의 또 다른 표현이란다. 나의 성품을 드러내면서 살아갈 때 세상에서도 인정받고 나에게도 인정받게 되지. 너의 삶은 나의 영광을 위해 계속 쓰임 받게 될 거란다.

자비로운 약속

산들이 떠나며 언덕들은 옮겨질지라도
나의 자비는 네게서 떠나지 아니하며 나의 화평의 언약은 흔들리지 아니하리라
너를 긍휼히 여기시는 여호와께서 말씀하셨느니라

- 이사야 54:10 -

나의 자비는 너에게서 영원히 떠나지 않는다. 영원히 변하지 않는 나의 약속을 믿으렴. 사람들은 죄에 빠지면 나의 자비를 잊고 두려움에 사로잡힌다. 그리고 점점 나를 멀리하게 되지. 너는 나의 귀한 자녀라는 것을 명심해라. 부모가 죄 지은 자녀를 용서하는 것처럼 나도 나의 자녀를 용서한다.

내가 노아와 맺은 약속은 일시적인 언약이 아니라 영원한 약속이란다. 내가 내 무지개를 구름 속에 두었다. 이건 나와 세상 사이의 언약의 증거란다. 나는 무지개를 보면서 나와 피조물 사이의 영원한 언약을 기억하고 있다. 네가 기억하지 못해도 나는 영원토록 변함없이 기억하고 있으니 안심해라.

나의 약속은 아주 분명하고 확실하며, 강력한 효력이 있단다. 나의 약속을 믿음으로 간직하며, 그 약속에 인생을 맡겨라. 진실한 믿음과 기도와 순종으로 나의 약속을 이룰 수 있단다. 나는 언제나 어디서나 너를 지켜 주고 함께하고 있단다.

자비로운 사람이 되십시오

너희 아버지의 자비로우심 같이 너희도 자비로운 자가 되라

- 누가복음 6:36 -

나의 자비를 드러내는 자비로운 자녀가 되라. 나는 악인과 선인에게 골고루 햇빛을 비추어 준단다. 그리고 의로운 자와 불의한 자에게 골고루 비를 내려 주지. 나의 자비로움에는 차별이 없단다. 나의 성품은 세상과 근본적으로 다른 성품이란다. 그래서 세상의 기준으로 만족하면 나의 기준에 미치지 못하지. 십자가의 사랑을 깊이 묵상해 보렴. 나의 자비는 이미 네 안에 가득하게 흐르고 있단다.

사람의 인생은 사람의 뜻대로 되지 않는다. 그래서 너그러운 마음이 필요하고 도움이 필요한 거란다. 사람은 다른 사람의 개인적인 모든 상황을 이해할 수 없다. 사람에게 받을 것을 계산하고 베풀면 오히려 받지 못할 수도 있다. 사람의 마음은 상황에 따라 변하기 때문이지. 그러니 나의 자비로움을 믿고 의지해서 자비를 베풀어 주렴. 내가 너의 마음을 보며 모든 것을 넉넉하게 공급해 줄 거야.

자비로운 하나님을 의지하십시오

찬송하리로다 그는 우리 주 예수 그리스도의 하나님이시요 자비의 아버지시요
모든 위로의 하나님이시며 우리의 모든 환난 중에서 우리를 위로하사
우리로 하여금 하나님께 받는 위로로써
모든 환난 중에 있는 자들을 능히 위로하게 하시는 이시로다

- 고린도후서 1:3-4 -

나는 너를 진정으로 위로할 수 있는 하나님이란다. 세상은 너에게 진정한 관심이 없다. 사람들은 너의 모든 처지와 형편을 다 알 수 없단다. 그러나 나는 너에게 모든 관심을 두고 있지. 너의 모든 상황과 마음과 생각을 들여다보며 너의 필요를 완벽하게 알고 있단다.

믿는 사람들이 환난을 피할 수는 없다. 그러나 환난을 이길 수는 있지. 고난을 피하려고 하지 말고 나에게 가까이 오는 기회로 삼으렴. 내가 너를 위로하고 격려할 뿐만 아니라 너를 구원하고 회복시킬 것이다. 네가 겪은 고난을 통해 다른 사람을 위로하고 격려하는 사람으로 쓰임 받게 될 거야.

회복을 경험하십시오

내 영혼을 소생시키시고 자기 이름을 위하여 의의 길로 인도하시는도다

- 시편 23:3 -

나는 회복의 하나님이란다. 내가 너의 목자이니 나에게서 회복을 경험했으면 좋겠구나. 나는 나의 양을 열심히 돌보는 목자란다. 내가 돌보는 양에게는 부족함이 없지. 내가 내 양을 찾아서 흩어진 모든 곳에서 그것들을 건져낼 거야. 헤매는 양은 찾아오고, 길 잃은 양은 데려오며 상한 곳은 싸매어 주고, 약한 것은 튼튼하게 만들어 주겠다. 어린 양을 팔로 모으고 품에 안아 줄 거야. 양을 푸른 풀밭에 누이고, 쉴만한 물가로 인도해 주겠다. 양을 소생시키고 바른 길로 인도해 줄 것이다. 이 약속은 성경을 통해 내가 말한 약속이란다.

다윗의 고백은 지식의 고백이 아닌 체험의 고백이다. 네 영이 살아나는 것은 듣고 배워서 되는 것이 아니다. 나의 은혜로 나를 만나고 경험할 때 영이 살아난다. 남에게 들은 이야기를 자랑하지 말고 나를 체험하고 나서 나를 찬양하기 바란다.

회복은 하나님의 뜻입니다

그가 찔림은 우리의 허물 때문이요 그가 상함은 우리의 죄악 때문이라
그가 징계를 받으므로 우리는 평화를 누리고
그가 채찍에 맞으므로 우리는 나음을 받았도다

- 이사야 53:5 -

회복은 나의 뜻이다. 나는 사람들의 구원과 회복을 위해 나의 은혜를 아낌없이 베풀어 준단다. 갈보리 십자가 사건은 모든 시간에 걸쳐서 모든 인류에게 가장 큰 영향을 미친 사건이야. 십자가 사건은 완결되었지. 그런데 그 은혜의 효력은 영원히 남아 있단다. 복음의 약속은 믿는 사람에게 효력이 있다. 네가 이 진리를 믿을 때, 너의 영혼은 건강해지고 회복을 경험할 수 있단다.

네 영혼이 잘되고 범사에 잘되고 건강한 자녀로 살아가는 것은 내가 원하는 뜻이란다. 내가 원하노니 너는 나음을 받고 치유를 받아라. 내가 창조한 본래의 형상이 회복되었을 때 나는 그 모습을 기뻐한다. 허물과 죄악에서 떠나 내 안에 머물러라. 내 아들이 허물과 죄악을 대신 담당하고 그 값을 모두 치렀다. 내 안에서 완전한 치유와 회복을 누리기를 바란다.

하나님께 돌아가면 회복됩니다

오라 우리가 여호와께로 돌아가자
여호와께서 우리를 찢으셨으나 도로 낫게 하실 것이요
우리를 치셨으나 싸매어 주실 것임이라

- 호세아 6:1 -

나에게 돌아오면 회복이 일어난다. 나를 떠난 것이 모든 문제의 시작이란다. 나에게 돌아오는 것이 모든 해결의 시작이지. 누가복음에 나오는 탕자를 기억해 보렴. 그 아들은 아버지를 떠나 먼 나라에서 모든 재산을 낭비했단다. 굶어 죽을 지경이 되었지. 그 아들이 아버지에게 돌아갔을 때 자녀의 지위가 회복되었단다.

내가 진심으로 원하는 것은 회복이란다. 너와 나의 약속과 관계가 회복되는 것이다. 나를 떠나서 얻는 모든 것들은 사라지고 마는 것들이다. 나를 떠난 사람은 결국 인생을 허비하게 되지. 하지만 나를 만나서 얻게 되는 은혜의 열매들은 너에게 영원하단다. 날마다 네 생각을 나에게로 돌이켜라. 네 행동과 습관을 나에게 돌이켜라. 나를 알아 갈수록 네 영혼이 정확하게 필요한 것을 공급받아서 살아나고 회복되고 치유된다.

회복을 꿈꾸는 하나님

너희 생각에는 어떠하냐
만일 어떤 사람이 양 백 마리가 있는데 그 중의 하나가 길을 잃었으면
그 아흔아홉 마리를 산에 두고 가서 길 잃은 양을 찾지 않겠느냐

- 마태복음 18:12 -

사람의 가치는 절대로 경제와 효율로 따질 수 없단다. 하지만 오늘날 세상은 사람의 가치를 아주 비정할 정도로 정확하게 값으로 매기지. 세상은 광야와 같아서 약자의 가치를 낮게 여긴다. 세상은 약자를 끝까지 돌보고 책임지지 않는다.

양의 비유도 세상의 눈으로 볼 때는 너무 어리석은 결정이지. 아흔아홉 마리 양을 두고 한 마리의 양을 찾는다는 것은 사람들이 보기에는 가장 비효율적이고 어리석어 보이는 결정이지. 하지만 나에게는 그것이 가장 의롭고 선한 결정이란다.

나는 한 사람의 영혼에 대해 각별한 관심을 갖고 있다. 사람이 보기에 천해 보여도 나의 눈에는 귀하게 보인다. 내가 사람의 영혼을 귀하게 만들었기 때문이란다. 내가 어두운 세상에서 방황하는 영혼을 찾아내고 건져 내고 있기에, 지금도 끊임없이 구원의 역사는 나타나고 있다. 네가 만나는 사람들의 영혼을 바라보며, 그들을 사랑의 마음으로 품고 기도하렴.

회복의 기쁨을 누리십시오

이 네 동생은 죽었다가 살아났으며 내가 잃었다가 얻었기로
우리가 즐거워하고 기뻐하는 것이 마땅하다 하니라

- 누가복음 15:32 -

죽었다가 살아난 기분을 느껴 본 일이 있니? 너에게도 기쁜 일이겠지만, 주위 사람에게도 기쁜 일이란다. 한 사람의 영혼이 죽었다가 다시 살아나는 것만큼 기쁨과 즐거움을 주는 소식이 또 어디 있을까? 구원 받은 자녀들은 죽었다가 살아난 영혼들이다. 그들은 잃어버렸다가 다시 얻은 영혼들이다. 그들은 나와 끊어진 관계가 회복된 영혼들이다. 그들은 창조의 본래 모습대로 회복된 영혼들이다. 그들은 내가 간절히 찾고 기다리던 영혼이야.

세상은 과거의 모습으로 현재와 미래를 판단하지. 그러나 나는 과거로 평가하지 않는다. 나는 어떤 모습이든 그 모습을 최고의 상태로 회복시켜 줄 수 있단다. 탕자와 같은 모습, 언제나 있는 모습 그대로 돌아오렴. 나는 언제나 변함없는 사랑으로 잃어버린 영혼들의 손을 잡아 줄 준비가 되어 있다. 회복은 내가 가장 기뻐하는 일이란다.

영혼의 회복

인자가 온 것은 잃어버린 자를 찾아 구원하려 함이니라

- 누가복음 19:10 -

너를 향한 나의 뜻은 문제를 해결하는 것이 아니다. 네가 나에게 돌아와 영혼이 온전하게 회복되는 것이 나의 뜻이란다. 많은 사람들은 문제의 해결을 위해 나를 찾는다. 나를 수단으로만 사용하려는 어리석음에서 벗어나기 바란다. 내가 너의 인생이 주인이며 목적이라는 것을 깨닫는 사람은 지혜로운 사람이다.

세상으로 나아가는 발걸음을 돌이켜 나에게 돌아오렴. 누가복음에 나오는 탕자가 후회만 하고 돌아오지 않았다면 그 삶은 비극으로 끝났을 거야. 하지만 아버지의 집으로 돌아가겠다는 결심과 귀로의 여정이 있었기에 행복한 결말을 맞이할 수 있었지.

내가 이 땅에 독생자를 보낸 것은 잃어버린 영혼을 찾아 구원하기 위해서란다. 이건 오늘날 교회의 사명이기도 하지. 영혼의 가치를 아는 사람은 한 영혼을 귀하게 여긴다. 그 사람은 내 마음을 이해하는 사람이다.

창조된 본래 모습의 회복

그런즉 한 범죄로 많은 사람이 정죄에 이른 것 같이 한 의로운 행위로 말미암아 많은 사람이 의롭다 하심을 받아 생명에 이르렀느니라

- 로마서 5:18 -

너를 향한 나의 뜻은 생명의 회복이란다. 아담을 통해 세상에 죄가 들어오고 사람은 창조의 본래 형상을 잃어버리고 말았지. 모든 사람이 죄를 지었으므로 내가 보기에 가치 없는 존재가 되었단다. 그러나 그들이 아직 죄인 되었을 때에 내가 내 아들을 보내어 십자가 사랑으로 사람에게 구원을 베풀었지. 나의 약속을 믿는 사람은 거듭나서 새 생명을 얻고 창조의 본래 형상을 회복하게 된다.

나에게 회복의 능력이 있으니, 거리낌 없이 나에게 나아오렴. 나의 자녀가 되어 나의 은혜를 풍성히 누리는 삶이 너에게 가장 가치 있는 삶이다. 복음의 은혜를 누리고, 이웃에게 받은 은혜를 베풀며, 나를 찬양하는 삶을 살아라. 나와 함께 영원토록 친밀하고 평화로운 관계를 누리는 삶, 그 삶이 너에게 가장 영광스럽고 복된 삶이란다.

지혜의 근본

여호와를 경외함이 지혜의 근본이라
그의 계명을 지키는 자는 다 훌륭한 지각을 가진 자이니
여호와를 찬양함이 영원히 계속되리로다

- 시편 111:10 -

나를 경외하는 것이 지혜의 근본이다. 나를 향한 태도가 네 삶의 태도에도 그대로 나타난단다. 내 앞에서 겸손한 사람만이 나의 지혜를 받을 수 있단다. 나를 인정하지 않는 교만한 사람은 나를 볼 수도 없고 만날 수도 없단다. 지혜로운 사람은 내가 하는 일을 깨달을 수 있지. 내가 행하는 일을 즐거워하고 감사할 수 있단다. 삶에서 놀라운 일을 경험할 수 있고 그 일을 통해 나의 은혜와 자비를 깨달을 수 있다.

내가 너에게 필요한 모든 것을 준비하고 기억하고 있단다. 아주 정확한 때에 맞춰서 내가 네 삶에 필요한 모든 것을 공급해 줄 거야. 그건 나의 능력에 근거한 진실한 약속이고 확실한 약속이란다. 네 인생의 계획은 내가 가지고 있단다. 그러니 나를 온전히 믿고 네 삶을 맡기렴. 너의 진실한 예배와 순종을 통해 너를 향한 나의 계획을 반드시 이루어 갈 것이다.

지혜는 생명나무입니다

지혜는 그 얻은 자에게 생명나무라 지혜를 가진 자는 복되도다

- 잠언 3:18 -

무엇보다 생명을 살리는 지혜를 얻으렴. 지혜는 생명나무와 같단다. 옛날 에덴동산 가운데에는 생명나무와 선악을 알게 하는 나무가 있었지. 나중에 네가 가게 될 천국에도 생명수의 강 좌우에 생명나무가 있단다. 생명나무는 치료와 회복을 주는 나무야. 네가 지혜를 얻으면 너의 영혼에 치료와 회복이 일어난다. 너의 영혼이 생기를 얻고 너의 믿음이 더욱 풍성해지게 될 거야.

사람은 지적인 지혜를 좋아하지만 거기에는 영원한 생명이 없다. 나의 지혜만이 너에게 영원한 생명을 준다. 나의 은혜가 아니면 아무도 받을 수가 없단다. 아무리 똑똑해도 사람의 능력으로는 얻을 수 없어. 겸손하게 지혜를 구하는 사람만이 받을 수 있단다. 그래서 나의 지혜가 귀하고 가치 있는 거란다. 세상에서 잠깐 받았다가 사라지는 복은 진정한 복이 아니다. 나와 함께 영원한 생명을 누리는 것이 진정한 복이란다.

지혜의 출발점

여호와를 경외하는 것이 지혜의 근본이요
거룩하신 자를 아는 것이 명철이니라

- 잠언 9:10 -

나를 경외하는 것이 지혜의 출발점이다. 지혜는 생명과 관련이 깊단다. 사람에게 가장 중요한 것은 생명이야. 세상에서 가장 중요한 일은 사람을 살리는 일이란다. 네가 하는 모든 일들은 네가 살아나가기 위해 하는 것이지. 나를 경외하는 것이 너를 살리는 최고의 방법이란다. 이것이 지혜 중의 지혜란다. 왜냐하면 사람이 가진 모든 문제의 답은 사람이 아니라 나에게 달려 있기 때문이야.

나를 아는 사람은 나의 계획과 뜻을 아는 지혜가 생긴다. 그러면 세상의 뜻과 나의 뜻을 분별할 수 있는 분별력이 생기게 되지. 네가 세상에서 지금 하고 있는 일과 앞으로 해야 할 일을 깨닫게 된다. 나의 자녀로 생명력 넘치는 삶을 살 수 있도록 나의 지혜를 구하렴. 나는 지혜를 구하는 자에게 지혜를 베풀어 준단다.

지혜와 순결을 겸비하십시오

보라 내가 너희를 보냄이 양을 이리 가운데로 보냄과 같도다
그러므로 너희는 뱀 같이 지혜롭고 비둘기 같이 순결하라

- 마태복음 10:16 -

뱀 같이 지혜롭고 비둘기 같이 순결한 자녀가 되라. 내가 내 자녀를 보내는 곳은 광야 같은 곳이란다. 광야는 강자가 약자를 빼앗는 장소란다. 내가 너를 광야로 보내는 이유는 나를 의지하여 더욱 믿음이 자라게 하기 위해서란다. 나는 네가 선한 데 지혜롭고 악한 데 미련하기를 바란다. 다른 사람을 속이지 않는 순결함과 속지 않는 지혜를 겸비한 사람이 의롭고 존귀한 자녀란다.

세상은 너를 환영하지 않는다. 세상은 강자가 약자를 희생시키는 광야와 같은 곳이지. 그 속에서 너는 잃어버린 양을 찾아 돌보아야 해. 세상에서 양과 이리를 구별하는 지혜를 가져라. 그리고 이리 편에 서지 않고 양의 편에 서는 순결함을 가져라. 세상은 끊임없이 너를 헷갈리게 만들 거란다. 그러니 나에게 지혜와 순결을 구하렴. 내가 세상을 사는 지혜와 세상을 이기는 지혜를 너에게 공급해 줄 거야.

하나님의 지혜를 의지하십시오

깊도다 하나님의 지혜와 지식의 풍성함이여,
그의 판단은 헤아리지 못할 것이며 그의 길은 찾지 못할 것이로다

- 로마서 11:33 -

많이 아는 것보다 중요한 것은 깊이 아는 것이란다. 지식은 날마다 새로워지고 풍성해지지. 그러나 사람들은 더 많은 것을 얄팍하게 알아갈 뿐이란다. 깊이 있는 삶은 깊이 있는 나의 지혜를 얻어야 가능하단다. 깊이 있는 삶이란 근원과 생명이지. 거듭 말하지만 나의 지혜는 생명과 관계가 있단다. 지혜를 가질수록 생명은 풍성해지고 열매도 풍성하게 되지.

내가 계획한 큰 그림은 사람의 눈으로 볼 수 없단다. 나에게 속한 자녀가 되면서 그것을 조금씩 알아 갈 뿐이야. 사람은 짧은 인생을 살면서 내가 가진 계획의 지극히 일부만을 볼 수 있을 뿐이다. 그러므로 짧은 인생을 사는 동안 나를 전심으로 믿어다오. 사람의 계획대로 되지 않는 인생이기에 겸손히 나를 의지하렴. 그것이 너에게 지혜가 되어 너에게 많은 생명과 많은 열매를 안겨다 줄 거야.

지혜를 구하십시오

너희 중에 누구든지 지혜가 부족하거든
모든 사람에게 후히 주시고 꾸짖지 아니하시는 하나님께 구하라
그리하면 주시리라

- 야고보서 1:5 -

내가 너에게 시련을 견디는 믿음과 통과하는 지혜를 준다. 인생에서 여러 가지 시련을 피할 방법은 없다. 시련은 네가 더 크고 더 깨끗한 그릇이 될 수 있도록 준비되는 과정이야. 시련을 피하는 것보다 중요한 것은 시련을 이기는 것이다. 인내를 온전히 이루면 너는 온전하게 갖추어진 자녀의 모습이 될 거야. 비록 육신은 힘들겠지만 영적으로는 시련을 기쁘게 받아들였으면 좋겠구나.

누구든지 지혜가 부족하기에 나에게 지혜를 구해야 한다. 나는 모든 사람에게 지혜를 넘치게 준단다. 시련 속에서 자신의 꾀를 사용하는 사람은 믿음이 부족한 사람이다. 사람은 지혜가 없으면 꾀를 사용하게 되지. 꾀는 최선의 방법이 아니란다. 시련 속에서 어떻게 할지 나에게 구하렴. 내가 너에게 지혜로 응답해 줄 거야.

위로부터 난 지혜

오직 위로부터 난 지혜는 첫째 성결하고 다음에 화평하고
관용하고 양순하며 긍휼과 선한 열매가 가득하고 편견과 거짓이 없나니
화평하게 하는 자들은 화평으로 심어 의의 열매를 거두느니라

- 야고보서 3:17-18 -

위로부터 난 지혜와 아닌 것이 있다. 너는 위로부터 난 지혜를 구하고 나머지는 멀리해라. 하늘의 지혜와 세상의 지혜를 구별하는 자녀가 지혜로운 자녀다. 세상의 지혜는 강자가 약자를 빼앗는 방식이야. 이기적이고 세속적이며 약삭빠른 모습이지. 여기에는 평화가 없고 늘 시기와 다툼이 있지. 혼란과 악한 모습이 열매로 드러나게 된다.

위로부터 난 지혜에는 의로운 열매가 나타나지. 겸손하고 온유한 사람이 이런 지혜를 받을 수 있다. 나의 지혜는 그대로 받아들여야 한다. 사람이 바꾸거나 변형시킬 수 없다. 그리고 사람의 욕심대로 받을 수도 없다. 참된 지혜는 나의 자녀를 선하고 순하게 만든다. 참된 지혜는 편견과 거짓이 없고, 사랑으로 모두를 품을 수 있게 만든다. 날마다 위로부터 난 지혜를 구해라. 그리고 그것을 온유한 마음으로 받으렴.

진리를 구하고 기다리십시오

주의 진리로 나를 지도하시고 교훈하소서
주는 내 구원의 하나님이시니 내가 종일 주를 기다리나이다

- 시편 25:5 -

네 영혼이 나를 우러러보는 모습을 보고 싶구나. 다윗은 온종일 나를 바라보는 사람이었다. 나에게 길을 묻고 그 길을 걸어가는 사람이었지. 삶에서 실수가 있었지만 돌이켜 나의 길을 걸었단다. 앎이 삶이 될 때 의미가 있는 거란다. 나의 길을 바라보렴. 나의 길은 영원토록 변하지 않는단다. 나는 거짓도 없고 변함도 없고 영원히 진실한 너의 하나님이란다.

날마다 진리를 구하고, 진리를 배우는 자녀가 되라. 분주함 때문에 나를 바라보는 시간을 포기하지 않았으면 좋겠구나. 나를 바라고 기다리는 사람에게 주어지는 복이 있다. 세상의 꾀는 쉽게 얻을 수 있지만 너를 끝까지 지켜 주지는 못한다. 성실함과 정직함이 네 인생을 끝까지 지켜 준다는 것을 명심해라. 인생에서 만나게 되는 문제를 바라보며 힘이 들 때는 나를 바라보렴. 나를 묵상하고 기다리는 시간이 최고의 결과를 만들어 내는 시간이라는 것을 믿으렴.

변하지 않는 진리

주의 말씀의 강령은 진리이오니
주의 의로운 모든 규례들은 영원하리이다

- 시편 119:160 -

나는 너의 길을 인도하며 너의 길을 비추는 하나님이란다. 나의 길은 정직하고 선하고 의로우며 가장 안전한 길이지. 사람은 정해진 길을 걸을 때 가장 안전하단다. 정해진 길을 벗어나면 많은 위험을 만나게 된다. 진리에 귀를 기울이렴. 진리가 너의 마음을 비추고 너의 앞길을 비추어 준단다.

세상의 말보다 나의 말에 귀를 기울여라. 너는 세상의 말에 대해 크게 신경 쓰지 않아도 된다. 세상의 말은 시대와 상황에 따라 바뀐다. 하지만 내가 선포한 말은 상황에 따라 바뀌지 않는다. 나의 말은 모든 시대, 그리고 모든 민족에게 적용되는 진리란다. 그리고 일생에 걸쳐서 적용할 수 있는 위대한 약속이지. 성경에 담긴 나의 말이 너의 하루를 책임지는 길잡이가 되어 줄 것이다.

진리를 마음에 새기십시오

인자와 진리가 네게서 떠나지 말게 하고
그것을 네 목에 매며 네 마음판에 새기라

- 잠언 3:3 -

진리가 네게서 떠나지 않도록 진리를 마음에 새기렴. 나는 긍휼의 하나님이란다. 나의 변하지 않는 사랑과 은총이 진리에 담겨 있다. 나의 사랑과 은총이 네게서 떠나지 않게 견고한 믿음을 지켜다오. 믿음은 들음에서 난다. 나의 말을 들으며 지키며 묵상하렴. 기억하지 않으면 잊어버린다. 자주 나의 말을 떠올리며 기억하는 습관을 가져라.

특별한 상황이 아닌 매 순간마다 나의 말을 의지하며 살아라. 진리의 말을 마음에 새기고 또한 사람들 앞에서 행동으로 보여 주어라. 진리는 변하지 않는다. 진리를 네 마음에 맞추지 말고, 네 마음을 진리에 맞추는 자녀가 되라. 마음 내키는 대로 행하는 사람은 나의 은총을 받을 수 없다. 언제나 성경에 나타난 나의 뜻을 행동의 근거로 삼아라. 그 행동이 나의 복을 받는 근거가 된다.

진리가 너희를 자유롭게 하리라

그러므로 예수께서 자기를 믿은 유대인들에게 이르시되
너희가 내 말에 거하면 참으로 내 제자가 되고 진리를 알지니
진리가 너희를 자유롭게 하리라

- 요한복음 8:31-32 -

진리가 너에게 진정한 자유를 준다. 이스라엘 백성은 오랜 기간 동안 노예 생활을 했다. 그래서 자유의 중요성을 누구보다 잘 알지. 포로 생활을 하고 땅을 점령당하면서 민족을 구원할 메시아를 기다리며 어느 민족보다 자유를 그리워했지. 하지만 죄의 노예에서 벗어나지는 못했단다. 아브라함의 자손이라는 자격만으로는 영적인 자유를 얻지 못했지. 교회를 그냥 다니는 것과 진리를 믿는 것은 다르단다. 이것을 깨달은 사람에게는 복이 있다.

나의 말에 거하는 자녀가 되렴. 내 말에 거할 때 진리를 알게 된다. 진리를 알아야 자유를 얻을 수 있지. 진리는 너에게 영적인 자유를 준다. 사탄의 권세에서 자유롭게 해 준다. 영적인 죽음의 어둠에서 자유롭게 해 준다. 세상은 진리를 알지 못하고 진리를 가르쳐 주지도 못해. 너에게 자유를 주고 영생을 주는 진리는 오직 나에게 있단다.

내가 곧 길이요 진리요 생명이니

예수께서 이르시되 내가 곧 길이요 진리요 생명이니
나로 말미암지 않고는 아버지께로 올 자가 없느니라

- 요한복음 14:6 -

천국에 가는 길을 알아야 천국으로 갈 수 있다. 복음을 들어야만, 복음을 알아야만, 복음을 믿어야만 천국으로 갈 수 있다. 이건 굉장히 중요한 사실이야. 다른 구원의 길은 없단다. 아담의 범죄로 인해 사람이 나에게 올 수 있는 모든 길은 차단되었다. 오직 내가 의롭게 정한 방법으로만 끊어진 관계가 회복될 수 있게 되었지.

사람은 그 길을 만들 수 없다. 사람은 진리도 생명도 만들 수 없다. 천국으로 가는 다른 길은 없으며, 누군가 다른 길을 만든다면 그 길은 진리가 아니다. 천국에 오고자 한다면 내 아들을 길로 삼아서 그 길로 와야 한다. 내 아들을 영접하고 받아들이고 믿는 일을 통해서만 천국으로 올 수 있단다. 성경을 자세히 읽으렴. 성경에 길과 진리와 생명이 담겨 있다. 내 아들을 믿는 것이 곧 길과 진리와 생명을 얻는 길이란다.

진리의 말씀

그 안에서 너희도 진리의 말씀 곧 너희의 구원의 복음을 듣고
그 안에서 또한 믿어 약속의 성령으로 인치심을 받았으니
이는 우리 기업의 보증이 되사
그 얻으신 것을 속량하시고 그의 영광을 찬송하게 하려 하심이라

- 에베소서 1:13-14 -

구원의 복음을 묵상해 보렴. 그 은혜와 사랑을 깨달으면 찬송이 저절로 나오게 될 거야. 나는 너를 자녀로 삼기 위해 중요한 결정을 내렸단다. 나는 세상을 창조하기 전부터 너를 선택했다. 너를 거룩하게 하기 위하여 내 아들이 네 대신 의롭고 정결한 피를 흘려 주었단다. 나의 은혜로 너는 값없이 죄 사함을 얻었지. 하늘에 속한 모든 신령한 복이 너에게 있단다.

성경을 읽으면서 무엇을 얻고 싶은지 생각해 보렴. 성경은 진리의 복음을 증언하고 설명하는 약속의 책이란다. 성경은 죄인을 구원하고 거듭나게 하고 인생을 지켜 준다. 성경은 사람을 자유롭게 하고 거룩하게 하고 영혼을 깨끗하게 해 주는 책이야. 성령을 의지하고 성경대로 믿으렴. 그러면 복음의 거룩한 능력이 네 영혼을 살아나고 자라나게 할 거야.

진리로 무장하십시오

그런즉 서서 진리로 너희 허리띠를 띠고 의의 호심경을 붙이고
평안의 복음이 준비한 것으로 신을 신고 모든 것 위에 믿음의 방패를 가지고
이로써 능히 악한 자의 모든 불화살을 소멸하고
구원의 투구와 성령의 검 곧 하나님의 말씀을 가지라

- 에베소서 6:14-17 -

내 안에 머물러 있을 때 네 영혼이 자라나고 강해진다. 사람의 영혼은 신령한 은혜를 덧입어야 한다. 그것이 영적인 갑옷이야. 마귀를 능히 대적하기 위해 내가 마련한 갑옷을 입어라. 진리로 무장하지 않으면 영적인 싸움에서 승리할 수 없다. 영적 싸움은 네 인생에 가장 중요한 싸움이고 가장 진지한 싸움이다. 준비를 갖춘 사람만이 영적 싸움에 참여할 수 있어.

시대를 분별하고 준비할 수 있는 지혜로운 자녀가 되라. 악한 때에 악한 영을 상대할 수 있는 준비가 되어 있어야 한다. 진리가 너의 무장을 단단하게 붙잡는 허리띠가 된다. 복음을 지키기 위해서는 영적인 책임감이 중요하단다. 네 영혼을 소중히 돌보고 영혼을 점검하는 지혜로운 자녀가 되라.

믿음으로 말미암아 살리라

보라 그의 마음은 교만하며 그 속에서 정직하지 못하나
의인은 그의 믿음으로 말미암아 살리라

- 하박국 2:4 -

의인은 나를 믿는 믿음으로 살 수 있다. 의인은 죄가 없거나 흠이 없는 사람이 아니야. 타락한 세상에서 살더라도 경건하고 정직하게 살려고 노력한 사람은 내가 의롭게 여긴다. 나는 사람에게 완벽이 아니라 완전을 원한다. 믿음으로 살았던 아벨과 노아는 나에게 의인이었다.

사람의 때와 사람의 방법만을 믿는 사람은 교만한 사람이지. 나의 때와 나의 방법을 믿는 사람을 내가 의롭게 여긴단다. 나를 창조주로 인정하고 인생의 주인으로 인정하며 나의 말에 순종하는 사람이 의로운 사람이야.

사람은 육신의 양식만 가지고 제대로 살 수 없다. 나의 입에서 나오는 모든 말로 영적인 생명이 풍요롭게 살아갈 수 있지. 내 말대로, 내 뜻대로 사는 사람이 믿음의 사람이다. 성경을 그대로 읽어라. 성경을 그대로 믿어라. 성경 그대로 살아라. 나의 말을 믿음으로 간직하렴.

구하는 것은 받은 줄로 믿으라

그러므로 내가 너희에게 말하노니
무엇이든지 기도하고 구하는 것은 받은 줄로 믿으라
그리하면 너희에게 그대로 되리라

- 마가복음 11:24 -

무엇이든지 기도하고 구하는 것은 받은 줄로 믿으렴. 기도하는 사람에게 능력이 있어서가 아니다. 기도를 듣는 나에게 모든 능력이 있기 때문이야. 믿음의 크기도 중요하지만 믿음의 대상이 더 중요하다. 네가 이루고 싶은 것, 믿고 싶은 것을 믿는 것은 진정한 믿음이 아니다. 그건 이방인과 세상 사람들이 갖는 믿음이지.

내가 요구하는 참된 믿음은, 내가 누구인지 올바로 알고 믿는 것이다. 진짜 믿음은 나의 약속과 내가 이루어 놓은 일을 믿고 받아들이는 것이란다. 네가 구한 것이 내 뜻에 맞는다면 받은 줄로 믿어도 된다. 구하는 것과 받을 것 사이에 긴 시간이 걸리는 경우가 있다. 네가 응답을 받는 때는 전적으로 나에게 달려 있지. 기도 응답의 시간이 아니라 기도 응답의 약속이 중요한 거란다. 기다리는 시간조차도 네가 믿음으로 채워야 할 시간이라는 것을 기억하렴.

믿으면 구원을 받으리라

네가 만일 네 입으로 예수를 주로 시인하며
또 하나님께서 그를 죽은 자 가운데서 살리신 것을 네 마음에 믿으면
구원을 받으리라

- 로마서 10:9 -

구원의 비결은 성경에 나와 있다. 복음을 인정하고 네 마음에 믿으면 구원을 받는다. 내 아들의 값진 희생을 통해 구원의 문은 활짝 열려 있다. 모든 것이 준비되어 있고 믿기만 하면 된다. 내가 하늘에서 너를 기다리고 있다는 사실을 믿어라. 이건 사람의 결단과 의지로 할 수 있는 것이 아니야. 내가 전적으로 너에게 진리와 은혜의 빛을 비춰 줄 때 가능한 거란다.

믿음은 네 마음을 나에게 맡기는 거란다. 네 마음이 나에게 맡겨질 때 믿겨지게 되지. 그것이 복음의 능력이란다. 머리로 이해하는 것이 아니라서 어려운 거야. 믿음은 나에게서 오는 거란다. 믿음은 들음에서 나며, 성경을 읽을 때 설교를 들을 때 믿음이 생긴다.

복음의 능력을 경험하면서 믿음을 확인해 보아라. 거듭난 새 생명은 살아 있고 자라서 열매를 맺는다. 너의 삶에서 복음의 열매가 날마다 나타나고 있는지 확인해 보렴.

믿음은 바라는 것들의 실상이요

믿음은 바라는 것들의 실상이요 보이지 않는 것들의 증거니

- 히브리서 11:1 -

나의 말과 나의 약속과 나의 능력을 근거로 믿음을 가지렴. 실상이란 기초와 뿌리를 의미한다. 나무의 뿌리는 땅속에 있어서 눈에 보이지 않지만 분명히 존재하지. 뿌리는 나무를 지탱해 주고 영양분을 흡수하는 중요한 역할을 한다. 나무는 뿌리 없이는 살 수 없어. 믿음은 너의 신앙을 유지해 주는 뿌리가 된다.

믿음의 증거가 되는 것은 성경에 기록된 나의 약속이란다. 그리고 너에게는 많은 신앙의 선배들이 있단다. 교회 사람들과 성경의 인물들은 너의 믿음을 강하게 만들어 주는 사람들이란다. 아브라함, 이삭, 야곱, 요셉은 믿음의 조상들이지. 그들은 미래를 알 수 없지만 나를 믿고 나의 말에 순종했지. 그래서 내가 약속한 모든 것들을 얻을 수 있었단다. 성경을 눈으로 보고 믿을 때 눈에 보이지 않는 것을 보게 되고 믿을 수 있게 된다.

하나님은 믿음을 기뻐하십니다

믿음이 없이는 하나님을 기쁘시게 하지 못하나니
하나님께 나아가는 자는 반드시 그가 계신 것과
또한 그가 자기를 찾는 자들에게 상 주시는 이심을 믿어야 할지니라

- 히브리서 11:6 -

너의 믿음이 깊어지면 나는 더 기뻐진다. 믿음이 너와 나를 연결하는 통로가 된다. 너와 나의 관계는 믿음 속에서 이루어진단다. 네가 이 땅에서 무슨 일을 하든지 모든 일에 믿음을 가지고 해라. 네가 어디에 있든지 나는 너와 함께 있단다. 내가 보이지 않는 곳에서도 내가 보이는 것처럼 하는 것이 믿음이야. 믿음이 없이 하는 일은 아무리 위대한 일이라도 나의 마음을 기쁘게 할 수 없단다.

노아는 눈에 보이는 세상의 길을 따르지 않고 눈에 보이지 않는 믿음의 길을 따랐단다. 노아는 순종의 결과로 나의 약속과 기적을 눈으로 목격했고 믿는 사람들의 조상이 되었지. 복을 받는 비결은 복을 찾는 것이 아니라 나를 찾는 거란다. 나에게 선심 쓰듯이 나오는 것이 아니라 나의 선심을 바라며 나오는 거란다. 나를 찾는 사람에게는 내가 상을 베풀고 복을 나누어 준다. 내가 영원한 생명과 은혜를 공급해 줄 거야.

행함이 있는 믿음

네가 보거니와 믿음이 그의 행함과 함께 일하고
행함으로 믿음이 온전하게 되었느니라

- 야고보서 2:22 -

무슨 일을 하든지 믿음을 가지고 해라. 믿음으로 반응하고 믿음으로 기도하며 믿음으로 순종하는 사람에게 유익이 있다. 올바른 행동을 하기 위해 올바른 생각이 필요하지. 믿음의 행동을 하기 위해 믿음이 존재하는 거란다. 믿음은 생각과 말과 행동이 함께할 때 완전해진다.

너는 선한 일을 하기 위해 구원받은 자녀란다. 선한 일은 나를 믿는 일이지. 나를 믿는다는 것은 무슨 일을 하든지 믿음을 가지고 하는 거란다. 네가 나의 말과 약속에 순종할 때, 너는 내가 계획하고 준비한 일을 완수할 수 있단다. 믿음을 가진 행동과 행함이 있는 믿음은 같은 말이다. 아브라함이 이삭을 제단에 바치라는 나의 명령을 들었을 때 믿음으로 순종했지. 아브라함의 믿음은 진실로 행함이 있는 믿음이었다. 그래서 나는 그 믿음을 의롭게 여겼단다. 온전한 믿음은 생각과 말과 행동이 함께하는 거란다.

거듭난 사람의 믿음

예수께서 그리스도이심을 믿는 자마다 하나님께로부터 난 자니
또한 낳으신 이를 사랑하는 자마다 그에게서 난 자를 사랑하느니라

- 요한1서 5:1 -

너는 영원한 생명을 가진 사랑스러운 자녀란다. 거듭난 사람은 세상을 다른 방식으로 살아간다. 내가 주는 믿음을 가지고 살아가게 되지. 네 믿음을 점검해 보렴. 이건 의심이 아닌 확신을 가지기 위해서란다. 나를 믿는 믿음은 결코 가벼운 믿음이 아니란다. 무엇과도 바꿀 수 없고 어떤 것과도 타협할 수 없는 믿음이야. 믿음에는 너의 생명이 달려 있단다.

네가 나의 말을 사랑하고 기뻐하면 믿음이 있는 거란다. 나의 계명을 지키고 이웃을 사랑하면 믿음이 있는 거야. 믿음이 흔들릴 때는 성경으로 믿음을 점검해 보아라. 성경에 담겨 있는 나의 약속은 변하지 않는다. 나의 말이 담겨 있는 성경을 의지할 때 너의 믿음이 회복될 거야. 내가 주는 믿음은 세상을 이기는 믿음이란다. 나를 믿고 나를 찾는 사람에게 나는 힘과 능력이 된다.

노아의 순종

노아가 여호와께서 자기에게 명하신 대로 다 준행하였더라

- 창세기 7:5 -

노아는 내가 말하는 대로 온전히 순종했다. 이 짧은 한마디에는 노아의 인생이 담겨 있단다. 세상의 다른 사람들은 죄악이 가득했지. 그러나 노아는 나의 은혜를 입었단다. 노아는 나에게 받은 은혜를 헛되이 쓰지 않았다. 노아는 의인으로 나에게 인정을 받았다. 노아는 내가 보기에 온전히 순종하는 사람이었단다.

노아가 순종한 일들을 기억해 보아라. 노아는 내 명령에 따라 거대한 방주를 만들었단다. 노아는 자기 방식대로 방주를 만들지 않았다. 오직 내가 명령한 방법으로 방주를 만들었지.

노아의 온전한 믿음이 온전한 순종을 낳았다. 그리고 온전한 순종이 구원을 낳았다. 참된 믿음과 온전한 순종이 가족의 구원을 낳는다. 나는 너를 개인적으로 구원할 뿐만 아니라 가족까지 구원할 거란다. 너의 믿음과 순종이 너의 세대를 통해 영원히 이어지게 하기 위해서야. 오늘도 네가 가진 믿음으로 순종의 모습을 보여 주렴. 내가 네 인생을 반드시 사용할 거야.

말씀에 순종하십시오

나로 하여금 깨닫게 하여 주소서
내가 주의 법을 준행하며 전심으로 지키리이다

- 시편 119:34 -

성경을 읽을 때마다 짧게 기도하는 습관을 가져 보렴. 성령이 네 눈을 열어서 놀라운 것을 보게 할 거야. 네가 그냥 지나쳤던 성경 구절이 새롭게 다가올 거란다. 나는 성경을 통해 너를 가르치고 성경을 통해 너에게 말한다. 성령이 너의 영을 깨울 때 너는 나의 말을 온전히 지킬 수 있게 되지. 육신에 속한 사람은 나의 말을 지식으로만 듣고 끝난다. 순종으로 이어지지 않아. 거듭난 사람만 나의 말에 순종할 수 있단다.

기도하는 마음으로 성경을 읽어 보렴. 기도할 때 온전한 마음과 생각과 정신이 필요하지. 성경을 읽을 때에도 온전한 마음과 생각과 정신이 필요하단다. 네 눈이 성경을 향할 때 네 마음이 나를 향할 수 있도록 몸과 마음을 다스려야 한다. 네 몸과 마음은 네가 바라보는 곳을 향해 움직이기 때문이야. 네가 온 마음을 다하여 성경을 읽을 때 온 마음으로 나의 말에 순종할 수 있게 된다.

하나님께 순종하십시오

한 사람이 순종하지 아니함으로 많은 사람이 죄인 된 것 같이
한 사람이 순종하심으로 많은 사람이 의인이 되리라

- 로마서 5:19 -

한 사람이 나에게 순종할 때 놀라운 일이 일어난다. 순종의 영향력이 주변에 퍼지게 되지. 순종의 모습을 통해 다른 사람이 순종할 수 있도록 마음의 문을 열어 줄 수 있단다. 물론 끝까지 마음의 문을 닫은 사람은 불순종의 종이 되고 말지.

한 사람의 순종과 불순종이 미치는 영향력은 사람이 상상하는 것보다 크다. 한 사람이 나에게 불순종하여 많은 사람들이 불순종의 자녀가 되었단다. 그러나 한 사람이 죽기까지 순종하여 많은 사람들이 의롭게 되었지.

네가 아담 안에서 죄인이 된 것처럼 나의 아들 예수 안에서 의인이 된다. 내 아들 예수의 순종으로 네가 새로운 생명을 얻게 되었다. 네 안에 이와 같은 순종의 마음을 품으렴. 믿음과 사랑을 가지고 겸손한 모습으로 나에게 순종할 때 네 영혼이 의로움을 얻는단다.

허용된 권세에 순종하십시오

각 사람은 위에 있는 권세들에게 복종하라
권세는 하나님으로부터 나지 않음이 없나니
모든 권세는 다 하나님께서 정하신 바라

- 로마서 13:1 -

모든 권세는 나에게로부터 온 것이다. 내 허락이 없이는 어떤 권세도 존재할 수 없다. 세상의 틀을 유지하기 위해 필요한 권세들이 있지. 네가 살아가면서 권세를 가진 사람을 많이 만나게 될 거야. 그 사람의 권세는 내가 허락한 권세란다. 모든 권세는 내가 정하고 내가 선택한다. 거듭난 사람들은 세상의 권세에 순종해야 한다. 그리고 권세를 가진 사람은 섬겨야 한다. 그것이 내가 바라는 뜻이야.

너는 하늘과 땅의 시민권을 모두 소유한 자녀란다. 나의 자녀들은 하늘의 법과 땅의 법을 두루 지킬 수 있어야 하지. 네가 순종하면 많은 사람들이 유익을 함께 얻는단다. 내 아들이 가이사의 것은 가이사에게, 하나님의 것은 하나님께 바치라고 한 말을 기억하니? 이것이 세상을 살아가는 지혜란다.

부모에게 순종하십시오

자녀들아 모든 일에 부모에게 순종하라
이는 주 안에서 기쁘게 하는 것이니라

- 골로새서 3:20 -

부모에게 순종하는 자녀가 되라. 순종은 나를 기쁘게 하는 일이야. 네가 태어난 곳과 네가 태어난 가정은 네가 선택할 수 없다. 그러나 네가 거기에서 어떻게 살지는 선택할 수 있지. 네가 부모에게 감사하고 순종할 때 네가 선택한 그대로 나중에 감사와 순종의 열매가 되어 네 앞에 나타날 거야.

이 땅에 사람들을 보내는 계획은 전부 나에게 있지만, 그걸 감당한 사람은 너의 부모란다. 그러니 부모에게 감사하고 순종하는 것이 옳은 일이야. 부모의 사명은 너를 돌보고 먹이고 입히고 키우는 일이지. 만약 육신의 부모를 공경하지 못한다면 영적인 존재인 나를 어떻게 공경할 수 있을까?

네 부모를 공경하라는 십계명을 기억하렴. 이건 약속이 있는 계명이다. 계명을 지키는 사람은 이 땅에서 잘되고 장수하게 될 것이다. 이것은 나의 약속이니 반드시 이루어진단다.

순종은 믿음의 행동입니다

믿음으로 아브라함은 부르심을 받았을 때에 순종하여
장래의 유업으로 받을 땅에 나아갈새 갈 바를 알지 못하고 나아갔으며

- 히브리서 11:8 -

아브라함은 부름을 받았을 때 믿음으로 순종했다. 결과를 아직 알 수 없고 볼 수도 없었지만 내 뜻을 의심하지 않았다. 아브라함에게는 따지고 계산하는 행동이 없었다. 오직 나의 말만 듣고 의지하고 순종하는 믿음의 행동이 있었다. 아브라함의 조카 롯은 눈에 보이는 것을 따지는 사람이었지. 대부분의 사람들은 롯처럼 따지고 계산하는 것을 좋아한다. 하지만, 나중에 그 결과가 정확한 경우는 별로 없다.

믿음 생활은 다른 말로 하면 순종의 생활이야. 나는 성경을 통해 수많은 약속을 했지. 네가 순종할 때 그 약속을 얻을 수 있단다. 사람은 순종의 결과를 전혀 예측할 수 없다. 그러나 나는 순종의 결과를 다 알고 있단다. 나를 향한 순종의 결과는 은혜와 구원과 축복이지. 네가 알 수 없는 부분까지 내가 채워 줄 거야. 언제나 감사와 기쁨으로 순종하는 믿음의 자녀가 되렴.

진리에 순종하십시오

너희가 진리를 순종함으로 너희 영혼을 깨끗하게 하여
거짓이 없이 형제를 사랑하기에 이르렀으니
마음으로 뜨겁게 서로 사랑하라

- 베드로전서 1:22 -

진리에 순종하여 네 영혼을 깨끗하게 가꾸는 자녀가 되라. 진리가 아닌 것에서 네 영혼을 지켜라. 불순종이란 죄에 순종하는 거란다. 죄에서 돌이킬 방법은 오직 나에게 돌아와 나를 믿는 방법뿐이다. 나를 믿으면 나의 은혜로 의로움을 입고 거룩하게 되고 정결하게 된다. 믿음이 확실할 때 확실하게 순종할 수 있단다. 날마다 나를 향한 네 안의 믿음을 키우렴. 진리에 거할 때, 성경을 가까이할 때 믿음이 자라난다.

진리에 순종하고 영혼을 깨끗이 하면 성령의 열매가 나타난다. 사랑의 열매가 나타나면 진정한 사랑으로 네 이웃을 섬기게 되지. 네가 나의 말에 믿음으로 순종하면 너에게도 유익이 있고 이웃에게도 유익이 있단다. 나의 말에는 거룩한 능력이 있지. 그리고 나의 말에 순종하는 믿음의 행동에도 거룩하고 선한 능력이 있다는 것을 명심해라. 너는 순종의 모습을 통해 나에게 영광을 돌릴 수 있단다.

그 이름에 성실하신 분

지존자여 십현금과 비파와 수금으로 여호와께 감사하며
주의 이름을 찬양하고 아침마다 주의 인자하심을 알리며
밤마다 주의 성실하심을 베풂이 좋으니이다

- 시편 92:1 -

성실은 나의 성품이란다. 나는 내 이름에 걸맞게 내 성품에 걸맞게 모든 일을 이루는 너의 하나님이란다. 나는 내가 어떤 존재인지 이름으로 알려 준다. 그리고 이름대로 모든 일에 성실하게 나의 능력을 베풀어 준단다. 아브라함의 아내 곁에 있었던 여종 하갈이 어려움을 당했을 때, 나는 '살피시는 하나님'으로 나타났다. 아브라함이 나의 명령에 순종하여 이삭을 잡으려고 할 때 나는 '준비하는 하나님'으로 나타났다. 모세에게는 '스스로 있는 하나님'으로 나타났단다.

나의 거룩한 이름을 찬양하렴. 네가 나에게 받은 은혜를 찬양하면 나는 영광을 받는다. 네가 받은 은혜를 기억할 때 너는 계속 나의 은혜 안에 머물게 된다. 그리고 나의 선한 계획 아래에서 은혜의 길을 계속 걸어갈 수 있게 된단다.

성실하게 행하는 사람

성실하게 행하는 자는 구원을 받을 것이나
굽은 길로 행하는 자는 곧 넘어지리라

- 잠언 28:18 -

성실은 네가 가져야 될 성품이란다. 자녀가 부모를 닮아 가듯이 나의 자녀는 나를 닮아 가게 되지. 언제나 나에게 가까이 머물면서 나의 거짓 없고 진실한 성품을 닮아 가렴. 누구를 만나든지 나를 만나는 것처럼 성심성의껏 대해라. 사람들이 거짓된 길을 걸어갈 때도 흔들리지 마라. 그 길은 굽은 길이다. 굽은 길은 죄의 길, 사람이 만든 길, 세상의 꾀로 만든 길이다. 그 길은 내가 준비한 목적지에 도달할 수 없는 길이야.

내가 만든 구원의 길을 좌로나 우로나 치우치지 않고 성실하게 걸어가렴. 그 길에는 언제나 나의 은혜가 머문단다. 신앙생활에는 지름길이 없고 바른 길만 있지. 세상의 길은 세상의 꾀가 통하지만 구원의 길은 꾀가 통하지 않는다. 끝까지 성실한 사람은, 끝없이 성실한 나의 보호를 받을 수 있단다.

정하신 뜻대로 성실함

여호와여 주는 나의 하나님이시라
내가 주를 높이고 주의 이름을 찬송하오리니
주는 기사를 옛적에 정하신 뜻대로 성실함과 진실함으로 행하셨음이라

- 이사야 25:1 -

내가 정한 뜻은 반드시 이루어진다. 나의 뜻과 계획은 변하지 않는다. 그리고 중간에 나의 뜻을 변경하거나 취소하지도 않는다. 오직 성실함과 진실함으로 나의 뜻을 이루어 낸다. 이 사실이 너에게 큰 소망이 된단다. 내가 예비한 길은 끊어질 염려가 없기 때문이지. 내가 만든 길에는 실패가 없다. 그래서 너에게 가장 안전한 길이란다. 신앙의 삶에 어려움이 있어도 염려하지 마라.

나는 영원토록 성실하지만 사람은 그렇지 않아. 사람은 끊임없이 마음이 바뀌고 변한다. 그러므로 네가 할 일은 나를 다시 찾고 나에게 다시 돌아오는 거란다. 그리고 나를 날마다 찬양하며 나를 기억하는 것이지. 인생에 어려움이 있을 때 어려움의 크기가 아닌 나의 성실의 크기를 묵상하렴.

하나님의 성실하심으로

여호와의 인자와 긍휼이 무궁하시므로 우리가 진멸되지 아니함이니이다
이것들이 아침마다 새로우니 주의 성실하심이 크시도소이다

- 예레미야애가 3:22-23 -

나는 너를 한순간도 잊은 적이 없다. 내가 너를 잠깐이라도 잊는다면, 너는 하루도 살 수 없단다. 나의 인자와 긍휼이 아니면 살아날 사람이 하나도 없다. 이 우주 만물은 나의 성실함으로 유지될 수 있다. 사람은 사람의 성실함이 아니라 나의 성실함으로 살 수 있는 것이란다. 이 사랑과 은혜가 마음에 깨달아진다면 그 사람은 복이 있단다. 그런 사람에게는 날마다 기회를 얻어 살아갈 소망이 주어진다.

사람이 얼마나 작은 존재인지 깨닫는다면 겸손하게 된다. 그리고 내가 얼마나 큰 존재인지 깨닫는다면 나를 찬양하고 경배하게 되지. 날마다 너의 거룩한 찬양을 듣고 싶구나. 네가 찬양으로 고백할수록 네가 고백할 내용이 더욱 풍성하게 넘치게 될 거야. 나는 언제나 너에게 긍휼을 베푸는 너의 하나님이란다. 네가 어려울 때 너를 잊지 않고 주목한다는 사실을 기억하렴.

성실을 베푸시는 하나님

주께서 옛적에 우리 조상들에게 맹세하신 대로
야곱에게 성실을 베푸시며 아브라함에게 인애를 더하시리이다

- 미가 7:20 -

변하지 않는 나의 약속을 바라보렴. 나는 나의 약속을 언제나 성실하게 지킨단다. 많은 사람들이 약속을 어기고 나를 떠났지. 하지만 나는 사람들과 맺은 약속을 친히 지키며 나의 성실한 모습을 나타냈단다. 나는 새 언약을 맺어서 사람들을 구원하기 위해 내 아들을 이 땅에 보냈단다.

이스라엘의 죄악은 너무나 컸다. 하지만 나의 은혜는 그에 비교할 수 없이 더욱 컸단다. 진노를 오래 품지 않고 인애를 기뻐하는 나의 성품을 기억해라. 긍휼과 성실을 베푸는 나를 의지해라. 내가 애굽의 바로왕의 군대를 바다에 던지듯이 너의 죄를 깊은 바다에 던졌단다. 사람은 사람의 성실함이 아니라 나의 성실함으로 살아갈 수 있단다. 나의 약속에는 큰 가치가 담겨 있다. 나의 변하지 않는 약속을 붙들고 살아라. 그 인생은 내가 보기에 가치 있는 인생이다.

성실을 나타내시는 하나님

너희를 불러 그의 아들 예수 그리스도 우리 주와 더불어 교제하게 하시는 하나님은 미쁘시도다

- 고린도전서 1:9 -

나는 참된 것만을 말하고 내가 말한 것을 반드시 지킨다. 나는 내 아들의 목숨을 바쳐 너를 구원하고 지켜 냈단다. 거듭난 귀한 생명을 그냥 내버려 두지 않는다. 내가 너를 끝까지 견고하게 지켜 줄 거야. 나의 선한 계획은 변경이나 취소가 없단다. 나의 약속을 끝까지 붙들고 믿으렴. 나의 약속은 믿는 사람에게만 효력이 있단다.

나는 네가 믿는 사람이 되길 원하고, 또한 믿을 만한 사람이 되길 원한다. 나의 계획 아래에서 나의 뜻은 반드시 이루어질 거야. 네 믿음이 자랄수록 나와 교제하는 시간, 교제하는 깊이는 늘어날 거란다. 교제하는 깊이만큼 믿음과 성실의 깊이도 깊어지겠지. 성숙한 믿음의 자녀는 나의 뜻 안에서 같은 말을 하고 같은 마음과 같은 뜻을 품는단다. 오늘 하루도 나의 계획 아래에서 네 믿음이 자라나기를 기대해 본다.

성실한 약속

또 약속하신 이는 미쁘시니
우리가 믿는 도리의 소망을 움직이지 말며 굳게 잡고

- 히브리서 10:23 -

나는 나의 말대로, 나의 약속대로 모든 것을 그대로 행한다. 세상과 사람은 상황에 따라서 약속을 끝까지 지키지 못한다. 약속의 내용이 수시로 바뀌기도 하지. 때로는 거짓 약속을 할 때도 있다. 하지만 나의 약속은 변함없는 약속이란다. 나는 거짓도 없고 후회도 없다. 나의 말은 반드시 이루어지고 나의 약속은 반드시 내가 지켜 낸다.

나의 성실함으로 너를 언제나 굳게 잡고 있단다. 그러니 믿음으로 손을 뻗어 나를 굳게 잡아라. 흔들리지 않게 꽉 붙잡아라. 너의 믿음이 나를 기쁘게 한다. 나는 믿음을 지키는 자녀에게 상을 베풀어 주는 하나님이란다. 나는 나의 약속을 지키기 위해 나의 모든 능력을 아낌없이 사용한단다. 나의 은혜와 도움을 베풀어서 너를 도울 거야. 너의 연약함도, 악한 힘도 너를 방해할 수 없단다. 나의 약속을 굳게 믿으렴.

하나님의 교훈

여호와의 교훈은 정직하여 마음을 기쁘게 하고
여호와의 계명은 순결하여 눈을 밝게 하시도다

- 시편 19:8 -

성경은 영혼의 모든 필요를 채워 주는 책이란다. 세상의 어떤 학문도 사람의 영혼을 살리지는 못한다. 성경은 너의 영혼을 살리고 회복시키는 책이다. 성경에 담긴 나의 말을 듣고 깨닫는 인생은 복이 있다. 그 인생은 창조의 본래 목적대로 올바르게 살아갈 수 있기 때문이지.

세상 사람들은 창조의 본래 목적을 잃어버리고 살고 싶은 대로 산다. 그것은 바람직한 삶이 아니란다. 사람은 창조의 목적대로 살 때 가장 고귀하고 빛나는 삶을 살아갈 수 있다. 사람에게 가장 고귀한 빛을 비추어 주는 책이 바로 성경이란다. 오직 성경이 구원의 교훈을 너에게 보여 준다. 날마다 성령을 의지하고 성경을 읽어라. 성경은 네 영혼을 살리는 책이다. 성경은 네 영혼을 살찌우는 책이다. 성경은 네 영혼을 비추어 주는 책이다. 성경을 읽으면서 네 영혼이 충만하게 자라게 될 거야.

교훈을 더하십시오

지혜 있는 자에게 교훈을 더하라 그가 더욱 지혜로워질 것이요
의로운 사람을 가르치라 그의 학식이 더하리라

- 잠언 9:9 -

지혜로운 사람은 겸손하고 마음이 열린 사람이지. 어떤 지혜도 그 안에 끝없이 들어간다. 미련한 사람은 거만하고 마음이 닫힌 사람이지. 어떤 지혜도 그 안에 들어가지 못한다. 지혜로운 사람은 미련한 사람에게도 배움을 얻는다. 하지만 미련한 사람은 지혜로운 사람에게도 배우지 못하지.

겸손한 사람은 마음 밭이 옥토와 같다. 무엇이든 잘 받아들이고 잘 흡수한다. 그들은 책망도 교훈도 겸손하게 감사함으로 받아들인다. 그런 사람은 끊임없이 성장하며 나중에 많은 열매를 얻는다.

사람들은 고난과 시련을 만나면 마음 문이 쉽게 닫힌다. 고난과 시련을 만날 때 사람의 약점과 미련함이 드러나게 되지. 지혜로운 사람은 고난을 통해서도 지혜를 얻고 성장한단다. 모든 일에 열린 마음을 가져라. 나를 향해 언제나 열린 마음을 가져라. 그러면 하늘 문이 활짝 열릴 것이다. 인생을 사는 지혜가 너의 마음에 쏟아지게 될 거야.

예수님의 교훈

뭇 사람이 그의 교훈에 놀라니
이는 그가 가르치시는 것이 권위 있는 자와 같고
서기관들과 같지 아니함일러라

- 마가복음 1:22 -

많은 사람들이 내 아들 예수의 교훈에 놀랐다. 그 교훈은 서기관들의 수준을 뛰어넘는 권위를 가졌기 때문이지. 서기관들은 유대인들의 선생들이었던 수준 높은 사람들이다. 하지만 생명력이나 권능이 없이 냉랭하게 율법을 읽어 주고 해석했지. 사람들은 그런 무미건조한 교훈에 아무 감동도 얻을 수 없었다. 진정한 교훈은 생명을 살리는 교훈이야.

사람들이 예수의 교훈에 놀란 것은 똑똑한 유대인과의 논쟁에서 승리했기 때문만이 아니다. 아주 강력하게 영적인 교훈을 주고 영적인 도전을 주었기 때문이야. 예수와 서기관들의 차이는 성령이 있느냐 없느냐의 차이이다. 내 아들 예수에게 성령이 한없이 부어졌을 때 놀라운 권능이 나타났지. 너는 복음을 들을 때에도, 전할 때에도 성령을 구하고 의지해야 된다. 네가 성령의 도움으로 교훈을 들을 때 너의 영이 살아난다.

나를 보내신 이의 교훈

예수께서 대답하여 이르시되 내 교훈은 내 것이 아니요
나를 보내신 이의 것이니라

- 요한복음 7:16 -

겸손한 사람만이 나의 교훈을 온전히 받을 수 있단다. 나의 교훈은 배워서 다 받을 수 있는 것이 아니다. 사람의 생각을 내려놓고 철저한 순종의 마음을 가질 때 나의 교훈을 받아들일 수 있게 되지. 개인적인 생각을 가지고 멋대로 받아들여서는 안 된다. 그리고 사람이 멋대로 가공할 수도 없다.

내 아들 예수를 본받으렴. 내 아들이 나의 교훈을 있는 그대로 전한 것은 너에게 본을 보이기 위해서란다. 내 아들은 자기 뜻이 아닌 내 뜻만을 따르고 전했지. 내 아들임에도 불구하고 자기 뜻과 권능을 포기했단다. 그때 나는 그 안에서 나의 권능을 드러냈지. 날마다 나의 뜻을 구하고 나의 뜻대로 나를 섬겨라. 나의 교훈은 사람의 생명을 구원하고 살린다. 성경을 읽을 때 겸손한 마음으로 순수한 마음으로 읽어 보아라. 네 영혼이 살아나게 될 거야.

주의 교훈으로 양육하십시오

또 아비들아 너희 자녀를 노엽게 하지 말고
오직 주의 교훈과 훈계로 양육하라

- 에베소서 6:4 -

교훈의 목적은 사람들을 구원의 길로 인도하는 거란다. 교훈은 생명을 살리는 중요한 일이지. 성경은 구원의 길을 알려 주는 교훈의 책이다. 자녀를 진정으로 살리는 길은 복음으로 양육하는 거란다. 성경적인 방법으로, 성경의 가르침을 따라 자녀를 양육할 때 자녀들이 올바르게 자란다. 그 아이들은 창조의 목적에 알맞게 자라나게 되지.

자녀들은 부모를 닮아 가게 되어 있다. 그래서 부모는 반드시 가정에서 자녀들의 영적인 지도자가 되어야 해. 성경의 가르침을 교회에만 맡기는 사람은 게으른 사람이다. 가정에서 세상의 교훈만 가르친다면 그 아이는 세상의 가르침만 따르게 된다. 자녀는 부모에게 배우고 부모를 바라보는 그대로 따라한다. 자녀를 가르치고 양육하는 것은 의무이자 특권이란다. 네가 권리를 포기하면 엉뚱한 곳에서 권리를 주장하게 된다. 너의 자녀를 구원의 길로 인도하는 지혜로운 부모가 되렴.

성경은 교훈의 책입니다

모든 성경은 하나님의 감동으로 된 것으로
교훈과 책망과 바르게 함과 의로 교육하기에 유익하니

- 디모데후서 3:16 -

네 인생의 기준이 되는 책은 오직 성경이다. 나를 사랑하는 만큼 성경을 사랑하렴. 나를 믿는 만큼 성경의 내용을 믿어라. 모든 성경은 사람이 기록했지만 원래 저자는 나란다. 나의 거룩한 영이 성경에 깃들어 있기 때문에 성경에는 권위가 있고 능력이 있지. 사람은 영적인 존재이기 때문에 나의 영과 만나지 않으면 살 수 없단다. 성경을 통해서 너는 나와 교제할 수 있고 너를 살리는 교훈을 받아들일 수 있단다.

이 세상에서 가장 중요한 교훈은 사람을 살리는 교훈이야. 구원에 필요한 진리들이 성경 안에 들어 있다. 성경은 너의 영혼을 책망하여 깨우는 책이다. 성령은 네가 성경을 읽을 때 진리를 깨닫거나 죄를 깨닫게 도와준다. 성경은 너에게 진정 올바른 것을 알려 준다. 세상에서 네가 나의 뜻대로 바르게 살도록 만들어 준다. 성경은 내 뜻과 기준이 담겨 있는 책이야. 성경은 참된 의로움의 기준을 알려준다. 성경책에 대한 지식이 많아질수록 성경에서 더 많은 것을 얻을 수 있단다.

올바른 교훈 안에 거하십시오

지나쳐 그리스도의 교훈 안에 거하지 아니하는 자는
다 하나님을 모시지 못하되
교훈 안에 거하는 그 사람은 아버지와 아들을 모시느니라

- 요한2서 1:9 -

나의 교훈 안에 머무르는 사람은 복이 있다. 물고기가 물을 떠나면 살 수 없듯이 나의 말을 떠나면 너는 살 수 없다. 사람은 영적인 존재이기 때문에 나의 영이 깃들어 있는 나의 말을 들어야만 영혼이 살아나게 되어 있다. 나의 말에 머무르는 사람은 생명이 계속 풍성해진다. 나를 떠난 사람은 영적인 생명이 점점 메말라서 죽은 상태가 되고 말지.

복음이 없는 사람은 나를 모르는 사람이다. 영적인 교제가 끊어져 있기 때문이지. 복음과 진리를 부인하는 가르침을 주의해라. 거기에는 영생이 없고 영원한 사망이 있을 뿐이야. 복음 안에는 내가 약속한 영원한 생명이 있단다. 나의 말을 진지하게 듣고 배우고 심령에 간직하길 바란다. 복음을 지키는 일이 너의 생명을 지키는 일이라는 것을 명심해라.

주야로 묵상하는 사람

이 율법책을 네 입에서 떠나지 말게 하며
주야로 그것을 묵상하여 그 안에 기록된 대로 다 지켜 행하라
그리하면 네 길이 평탄하게 될 것이며 네가 형통하리라

- 여호수아 1:8 -

"묵상하라"라는 나의 명령에 귀 기울여라. 나의 말에 귀를 기울이는 것이 순종의 시작이다. 나의 뜻을 알아야 올바로 순종할 수 있단다. 성경은 너를 올바른 길로 인도해 준다. 네가 성경대로 살아갈 때 너는 가장 선한 길로 걸어갈 수 있단다.

나는 성경을 통해 너에게 많은 것을 약속했단다. 그 약속은 알고 믿는 사람에게만 효력이 있다. 나의 말에 순종할 때 효력이 나타난다. 형통의 비결은 능력이 아니라 순종이라는 것을 명심해라.

내 말을 네 마음에 깊이 새겨라. 돌에 새겨진 계명은 지워지지 않듯이 나의 말을 마음에 새기면 그것은 지워지지 않는다. 마음에 새기려면 나의 말을 반복해서 생각해야 해. 나의 말이 네 안에서 떠나지 않는 것, 이것이 나의 말에 거하는 삶이란다.

묵상의 시간이 복된 시간입니다

복 있는 사람은 악인들의 꾀를 따르지 아니하며
죄인들의 길에 서지 아니하며 오만한 자들의 자리에 앉지 아니하고
오직 여호와의 율법을 즐거워하여 그의 율법을 주야로 묵상하는도다

- 시편 1:1-2 -

나의 말을 즐거워하며 묵상하는 사람에게는 복이 있다. 성경에서 말하는 복이란 사람이 아닌 나의 도움을 받는 것이다. 내가 없으면 절대 복을 받을 수가 없지. 나와 함께하는 것 자체가 복이란다.

나의 말에는 영적인 생명이 깃들어 있지. 나무에게 물이 꼭 필요한 것처럼 너에게는 나의 말이 필요하단다. 세상에서는 아무리 노력해도 영적인 생명을 공급받을 수가 없다. 나의 말을 가까이할 때 네 생명이 자라난다. 너의 믿음은 시들지 않고 생기 있게 되지.

바쁜 일상에 삶을 빼앗기지 않도록 주의해라. 나는 네가 해야 할 일과 그렇지 않은 일을 구별해 놓았단다. 성경에 비추어 깊이 생각하면 네가 할 일이 점점 분명해진다. 묵상의 시간은 삶의 질서가 분명해지는 시간이다.

입의 말과 마음의 묵상

나의 반석이시요 나의 구속자이신 여호와여
내 입의 말과 마음의 묵상이 주님 앞에 열납되기를 원하나이다

- 시편 19:14 -

나의 자녀는 하늘의 언어를 사용해야 한다. 내가 들을 때 부끄럽지 않게 말해야 한다. 성경에는 하늘의 언어가 가득 담겨 있지. 기록된 성경에 비추어 너의 언어생활을 점검해 보렴. 땅의 언어를 많이 쓰는지 하늘의 언어를 많이 쓰는지 말이야.

사람은 마음에 가득한 생각을 입으로 내뱉는다. 그러니 너는 날마다 성경에 기록되어 있는 하늘의 언어를 묵상하고 네 생각에 가득 채워라. 네 안에 채워진 진리와 사랑과 선한 생각이 입술로 흘러나가게 될 것이다. 너의 말을 통해 많은 사람이 살아나고 일어나게 될 거야.

성경은 나를 알려 주는 책이다. 내가 누구인지 상상하지 않고 추측하지 않고 정확하게 알 수 있지. 성경을 통해 나를 만나렴. 그리고 성경을 통해 너의 삶을 점검해 보렴. 묵상을 통해 네 영혼에 필요한 생각들이 가득 채워진다. 그리고 너에게 해로운 생각들이 떠나게 된다. 묵상을 통해 평범한 하루가 점점 거룩한 하루로 바뀌게 될 거야.

묵상의 기회를 만드십시오

골수와 기름진 것을 먹음과 같이 나의 영혼이 만족할 것이라
나의 입이 기쁜 입술로 주를 찬송하되 내가 나의 침상에서 주를 기억하며
새벽에 주의 말씀을 작은 소리로 읊조릴 때에 하오리니

- 시편 63:5-6 -

나의 말을 묵상할 수 있는 기회를 만들어라. 세상에는 너의 시선을 빼앗는 것이 많다. 나를 간절히 찾지 않으면 세상의 소리만 잔뜩 듣게 될 거야. 세상은 언제나 솔깃하게 들리는 새로운 소식을 전해 주지만 거기에는 생명이 없단다.

성경에 기록된 나의 말이 네 생명을 살리는 영혼의 양식이란다. 세상의 그 어떤 것으로도 네 영혼은 만족을 느끼지 못한다. 성경을 깊이 자세히 읽어야 풍성한 만족을 느낄 수 있다. 너에게 묵상이 필요한 이유다. 나의 말을 깊이 묵상할 때 네 안에서 더 깊은 찬양이 흘러나온다. 깊이 묵상할 때 더 깊은 기도를 드릴 수 있다. 깊이 묵상할 때 깊은 예배를 드릴 수 있다. 여호수아가 나의 말을 주야로 묵상한 것처럼, 너도 수시로 묵상하고 정시에 묵상하는 기회를 꼭 마련해 보렴.

묵상하는 그리스도인

내가 주의 법도들을 작은 소리로 읊조리며 주의 길들에 주의하며
주의 율례들을 즐거워하며 주의 말씀을 잊지 아니하리이다

- 시편 119:15-16 -

묵상을 할 때 영적인 힘이 자란다. 나에게 속한 하늘의 언어를 묵상할 때 네 영혼은 실제로 힘을 공급받는다. 네 영혼은 나의 영이 깃들어 있는 나의 말을 공급받아야만 살 수 있다.

묵상은 소화 과정과 비슷하지. 성경에 담긴 나의 말을 곱씹고 되새김질할 때 비로소 나의 말이 네 영혼에 깊이 침투할 수 있지. 몸에서 일어나는 소화 과정은 자동으로 이루어진다. 하지만 영적인 소화 과정은 연습과 훈련이 필요하단다. 조급하게 서두르지 않고 충분히 묵상해야 묵상의 효력이 생긴다.

성경을 묵상하기 위해 반드시 시간을 내라. 네 생각과 감정과 기억을 총동원해서 성경을 음미해라. 천천히 읽고 암송해서 마음 깊은 곳에 간직해라. 성경을 가볍게 읽기만 하는 사람은 그 안에 깊이 숨겨진 보물을 발견할 수 없다. 하지만 묵상에 공을 들인 사람은 무엇과도 바꿀 수 없는 기쁨을 얻게 될 거야.

묵상과 믿음과 순종

마리아는 이 모든 말을 마음에 새기어 생각하니라

- 누가복음 2:19 -

세상의 경험보다 중요한 것은 복음을 경험하는 것이다. 성경에 기록된 나의 말이 삶에서 이루어질 때 믿음은 그 어느 때보다 크게 자라게 되지. 마리아는 어릴 때부터 구약을 깊이 묵상하는 사람이었다. 누가복음 1장에 등장하는 마리아 찬가를 보면 짐작할 수 있지. 마리아는 목자들에게 들은 이야기를 마음에 새겨 두고 깊이 묵상했단다. 묵상이 믿음으로 이어지고 믿음은 순종으로 이어진다. 나의 말에 순종하면 나는 사람을 통해 나의 뜻을 성취한다.

믿는 사람의 주변에는 복음이 넘쳐나지. 관심을 가지고 조금만 살펴보아도 설교와 책과 예배가 넘쳐난다. 네 주변에는 복음이 흔하지만 네가 귀하게 여길 때 의미가 있단다. 복음의 귀중함을 모르고 마음의 준비 없이 흘려들으면 거기에는 열매가 없다. 나는 지금도 나의 말을 받을 준비가 된 사람을 찾고 있단다. 오늘 하루도 부지런히 너의 심령에 나의 말을 심어라.

말씀이 풍성히 거하는 묵상의 삶

그리스도의 말씀이 너희 속에 풍성히 거하여
모든 지혜로 피차 가르치며 권면하고
시와 찬송과 신령한 노래를 부르며
감사하는 마음으로 하나님을 찬양하고

- 골로새서 3:16 -

성경에 기록된 나의 말을 네 마음속에 풍성하게 저장하렴. 네 속에 풍성히 거하는 나의 말은 신앙생활의 귀한 재료가 된다. 나의 말이 네 속에 풍성히 거하는 비결은 암송과 묵상이다.

유대인들은 주야로 성경에 기록된 나의 말을 소리 내어 암송하면서 묵상했단다. 소리 내어 우선 암송하여 마음에 저장하고 저장한 성경 구절을 수시로 끄집어내서 반복적으로 되새기는 것이지. 반복해서 기도하면 기도가 더 매끄럽게 다듬어진다. 반복해서 찬양하면 찬양의 깊이가 더 깊어지게 되지.

뿌리내리는 믿음을 가지려면 나의 말을 가까이해야 한다. 내 말이 네 안에 풍성히 채워지면 놀라운 일이 일어난다. 나의 말은 너를 지혜로운 사람, 찬양하는 사람으로 만든다. 그리고 너를 순종의 사람, 감사의 사람으로 만들어 내지. 한순간의 빛으로 만족하지 말고 오래도록 네 길을 비추는 빛을 구하렴. 그 비결은 나의 말을 오래도록 묵상하는 거란다.

영원히 충만한 기쁨

주께서 생명의 길을 내게 보이시리니 주의 앞에는 충만한 기쁨이 있고
주의 오른쪽에는 영원한 즐거움이 있나이다

- 시편 16:11 -

진정한 기쁨은 마음이 만족과 행복으로 가득 찬 상태란다. 많은 사람들은 기쁨을 찾으러 다니지만 사람의 능력으로는 찾을 수 없단다. 그래서 사람들은 대안으로 기쁨과 비슷한 오락이나 쾌락을 추구한단다. 이렇게 세상의 일시적인 것들은 쉽게 만족을 주지만 그만큼 쉽게 사라져 버리고 말지.

나를 만나고 내 안에 거할 때 진짜 기쁨을 맛볼 수 있단다. 내가 기쁨을 창조하였고, 영원한 기쁨은 나에게서 나오기 때문이지. 모든 환경과 조건과 상황은 바뀐다. 거기서 얻는 기쁨은 잠시 잠깐이다. 그러나 나의 사랑은 영원토록 변함이 없다.

내가 생명의 근원이기에 너에게 생명의 원천과 생명의 길을 보여줄 수 있단다. 너에게 주어진 영생의 기쁨은 영원히 없어지지 않는 충만한 기쁨이야. 육체의 죽음도 지나가는 과정에 불과하며 두려워할 것이 아니니다. 영생을 아는 사람이 걷는 인생길은 천국 소망과 기쁨이 가득한 생명의 길이란다.

하나님으로 기뻐하십시오

나는 여호와로 말미암아 즐거워하며
나의 구원의 하나님으로 말미암아 기뻐하리로다

- 하박국 3:18 -

내가 기쁨의 주인이며 내가 즐거움의 원인이란다. 나로 인해 즐거움과 기쁨을 누려라. 나는 언제나 너의 하나님이며, 여전히 너의 하나님이다. 이 사실을 깨닫고 믿는다면 너에게 큰 기쁨과 소망이 있을 거야. 나의 약속은 변하지 않는다. 나의 뜻은 언제나 선하고 완전하단다. 내가 만든 모든 것은 선하고 내가 보기에 만족스럽단다.

고난은 네가 예상하지 못할 때 찾아온다. 그러니 어떤 순간에도 나를 붙들 수 있는 믿음을 간직하고 있어라. 언제나 내 뜻이 이루어지기를 기대하며 소망해라. 나는 절망 뒤에도 희망을 이을 수 있단다. 사람이 상황과 조건에 갇혀 있을 때는 참된 기쁨을 누릴 수 없다. 기쁨은 환경이 주는 것이 아니라 내가 주는 거야. 내 안에 속해 있을 때 진정한 기쁨을 얻을 수 있다. 세상은 너에게 평안보다는 두려움을 안겨 줄 거란다. 하지만 나는 너에게 평안을 안겨 줄 거야.

하나님이 우리를 기뻐하십니다

너의 하나님 여호와가 너의 가운데에 계시니
그는 구원을 베푸실 전능자이시라
그가 너로 말미암아 기쁨을 이기지 못하시며 너를 잠잠히 사랑하시며
너로 말미암아 즐거이 부르며 기뻐하시리라 하리라

- 스바냐 3:17 -

내가 너를 사랑하고 기뻐한다. 아기를 바라보면 내 심정을 조금 이해할 수 있을 거야. 아기는 언제나 사랑스럽단다. 아기를 보면 어떤 사람도 기쁨을 감추지 못하지. 아기는 어른의 도움 없이는 살 수 없다. 아기는 행동이 정해져 있어서 무슨 행동을 할지 예측할 수 있단다. 그래서 아기를 바라보며 언제나 도움의 손길을 내밀 준비가 되어 있지.

성경을 읽으면서 나의 사랑을 확인하고 확신했으면 좋겠구나. 성경에 기록한 나의 말과 약속은 영원히 변하지 않는다. 사람은 마음이 연약해서 죄를 범했지만 나는 사람들에게 먼저 다가가 주었단다. 그리고 먼저 구원의 손을 내밀었지. 언제나 너를 기뻐하는 나에게 네 마음을 바치렴. 모든 사람에게는 나의 형상이 있단다. 그러므로 사람을 대할 때 사랑스럽고 존귀하게 대해라. 나의 사랑을 힘입어 네 이웃을 사랑하기 바란다.

가치 있는 것에 기뻐하십시오

천국은 마치 밭에 감추인 보화와 같으니
사람이 이를 발견한 후 숨겨 두고 기뻐하며 돌아가서
자기의 소유를 다 팔아 그 밭을 사느니라

- 마태복음 13:44 -

가치 있는 것에 기뻐하는 지혜로운 자녀가 되기를 원한다. 천국은 눈에 보이지 않는다. 그래서 그 가치가 감추어져 있지. 세상 사람들은 천국에 관심이 없고 땅에 관심이 있다. 구원은 눈에 보이지 않기 때문에 사람들은 구원에 관심이 없다. 신앙생활을 형식적으로만 한다면 신앙의 가치를 발견할 수 없단다. 사람의 눈으로 볼 때 그저 평범한 종교 활동이 되고 만다. 구원받았다면 구원이 얼마나 귀한 것인지 깨달아야 한다. 가치를 알아야 더욱 귀하게 여길 수 있다.

소유보다 귀하고 소중한 것은 생명이야. 복음은 너에게 영원한 생명과 영원한 기쁨을 안겨 준단다. 복음에 담긴 구원의 은혜는 세상 무엇과도 바꿀 수 없이 소중하고 가치 있는 것이란다. 은혜를 가치 있게 여기는 사람은 은혜롭지 못한 삶을 기꺼이 버릴 수 있지. 땅이 아닌 하늘에 가치를 두는 지혜로운 자녀가 되라.

기쁨이 넘치는 신앙생활

내가 이것을 너희에게 이름은
내 기쁨이 너희 안에 있어 너희 기쁨을 충만하게 하려 함이라

- 요한복음 15:11 -

기쁨은 내가 가진 성품이란다. 나의 자녀는 나의 성품을 닮아서 나의 기쁨을 함께 나눌 수 있지. 의무감이 아닌 사랑함으로 나의 계명을 지켜다오. 사랑하는 사람을 만나면 서로 약속하고 싶고 약속을 지키고 싶어 하지. 나의 마음도 똑같다. 나를 사랑하고 나에게 사랑받으려면 나의 말에 순종해야 한다. 순종은 사랑을 표현하는 행동이란다. 사랑으로 순종하고 나의 뜻이 이루어질 때 기쁨이 넘쳐나게 되지. 나와 함께 연합할 때 기쁨을 맛보고 누릴 수 있단다.

만약 신앙생활에 기쁨이 줄어들었다면 사랑과 은혜를 점검해 보아라. 죄악의 길을 걸어가면서 성령을 근심하게 하는 사람은 스스로도 근심과 슬픔에 빠지게 되지. 세상의 만족과 기쁨은 영원한 기쁨을 대체할 수 없단다. 나의 사랑 안에 언제나 머물러라. 나의 사랑 안에 머무는 사람은 창조의 형상대로 사는 사람이다. 신앙생활은 기쁨으로 하는 거란다.

주 안에서 항상 기뻐하라

주 안에서 항상 기뻐하라
내가 다시 말하노니 기뻐하라

- 빌립보서 4:4 -

기쁨은 성령의 열매 중 하나란다. 내 안에 머물러 있을 때 기쁨이 샘솟게 되지. 기쁨에는 놀라운 힘이 있다. 지치고 힘든 상황에도 마음에 기쁨이 있으면 견딜 수 있단다. 기쁨은 전염되어서 기쁨을 보는 사람들도 기쁨이 생긴단다.

네 마음에 은혜와 기쁨을 무엇보다 가득 채우렴. 사람은 자기 마음을 가득 채우고 있는 것에 반응한다. 기쁨이 가득한 사람은 작은 것에도 크게 기뻐하지. 감사가 가득한 사람은 작은 것에도 크게 감사한다. 분노가 가득한 사람은 작은 것에도 크게 화를 내지.

내 안에서 항상 기뻐해라. 너에게 무슨 일이 있든지 내 안에서 기뻐하기로 결정해 보렴. 기쁨의 비결은 기쁨의 근원인 나를 바라보는 거란다. 기쁨이야말로 생동감이 넘치고 생명력이 가득 넘치는 감정이다. 기쁨이 가득한 사람은 남을 돌보고 품을 수 있는 여유가 생기지. 기쁨으로 네 영혼을 충만하게 채울 때 다른 사람들에게도 유익을 준단다.

성령의 기쁨으로

또 너희는 많은 환난 가운데서 성령의 기쁨으로 말씀을 받아
우리와 주를 본받은 자가 되었으니

- 데살로니가전서 1:6 -

세상의 지식과 소식은 너에게 참된 기쁨을 주지 못한다. 복음이 진정한 기쁨을 너에게 줄 수 있다. 복음은 생명과 기쁨이 넘치는 복된 소식이야. 복음은 모든 믿는 자에게 구원을 베풀어 주는 나의 능력이 깃들어 있단다. 천국 복음은 말이 아니라 능력이 중요하다. 성령의 능력을 구하고 의지하며 성령의 다스림을 받아라. 그러면 성령 안에 있는 의와 평강과 희락이 네 안에 가득 넘치게 될 거야.

사람의 뜻대로 되지 않는 일들이 있다. 그래도 좌절하지 말고 낙심하지 마라. 모든 일의 결과는 나에게 달려 있다는 것을 믿어라. 세상은 나의 뜻대로 움직이고 있단다. 세상을 사는 지혜는 성경에 담겨 있다. 성경을 통해 나의 뜻을 깨닫고 믿음으로 순종하렴.

기도를 들으시는 하나님

너희가 내게 부르짖으며 내게 와서 기도하면
내가 너희들의 기도를 들을 것이요

- 예레미야 29:12 -

너를 향한 나의 생각은 언제나 선한 생각이란다. 너를 향한 나의 생각은 재앙이 아닌 평안이란다. 너에게는 내가 마련한 미래와 희망이 있다. 네가 무엇을 기대하든 더 큰 것으로 채워 줄 것이다. 네가 기도하지 않아서 얻지 못한 것들이 있다. 네가 나를 찾지 않아서 받지 못한 것들이 있다. 나를 만나야 네가 나의 계획을 알 수 있다. 온 마음을 다해서 나를 적극적으로 찾아라. 그리고 나에게 구하고 받아라.

너는 내게 소리 내어 기도해라. 내가 너의 기도를 듣고 기도에 응답해 줄 것이다. 네가 알지 못하는 크고 은밀한 일을 너에게 보여 줄 거야. 기도의 우선순위는 나와 만나는 것이다. 언제나 나를 바라보고 내 음성을 들을 수 있다. 긴급 상황에만 나를 찾으려고 하지 마라. 모든 상황에서 나를 찾으렴. 나는 언제나 너를 바라보며 기다리고 있단다.

은밀한 기도의 유익

너는 기도할 때에 네 골방에 들어가 문을 닫고
은밀한 중에 계신 네 아버지께 기도하라
은밀한 중에 보시는 네 아버지께서 갚으시리라

- 마태복음 6:6 -

화려함 뒤에 숨어 있는 준비의 과정을 깨달았으면 좋겠구나. 기도 시간은 나의 은혜를 채우는 시간이다. 기도 응답은 너의 채운 것이 드러나는 시간이지. 기도 응답이 일어나는 순간은 화려하고 빛나는 순간이지. 하지만 그 순간을 위해서는 눈에 띄지 않는 곳에서 오랫동안 기도로 준비해야 한다. 운동선수의 화려한 모습은 보이지 않는 곳에서 오랫동안 철저하고 꾸준하게 준비한 결과란다.

과시하는 기도는 기도를 위한 기도일 뿐 유익이 없단다. 사람에게 잘 보이는 것보다, 나에게 잘 보이는 것이 중요하다. 어디에서 기도하든지 기도의 목적을 분명하게 하는 게 좋아. 나에게 영광을 돌리고 나의 말에 순종하는 기도인지 점검해 보렴. 기도하는 사람에게 능력이 있는 것이 아니다. 기도를 받는 나에게서 능력이 나오는 것이다. 나에게 믿음으로 순종하는 사람에게는 내가 베푸는 상이 있다는 것을 기억하렴.

예수님이 가르쳐 주신 기도

그러므로 너희는 이렇게 기도하라
하늘에 계신 우리 아버지여 이름이 거룩히 여김을 받으시오며

- 마태복음 6:9 -

내 이름을 부르는 것이 기도의 시작이다. 내가 너의 아버지라는 믿음의 고백을 나는 기뻐한다. 내 이름을 언제나 거룩히 여기고 거룩하게 드러내라. 내 이름을 부를 때 너와 내가 연결이 된다. 내 이름을 부르면 하늘과 땅이 연결되지. 응답을 위해 먼저 필요한 것은 연결이란다.

너는 먼저 하늘나라와 하늘의 뜻을 구하고 하늘의 영광을 먼저 구해라. 하늘에서 이룬 것이 땅에서 이루어지는 것이 나의 법칙이다. 세상 사람들처럼 자기의 필요를 먼저 구하지 않도록 해라. 오늘 필요한 은혜를 나에게 구해라. 세상 사람들처럼 내일과 미래를 미리 염려하지 마라. 그리고 죄 사함을 위해 기도하며, 죄에 빠지지 않게 기도해라. 성경을 읽으면서 모범적인 기도를 발견할 수 있지. 그 기도들을 따라 읽어 보면 너에게 도움이 될 거야.

믿음으로 기도하라

구하라 그리하면 너희에게 주실 것이요
찾으라 그리하면 찾아낼 것이요
문을 두드리라 그리하면 너희에게 열릴 것이니

- 마태복음 7:7 -

믿음으로 구하고 찾으며 두드려라. 기도에는 구하고 찾고 두드리는 믿음의 표현이 필요하단다. 기도야말로 믿음과 행동이 합쳐진 영적인 도구란다. 기도는 나의 자녀만 사용할 수 있는 거룩한 무기란다. 도구와 무기는 장식용이 아니고 사용할 때만 효력이 있지. 아무것도 안 하면 아무 일도 일어나지 않는다. 기도의 필요성을 느끼지 못하는 사람들은 기도를 해 본 경험이 없는 사람들이란다.

기도를 통해 내가 살아 있음을 경험한 사람들이 많다. 또한 기도는 네 신앙을 살리는 영적인 호흡이야. 부모에게 그저 달라고 하면 받을 수 있는 것이 자녀의 특권이란다. 자녀는 부모에게 어떤 의심도 하고 그냥 믿는다. 부모에게 필요를 공급받는 것처럼 나에게 영적인 필요와 육적인 필요를 모두 공급받을 수 있단다. 구하면 받을 거라는 믿음, 찾으면 찾아낼 거라는 믿음, 두드리면 열린다는 믿음을 가져라. 오늘도 나에게 구하고 찾으며 두드리렴.

성령으로 기도하십시오

이와 같이 성령도 우리의 연약함을 도우시나니
우리는 마땅히 기도할 바를 알지 못하나
오직 성령이 말할 수 없는 탄식으로 우리를 위하여 친히 간구하시느니라

- 로마서 8:26 -

언제나 성령의 도움을 구하고 기도하렴. 힘들고 고통스러울 때 많은 사람들이 어떻게 기도해야 할지 모른다. 그때는 마음의 생각과 감정을 솔직하게 드러내도 좋다. 나에게 잘 보이려고 하는 것은 중요하지 않아. 있는 모습 그대로 솔직하게 나아오렴. 기도의 가장 큰 목적은 도움을 구하는 거란다. 도움을 구하는 모습이 가장 자녀다운 모습이야.

기도하는 사람에게 소망이 있는 이유는 성령이 너의 기도를 도와주기 때문이야. 성령은 너의 연약함을 도와주고 채워 준다. 성령이 나의 뜻대로 너를 위하여 간구하기 때문에 응답받는 확실한 기도를 할 수 있다. 기도하는 내용과 기도하는 태도까지도 성령이 도와주고 다듬어 줄 거야.

내가 성령의 뜻을 알고 성령은 나의 뜻을 안다. 사람의 힘과 의지로 기도할 때 기도는 어려워진다. 하지만 성령으로 기도하면 점점 기도가 쉬워진다.

성도를 위해 기도하십시오

모든 기도와 간구를 하되 항상 성령 안에서 기도하고
이를 위하여 깨어 구하기를 항상 힘쓰며 여러 성도를 위하여 구하라

- 에베소서 6:18 -

성경을 읽으면 다양한 기도의 방법이 나오지. 네가 모든 기도를 배우고 실천해서 기도의 많은 유익을 누렸으면 좋겠구나. 기도에는 모범적인 틀이 있지. 모범적인 틀에 맞춰서 기도해야 기도가 성장하고 그 능력을 맛볼 수 있단다. 가장 좋은 방법은 성령 안에서 기도하는 거란다.

성령 안에서 항상 기도하고 쉬지 말고 기도해라. 사람에게 기도가 필요 없는 상황이란 존재하지 않는다. 기도의 때를 놓치지 말고 기도의 기회를 만들어야 된다. 깨어서 기도하는 사람은 다른 사람이 낙심하는 시간에도 정신을 차리고 기도하지.

다른 사람들을 위해 기도하기를 힘써라. 이 땅에 기도가 필요 없는 사람은 존재하지 않는다. 많은 사람들의 기도 덕분에 너도 나의 은혜를 입게 되었단다. 이제 너도 은혜를 나누는 일에 동참하면 좋겠구나. 기도의 능력은 변하지도 않고 줄어들지도 않는다. 기도는 영원히 살아서 죽지 않는다.

환자를 위해 기도하십시오

그러므로 너희 죄를 서로 고백하며 병이 낫기를 위하여 서로 기도하라
의인의 간구는 역사하는 힘이 큼이니라

- 야고보서 5:16 -

고난을 당하는 사람이 고난을 이겨낼 방법은 기도뿐이다. 기도하는 사람에게 반드시 기도의 응답이 있다. 기도하는 사람에게 즐거움과 찬송의 때가 올 거야. 병든 사람을 위해 기도하는 것은 매우 성경적인 일이다. 믿음의 기도는 병든 자를 구원한다. 죄로 인해 영혼이 병들었을 때는 죄를 고백해야 한다. 고백하는 기도를 통해 죄가 사함을 받는단다.

서로를 위해 기도하는 자녀가 되라. 사람은 누군가의 도움을 받아야 하는 존재다. 믿음과 은사가 뛰어난 사람들은 연약한 자들을 위해 기도해야 한다. 믿음과 은사는 남을 돕기 위해 주어진 것이지. 그것을 사용하면 할수록 교회에 유익이 된다.

혼자 기도할 때보다 여럿이 기도할 때 기도가 성장한다. 그리고 서로 기도할 때 건강하고 튼튼한 교회가 만들어지지. 기도회 모임에 참여하면 너의 기도 생활에 도움이 될 거야. 건강한 교회를 세우기 위해 치유와 회복은 앞으로도 계속될 거야.

은혜를 베푸시는 하나님

여호와께서 이르시되 내가 내 모든 선한 것을 네 앞으로 지나가게 하고
여호와의 이름을 네 앞에 선포하리라
나는 은혜 베풀 자에게 은혜를 베풀고
긍휼히 여길 자에게 긍휼을 베푸느니라

- 출애굽기 33:19 -

세상 사람은 노력으로 살지만 나의 자녀는 은혜로 살아간다. 나는 은혜 베풀 자에게 반드시 은혜를 베풀고 긍휼히 여길 자에게 반드시 긍휼을 베푸는 하나님이란다. 나의 은혜와 긍휼에는 부족함이 없다는 뜻이란다. 상은 받는 자격이 중요하지만 은혜는 주는 자격이 중요해. 나는 자격 없는 사람에게 조건 없이 은혜를 베푸는 은혜의 하나님이란다. 나의 성품을 믿는 사람에게 은혜가 주어진다.

나는 지금 은혜를 베풀려고 기다리는 중이야. 은혜 받을 기회를 만들고 은혜 받을 시간을 만들어라. 은혜의 자리에 있어야 은혜를 받을 수 있단다. 은혜를 간절히 사모하고 기대하는 사람에게 나의 은혜가 주어진다는 것을 명심해라. 나의 선한 뜻을 믿고 오늘 하루를 주어질 은혜를 기대해라.

속량하신 은혜

그리스도 예수 안에 있는 속량으로 말미암아
하나님의 은혜로 값없이 의롭다 하심을 얻은 자 되었느니라

- 로마서 3:24 -

너는 오직 은혜로 값없이 의로움을 인정받은 나의 자녀란다. 은혜는 선물이란다. 값으로 매길 수 없는 선물이지. 아담의 범죄로 모든 사람은 나의 영광에 이를 수 없는 죄의 종이 되었단다. 하지만 나는 사람을 너무나 사랑해서 사람을 구원하기로 결정했지. 내 아들의 목숨을 내어 주면서까지 말이야.

옛날에는 노예가 자유인이 되려면 그만한 몸값이 필요했지. 나는 내 아들 예수의 목숨으로 너의 몸값을 전부 지불해 주었단다. 이것이 속량의 은혜란다. 나는 내 아들만큼이나 너를 가치 있게 여긴다. 나의 은혜와 너의 가치를 깨닫기 바란다.

은혜의 가치를 아는 사람은 아무렇게나 살지 않는다. 죽을 고비를 경험한 사람들은 그 이후의 삶을 정말 소중하게 여긴다. 인생을 감사하게 여기고 하루를 새롭게 살아가지. 너는 죽었다가 살아난 나의 자녀야. 잃었다가 도로 찾은 나의 자녀란다. 은혜를 기억하고 날마다 감사하며 살아가렴.

모든 것이 은혜입니다

만일 은혜로 된 것이면 행위로 말미암지 않음이니
그렇지 않으면 은혜가 은혜 되지 못하느니라

- 로마서 11:6 -

나의 은혜를 기억하렴. 나의 은혜로 너는 자유를 얻었단다. 사람의 의로움이나 준비된 마음으로는 구원에 이를 수 없단다. 사람이 착하게 살면 구원을 받는 것이 아니란다. 착하게 살라고 내가 구원을 베풀어 준 거야. 나의 은혜가 없이는 사람이 하루도 살아갈 수 없단다.

나는 각자의 사람을 나의 뜻에 맞게 준비시키며 능력을 베풀어 준다. 네가 믿음을 가지고 내 말에 순종하면 너를 통해 나의 은혜가 드러나게 될 거야.

사람의 능력이나 행동으로 의와 생명을 얻고자 한다면 결코 얻을 수 없다. 의와 생명은 나에게 달려 있기 때문이다. 나는 행위를 은혜로 바꿔 주지 않는다. 너의 열정과 믿음도 나의 은혜에서 비롯된 것이란다. 은혜 없는 열정과 믿음은 사람이 보기에 아무리 뛰어나도 내가 보기에 미련한 것이란다. 은혜는 그냥 받으면 된다. 창문을 열고 햇빛을 받아들이는 것처럼, 마음을 열고 은혜를 받아들이며 하루를 시작해라.

하나님의 은혜

그러나 내가 나 된 것은 하나님의 은혜로 된 것이니
내게 주신 그의 은혜가 헛되지 아니하여
내가 모든 사도보다 더 많이 수고하였으나 내가 한 것이 아니요
오직 나와 함께 하신 하나님의 은혜로라

- 고린도전서 15:10 -

세상에는 은혜 아닌 것이 하나도 없다. 하루를 살 때도 너는 누군가의 신세를 지면서 살아간다. 네가 생명을 얻은 것, 살아가는 것, 구원을 받은 것은 저절로 된 것이 아니다. 나의 사랑과 은혜로 된 것이지. 은혜의 관점으로 세상을 바라보면 너에게 감사할 것이 많아질 거야.

나를 통해 구원을 얻으며, 은혜를 받고, 믿음이 생기는 거란다. 나를 통하지 않고는 어떤 것도 얻을 수 없단다. 사람의 능력만으로 얻지 못하는 이유는 사람의 능력을 자랑하지 못하게 하기 위해서란다. 하늘의 일은 나의 능력과 지혜로 이루어진다. 사람이 갚을 수 없는 것이기에 그저 감사하고 찬양하며 나에게 영광을 돌리면 된다. 은혜의 관점에서 성경을 읽어 보렴. 그럼 성경이 위인들의 이야기가 아닌 은혜의 이야기라는 것을 깨닫게 될 거야.

은혜 받을 만한 때

이르시되 내가 은혜 베풀 때에 너에게 듣고
구원의 날에 너를 도왔다 하셨으니
보라 지금은 은혜 받을 만한 때요
보라 지금은 구원의 날이로다

- 고린도후서 6:2 -

바로 지금이 은혜 받을 때이며, 바로 지금이 구원 받을 날이란다. 나는 언제나 있고, 어디에나 있다. 나는 모든 시간에 존재하고 모든 장소에 존재한다. 모든 시간이 나의 때로 이루어져 있으며, 이 세상은 나의 은혜로 가득 채워져 있단다.

너에게 모든 날과 모든 순간이 은혜의 시간이다. 그러므로 지금 이 순간도 은혜의 시간이지. 지금 이 순간, 그리고 모든 시간을 귀하게 여겨라. 나는 나의 자녀를 매 순간 잊지 않고 돌보고 있단다. 매 순간 나의 은혜를 구하고 구원을 기다려라. 나의 도움과 응답을 기다리는 시간도 은혜의 시간이다. 충만함을 위해서는 채움이 필요하단다.

나의 사랑과 자비가 가장 좋은 때에 베풀어질 것을 믿어라. 나의 때를 기다리는 사람이 진정으로 지혜로운 사람이다. 미루지도 말고 조급해하지도 말고 오직 믿음으로 하루의 시간들을 채우렴.

풍성한 하나님의 은혜

우리는 그리스도 안에서 그의 은혜의 풍성함을 따라
그의 피로 말미암아 속량 곧 죄 사함을 받았느니라

- 에베소서 1:7 -

네가 지구 위에 살고 있기 때문에 너는 지구에 있는 모든 것을 누릴 수 있단다. 너를 위해 내가 준비한 모든 것들은 부족함이 없단다. 네가 내 안에 있기 때문에 내가 준 모든 것을 소유할 수 있게 된다. 너는 구속과 용서와 은혜에 대해 불안해하고 의심하며 살지 않아도 된다. 공기 안에 있기 때문에 숨을 쉬고 살아가지만 평소에는 공기의 존재를 느끼지 못한다. 하지만 의식하면 언제든지 느낄 수 있지.

진리는 변하지 않는다. 성경에 기록된 그대로, 나는 하늘에 속한 모든 신령한 복을 너에게 주었단다. 너를 선택해서 나의 자녀 되게 한 것을 나는 언제나 기뻐한단다. 왜냐하면 그 은혜를 아는 사람은 나를 찬송하고 나에게 영광을 돌리기 때문이지. 독생자의 목숨을 바쳐 너를 구한 것을 결코 후회하지 않는단다. 나의 사랑과 은혜가 너에게 끊임없이 공급되기에 너는 나를 믿고 의지하기만 하면 된다.

우리에게 주시는 은혜

하나님이 우리를 구원하사
거룩하신 소명으로 부르심은 우리의 행위대로 하심이 아니요
오직 자기의 뜻과 영원 전부터
그리스도 예수 안에서 우리에게 주신 은혜대로 하심이라

- 디모데후서 1:9 -

구원이라는 단어에는 나의 은혜가 담겨 있다. 은혜는 내가 너에게 베푸는 선물이란다. 죄인의 상태에서는 나의 거룩한 소명을 이룰 수 없단다. 그래서 나는 너를 구원하기로 결정했지. 구원 계획은 네가 태어나기도 전에 이루어진 것이지. 어느 누구도 구원의 계획을 바꾸고 빼앗지 못한다. 믿음이란 내가 다 이루어 놓은 은혜의 약속을 인정하고 맡기는 거란다. 내 아들 예수의 의로움을 그저 의지하는 것이지. 그것이 구원의 신비란다.

내 뜻을 다 알 수 없어도 그 뜻을 믿어라. 믿으면 믿을수록 날마다 나의 뜻을 더 풍성하게 알아갈 수 있단다. 세상의 것은 날이 갈수록 낡아지지만 나의 은혜는 날이 갈수록 더 풍성해진단다. 천국에서는 이 땅에서 누린 것과 비교할 수 없는 영광을 누리게 될 거야.

너는 하나님께 소망을 두라

내 영혼아 네가 어찌하여 낙심하며 어찌하여 내 속에서 불안해 하는가
너는 하나님께 소망을 두라
그가 나타나 도우심으로 말미암아 내가 여전히 찬송하리로다

- 시편 42:5 -

내가 소망의 하나님이라는 것을 기억해라. 낙심과 불안은 내가 없는 상태를 상상하는 것이다. 너에게 그런 일은 일어나지 않는다. 나는 변함없이 너를 돌보며 나의 선한 계획을 이루어 가고 있단다. 나의 뜻을 네가 볼 수 없어도 나의 뜻은 언제나 변함없이 선하다는 것을 믿어라. 불확실한 너의 느낌을 믿지 말고 확실한 나의 약속을 믿으렴.

낙심과 불안이 찾아올 때는 과거의 은혜를 떠올려 보아라. 나의 은혜에 기뻐하며 감사했던 기억을 되살려라. 그 기억은 소망으로 이어진다. 상황은 바뀌어도 나의 은혜와 사랑은 변하지 않는다. 나는 선한 뜻과 목적을 가지고 잠시 기다리고 있는 거야. 너에게도 기다림의 시간이 필요하단다. 그 시간은 나의 뜻을 이루기 위해 꼭 필요한 시간들이란다. 기다림의 시간을 소망으로 채우는 자녀에게 나는 반드시 응답한다.

소망의 근원 되신 주님

나의 영혼아 잠잠히 하나님만 바라라
무릇 나의 소망이 그로부터 나오는도다

- 시편 62:5 -

신앙생활은 때때로 더하는 것이 아니라 덜어내는 것이란다. 사람들은 나를 믿는다고 하면서도 은근슬쩍 자기만의 믿는 구석을 믿지. 나도 믿고 다른 것도 믿는 마음을 보고 두 마음을 품었다고 표현한다. 세상의 어떤 것도 나보다 깊이 의지하는 것은 위험하다. 나를 바라는 일 대신 다른 일이 네 영혼을 차지한다면 반드시 덜어내야 한다.

나는 나를 향해 한 마음을 가진 사람을 찾고 기다리고 있단다. 거룩하고 깨끗하고 순전한 마음은 바로 나를 향한 한 마음을 말하는 거란다. 사람의 영혼은 오직 나를 통해 온전히 채워질 수 있단다. 언제나 나만 바라보고 의지하는 것이 가장 안전하다. 내가 너의 반석이며 구원이란다. 내 안에 머물면 나는 너의 요새가 되어 줄 거야. 구원과 영광이 나에게 달려 있다. 나는 소망의 근원이란다. 오늘 하루도 잠잠히 나를 바라보고 묵상해 보렴.

소망으로 구원을 얻었으매

우리가 소망으로 구원을 얻었으매
보이는 소망이 소망이 아니니 보는 것을 누가 바라리요

- 로마서 8:24 -

소망을 이루는 방법은 기다림이란다. 나의 자녀에게는 영광을 받기 위해 주어지는 고난도 있단다. 현재의 고난은 장차 너에게 나타날 영광과 비교할 수 없지. 소망이 있기에 참을 수 있는 거란다. 눈앞의 현실을 외면하지 말고 받아들여라. 모든 것이 합력하여 선을 이루게 하는 나의 능력을 믿어라. 눈앞의 현실을 믿음의 결과로 바꾸는 나의 능력을 믿어라. 소망이 있다면 어떤 현실도 소망을 이루는 디딤돌이 된다.

너에게 주어지는 고난은 언제나 결과가 아니라 과정이다. 너를 더욱 온전하게 만들기 위한 과정이야. 고난의 시간을 고난으로 바라보면 소망이 없지. 고난의 시간을 기다림으로 바라보면 소망이 생긴다. 어려움을 참고 기다리는 사람은 순금처럼 믿음이 단련되지. 그런 믿음을 가진 사람은 마침내 소망을 이루게 된단다. 내가 나의 자녀에게 바라는 믿음은 값싼 믿음이 아닌 값진 믿음이란다.

하나님의 소망을 채우십시오

소망의 하나님이 모든 기쁨과 평강을 믿음 안에서 너희에게 충만하게 하사
성령의 능력으로 소망이 넘치게 하시기를 원하노라

- 로마서 15:13 -

네 영혼에 가득 채운 것이 무엇인지 점검해 보렴. 사람의 영혼은 나 외에는 어떤 것으로도 가득 채울 수 없다. 사람은 영적인 존재이기 때문이야. 내가 없이는 네 안에 아무리 많은 것을 채워도 부족함을 느낄 것이다. 사람의 욕망은 끝이 없단다. 내가 네 안에 거할 때 너는 참된 만족을 느낄 수 있단다. 다윗은 나를 찾을 때 부족함이 없다는 고백을 자주 했지. 다윗은 언제나 나의 임재를 구했단다.

네 영혼을 성령으로 충만하게 채워라. 그러면 모든 상황에서 너에게 기쁨과 평안과 믿음이 가득 채워질 것이다. 내가 가진 능력과 성품은 늘 충만하고 무한하단다. 나를 바라보고 기대하는 자녀에게, 나는 가장 좋은 것으로 베풀어 주며 응답한다는 것을 기억하렴.

소망을 하늘에 쌓아두십시오

너희를 위하여 하늘에 쌓아 둔 소망으로 말미암음이니
곧 너희가 전에 복음 진리의 말씀을 들은 것이라

- 골로새서 1:5 -

성경에 기록된 복음의 소망으로 너의 영혼을 가득 채워라. 영원히 사라지지 않는 영생과 구원의 소망을 붙잡아라. 복음을 들을 때 너는 영원한 생명을 얻고, 그 생명은 날마다 풍성하게 자라난다. 네 안에 하늘의 것을 채우면 그것은 사라지지 않는다. 이 땅에서 영원히 사는 사람은 없다. 하늘에 소망을 두는 사람이 지혜로운 사람이야. 땅에 쌓는 소망은 결코 영원하지 않다는 것을 기억해라.

날마다 나의 은혜로 주어지는 믿음 위에 굳게 서라. 이 땅에서 사는 동안에도 영생의 소망을 굳게 붙잡아라. 그러면 어떤 상황이나 형편 속에서도 기쁨을 유지할 수 있게 된다. 보물이 있는 곳에 네 마음도 있단다. 네 마음을 언제나 하늘에 두고 너의 장래를 위한 은혜의 습관을 많이 만들어라. 하늘에 속한 나의 자녀는 마땅히 하늘에 속한 일을 해야 한다. 복음으로 네 생명을 가득 채우고, 생명의 복음을 나누고 베풀어라. 이것이 내가 기뻐하는 일이란다.

하나님께 소망을 두십시오

네가 이 세대에서 부한 자들을 명하여
마음을 높이지 말고 정함이 없는 재물에 소망을 두지 말고
오직 우리에게 모든 것을 후히 주사 누리게 하시는 하나님께 두며

- 디모데전서 6:17 -

이 땅은 내가 너에게 준 선물이다. 네 생명도 내가 너에게 준 선물이야. 내가 준 선물들을 귀하게 사용하고 헛되이 사용하지 않기를 바란다. 온갖 좋은 은사와 온전한 선물이 다 위로부터 온 것이다. 이 모든 것들이 선물이고 마지막에는 나에게 속하게 될 거란다. 물론 마지막 날에는 너도 나에게 속하여 영원한 생명과 기쁨을 누리게 될 거야.

이 땅의 소유물에 지나치게 의지하며 소망을 두지 마라. 물질은 이 세상의 삶에 필요한 것이다. 하지만 언젠가는 없어질 것이지. 많은 재물이 영혼의 안전과 평안을 보장해 주지 않는다. 영혼의 안전과 평안은 오직 나에게 달려 있다. 영원한 생명, 영원한 하늘나라에 소망을 두는 사람이 지혜로운 사람이란다. 소망은 소유가 아닌 관계에 달려 있단다. 선을 행하고 나누어 주기를 좋아하는 너그러운 자녀가 되렴. 그것이 네 생명을 살리고 더욱 풍성히 자라게 하는 일이란다.

영생의 소망을 따라

우리로 그의 은혜를 힘입어 의롭다 하심을 얻어
영생의 소망을 따라 상속자가 되게 하려 하심이라

- 디도서 3:7 -

나의 은혜를 힘입어 영생의 소망을 가지렴. 사람의 의로움에는 소망이 없단다. 모든 사람은 죄가 있어서 나의 영광에 이르지 못하기 때문이지. 나의 자비와 사랑과 긍휼과 은혜에 소망이 있단다. 너의 선한 행실은 원인이 아니라 결과야. 구원은 사람의 의로운 행위가 아닌 나의 긍휼로 이루어진 것이다. 그래서 구원은 사람이 스스로 자랑할 수 없지.

나의 자녀는 나에게 상속받을 것이 있다. 너는 영생을 얻었고, 천국을 물려받았단다. 너에게서 나의 은혜로 주어지는 성령의 열매가 가득 열리게 될 거야. 그리고 네가 영원토록 살 수 있는 천국의 삶이 기다리고 있지. 생명을 얻은 사람이 할 일은 생명을 살리고 구하는 일이란다. 내가 너에게 채워 주는 모든 선한 것들은 베풀고 나누기 위한 것이다. 선한 일들을 위해 네가 가진 것들을 나누고 베풀어라. 이 땅의 삶이 전부가 아니라는 것을 생각하면서 살아라.

감사함으로 그의 문에 들어가며

감사함으로 그의 문에 들어가며 찬송함으로
그의 궁정에 들어가서 그에게 감사하며 그의 이름을 송축할지어다

- 시편 100:4 -

나는 너의 하나님이다. 내가 너를 지었고 너는 내 것이다. 너는 내 자녀이며 내가 기르는 양이다. 날마다 내 음성을 듣고 나에게 나아오렴. 내 음성을 들으라는 명령은 왕이 내리는 명령이 아닌 목자가 내리는 명령이다. 나는 사랑과 자비가 넘치는 목자이고 너는 내 음성을 아는 양이란다. 나는 억압이 아닌 사랑으로 너를 다스린다. 나를 사랑하고 나의 마음을 이해하는 자녀라면 나에게 기쁨으로 순종하고 감사하게 되지.

나는 화려한 궁전에서 베푸는 잔치처럼 너에게 풍성한 은혜와 자비를 베풀어 줄 것이다. 내 이름은 네가 찬양해야 할 유일한 이름이란다. 나를 알수록, 나와 친해질수록 너에게 감사와 찬양이 넘치게 될 거야. 나의 음성에 날마다 귀 기울이고 응답하는 자녀가 되라. 나의 선함과 인자함으로 너에게 성실한 은혜를 영원히 베풀어 줄 거야.

감사를 표현하십시오

여호와께 감사하고 그의 이름을 불러 아뢰며
그가 하는 일을 만민 중에 알게 할지어다

-시편 105:1 -

네 인생에서 경험한 나의 구원을 기억해라. 세상이 들을 수 있게 나의 이름을 선포하고 내가 한 일을 드러내라. 나의 구원을 네 입으로 간증할 때 나의 능력이 나타나고 내가 영광을 얻는단다. 사람의 의로움을 자랑하지 말고, 나의 은혜와 능력을 자랑하며 세상에서 내 이름을 높여다오.

나는 나의 이름을 즐거이 부르며 나를 적극적으로 찾는 자녀를 기뻐한다. 내가 베푼 모든 일들을 기억해서 언어로 표현하고 고백해라. 말로, 글로, 곡조 있는 찬양으로, 다양한 방법으로 표현해라. 세상을 향해 내 이름을 마음껏 자랑해라. 진정한 감사는 밖으로 꺼내서 표현하고 드러내는 것이다.

너에게 더 많은 은혜가 넘칠 수 있게 날마다 나의 능력을 구해다오. 너에게 더 많은 감사와 찬양이 생겨나게 될 거야.

하나님의 성품에 감사하십시오

여호와께 감사하라
그는 선하시며 그 인자하심이 영원함이로다

- 시편 136:1 -

받은 것으로 감사하는 것보다 한 차원 높은 감사가 있다. 모든 것을 공급하는 나에게 감사하는 것이란다. 나는 영원토록 인자한 너의 하나님이다. 조건으로 감사하는 감사는 언젠가는 시들시들해진다. 그러나 나의 성품으로 감사하는 감사는 변하지 않는다. 나의 성품은 영원히 변하지 않기 때문이지. 나의 사랑과 은혜를 잠잠하게 떠올려 보고 기억해 보렴.

네 인생에서 내가 행한 일들을 하나씩 떠올려 보렴. 감사하려면 생각하고 기억해야 한다. 감사는 깨닫는 사람의 몫이란다. 시편 136편에는 26번이나 감사가 나오지. 네 인생에도 여러 가지 감사할 내용이 있을 거야. 감사를 발견하고 깨닫는 하루를 보내기 바란다. 감사의 양과 수준을 높이면 믿음의 수준도 함께 올라가게 될 거야.

감사의 씨앗을 심으십시오

예수께서 떡을 가져 축사하신 후에 앉아 있는 자들에게 나눠 주시고
물고기도 그렇게 그들의 원대로 주시니라

- 요한복음 6:11 -

먼저 감사하는 것은 좋은 습관이란다. 대부분의 사람들은 자신의 처지와 상황에 따라 감사의 모습이 달라진다. 크고 좋은 일은 크게 감사하지만 작고 사소한 일은 그냥 지나치지. 오히려 불평하고 원망할 때도 있다. 하지만 감사할 때 어떤 일이 일어나는지 보아라.

보리떡 다섯 개와 물고기 두 마리를 보고 제자들은 실망했지만 내 아들 예수는 감사했단다. 작은 것에 감사했을 때 놀라운 기적이 일어났지. 이처럼 먼저 감사하면 또 다른 은혜가 따라오게 되지, 내가 예비하고 감추어 놓은 은혜가 감사를 통해 드러나게 된다. 감사는 하늘의 문을 여는 복된 행동이야.

감사의 씨앗을 심으면 그에 합당한 열매가 열린다. 불평의 씨앗을 심으면 그에 합당한 열매를 거둔다. 아무것도 심지 않으면 아무것도 열리지 않는다. 있는 것으로 감사하며 오늘도 부지런히 감사의 씨앗을 심으렴.

감사함으로 하나님께 아뢰라

아무것도 염려하지 말고 다만 모든 일에 기도와 간구로,
너희 구할 것을 감사함으로 하나님께 아뢰라

- 빌립보서 4:6 -

기도는 나에게 구하고 나에게 받는 것이다. 사람의 욕심으로 구하지 말고 가장 선한 결과를 기대해라. 나는 최선의 때에 최선의 것으로 응답하는 하나님이다. 기도하는 사람의 입장에서는 고마운 마음이 저절로 우러나오게 되지.

염려와 불평은 나를 불신할 때 생기는 마음이야. 염려와 불평은 우리 둘의 사이를 갈라놓는단다. 염려와 불평을 가지면 나의 은혜가 너에게 닿지 않는다. 나에게 받은 은혜에 힘입어서 감사하는 마음으로 무엇이든 구하렴. 감사의 고백을 통해 내가 영광을 받는단다. 그리고 나의 은혜가 너에게 넘치도록 부어지게 될 거야. 자주 감사하고 자주 기뻐하렴.

네 마음을 선한 생각들로 가득 채워라. 성경적으로 참되고 경건하며 올바른 생각을 의식적으로 자주 떠올려 보아라. 사람들에게 사랑받고 칭찬받을 만한 생각을 더하렴. 그러면 네 마음과 생각이 평안으로 가득 채워질 거야.

범사에 감사하라

항상 기뻐하라 쉬지 말고 기도하라 범사에 감사하라
이것이 그리스도 예수 안에서 너희를 향하신 하나님의 뜻이니라

- 데살로니가전서 5:16-18 -

감사하는 기도가 기쁨을 낳는다. 은혜 안에 있을 때 은혜를 깨닫고 감사할 수 있지. 너는 언제나 나의 은혜 안에 살고 있지. 그러므로 감사하지 않을 이유가 없단다. 감사는 모든 은혜와 긍휼이 나에게서 온 것을 인정하는 거야. 범사에 감사하는 것은 나에게 영광을 돌림과 동시에, 너에게도 복이 된다.

감사와 불평은 감정이 아니라 선택이란다. 똑같은 상황에도 감사할 수 있고 불평할 수 있지. 하지만 시간이 지날수록 선택의 결과는 전혀 달라진다. 오늘 너에게 주어진 하루가 감사를 연습하는 기회가 되었으면 좋겠다.

감사에 눈뜬 사람은 눈에 보이는 모든 것을 감사할 수 있게 된다. 하루에도 감사할 일들이 셀 수 없이 많이 일어나지. 하지만 감사할 준비가 된 사람만 진정으로 감사할 수 있단다. 감사와 기쁨에는 한도 초과가 없단다. 그러니 작은 것에도 더욱 크게 감사하고 기뻐하는 마음을 가지렴.

감사함으로 받으면

하나님께서 지으신 모든 것이 선하매
감사함으로 받으면 버릴 것이 없나니
하나님의 말씀과 기도로 거룩하여짐이라

- 디모데전서 4:4-5 -

무엇이든지 감사함으로 받아라. 내가 지은 모든 것은 선하고 깨끗해서 내가 보기에 좋았단다. 네가 이 땅에서 누리는 모든 것이 내가 주는 선물이란다. 선물에 대한 보답은 나의 은혜를 잊지 않고 나에게 감사하는 거란다. 나를 기억하고 무엇이든 감사함으로 받으면 너에게 복이 되고 유익이 된다.

식사하기 전에 감사기도를 하는 것은 좋은 일이야. 매우 성경적인 일이지. 내 아들 예수가 감사기도를 드린 후 오병이어의 기적이 나타났단다. 감사기도를 통해 네가 하는 일들을 거룩하게 할 수 있단다.

찬양과 설교를 듣기 전에도 짧게 마음으로 기도해 보렴. 성경을 읽기 전에 짧게 기도해 보렴. 좋은 장소에 가기 전에, 도착한 후에 기도해 보렴. 모든 활동을 하기 전에 기도해 보렴. 네 마음가짐이 거룩해질 거야. 그리고 그 모든 일정을 내가 거룩하게 사용할 거야.

하나님의 인내

여호와는 긍휼이 많으시고 은혜로우시며
노하기를 더디 하시고 인자하심이 풍부하시도다

- 시편 103:8 -

내가 가진 인내의 성품을 경험하고 깨닫고 배우렴. 다윗은 인생에서 큰 죄를 몇 번이나 지었단다. 그러나 나의 긍휼을 경험하고 회개했단다. 그리고 평생 나를 기뻐하며 찬양했지.

나는 자비롭고 은혜롭고 노하기를 더디 하고 인자와 진실이 많은 하나님이란다. 사람의 인내심에는 한계가 있지만 나의 인내심에는 한계가 없단다. 나의 진노는 영원하지 않다. 그리고 나의 자비와 긍휼은 영원하단다. 그래서 나에게 머무는 자녀는 구원과 소망과 평안이 있단다.

나의 분노와 사람의 분노는 근본적으로 다르다. 나는 사람의 연약함을 알고 있기에 진노 중에도 긍휼을 잊지 않는단다. 사람을 다정하게 사랑하고 은혜 베푸는 나에게 소망을 두어라. 나의 긍휼과 은혜로 인해, 너는 죄 사함과 구원의 선물을 받았단다.

인내로 열매 맺는 사람

좋은 땅에 있다는 것은
착하고 좋은 마음으로 말씀을 듣고 지키어 인내로 결실하는 자니라

- 누가복음 8:15 -

착하고 좋은 마음으로 나의 말을 듣고 지켜라. 나는 복음을 많이 아는 똑똑한 사람을 원하지 않는다. 나는 계명을 하나라도 지키려고 애쓰는 순종의 사람을 원한다. 그 사람이 나중에 인내로 열매 맺는 사람이 된다. 내 말을 듣고도 믿음으로 지키지 않으면 열매가 없다.

씨앗이 종류를 따라 열매를 맺는 것처럼 내 말을 듣고 내 뜻에 순종하면 거룩함의 열매를 맺는다. 하늘에 속한 나의 생각과 땅에 속한 사람의 생각은 많이 다르지. 그 간격을 인내로 채울 수 있단다. 조급한 생각을 하지 말고 믿음으로 기다려라. 성경을 읽어 보면 믿음으로 순종하며 기다린 끝에 복을 받은 믿음의 사람들을 만날 수 있지. 반대로 기다리지 못해서 복을 받지 못한 사람들도 만날 수 있다. 네가 기다리는 시간에도 하늘에서는 나의 뜻이 멈추지 않고 계속 이루어지고 있다는 사실을 믿으렴.

소망으로 인내하십시오

만일 우리가 보지 못하는 것을 바라면 참음으로 기다릴지니라

- 로마서 8:25 -

복음이 모든 것을 이긴다. 복음은 어떤 절망적인 상황도 이길 수 있지. 복음의 약속을 굳게 믿고 소망을 가져라. 천국에 이르는 여정 가운데 많은 일들이 일어날 거야. 그 과정에는 어려움과 시련도 포함되어 있지.

고난은 산과 같다. 고난의 너머에는 무엇이 있는지 보이지 않는다. 고난을 넘어야 비로소 준비된 은혜들을 볼 수 있게 되지. 고난을 겪어본 사람은 다른 사람의 고난에 관심을 가질 수 있단다. 고난을 통해 단련된 사람은 다른 사람을 이해하고 사랑하고 용서할 수 있단다. 생명의 소중함을 깨닫고 생명을 살리는 일에 관심을 갖게 되지.

참고 기다리는 일은 별로 인기가 없다. 그건 자기 능력과 노력이 아니라 누군가의 도움에 의지해야 되기 때문이지. 사람은 누구나 자기 능력을 보여 주고 싶어 하지. 사람은 눈에 보이는 외적인 조건에 주목하지만 나는 언제나 마음의 중심을 보고 있단다. 참고 기다리는 일은 믿음의 일을 이루는 데 반드시 필요한 과정이란다.

사람들에게 인내하십시오

또 형제들아 너희를 권면하노니
게으른 자들을 권계하며 마음이 약한 자들을 격려하고
힘이 없는 자들을 붙들어 주며 모든 사람에게 오래 참으라

- 데살로니가전서 5:14 -

이 세상에 완전한 사람은 없다. 사람은 혼자서는 완전하지 않기 때문에 서로 도우며 살아야 한다. 이 세상에 너와 똑같은 사람은 한 사람도 없단다. 그러니 너와 다른 사람에게 실망하지 않아도 된다.

사람들에게 상처 받지 마라. 그리고 사람들에게 상처를 주지도 마라. 언제나 사랑의 마음으로 사람들을 품으며 사랑을 베풀어라. 네 이웃을 네 몸과 같이 사랑하길 바란다. 사랑은 모든 것을 참으며 모든 것을 견딜 수 있다.

이런 인내와 사랑은 사람의 의지로 되는 것이 아니다. 나를 의지하고 오랫동안 머무르면 저절로 열리게 되는 성령의 열매란다. 열매를 맺으려면 복음을 굳게 붙잡고 변함없이 견뎌내는 시간의 과정이 필요하다. 이웃을 구원하기 위해, 돕기 위해, 생명을 살리기 위해 오래 참으렴. 너와 네 이웃에게 유익이 될 거야.

때를 기다리며 인내하십시오

너희에게 인내가 필요함은
너희가 하나님의 뜻을 행한 후에 약속하신 것을 받기 위함이라

- 히브리서 10:36 -

나의 뜻대로 사는 사람은 나의 때를 인정하는 사람이다. 나의 때를 만나는 수단이 바로 인내란다. 네가 기다림의 시간을 믿음으로 채우면 나는 그 시간을 은혜로 채운다. 순종과 인내의 모습이 너의 믿음을 그대로 나타내지. 나의 때는 정해져 있어서 결코 미루어지지 않는다. 그러니 나의 때를 믿고 기다리고 그 안에 머물러라. 조급해하지 말고 가장 좋은 때에 가장 좋은 방법으로 가장 좋은 것을 너에게 베푸는 나를 기다리렴.

세상 사람들은 막연한 기대를 품고 살아간다. 하지만 나의 자녀들은 성경에 기록되고 약속된 확실한 소망을 품고 살아가지. 구원과 영생의 약속은 비록 눈앞에 보이지 않지만 네가 알 수 있는 언어로 기록된 분명히 존재하는 약속이란다. 육신의 눈이 아닌 영적인 눈으로 그것을 바라보아라. 나의 뜻을 이루어가는 귀한 믿음의 여정을 기대하면서 하루를 시작하렴.

인내를 온전히 이루라

인내를 온전히 이루라
이는 너희로 온전하고 구비하여 조금도 부족함이 없게 하려 함이라

- 야고보서 1:4 -

인내를 온전히 이루어 내라. 익은 곡식들과 열매들을 생각해 보아라. 기다림 없이는 열매를 맺을 수 없다. 덜 익은 과일은 과일의 가치가 없단다. 거의 믿을 뻔한 것은 진정한 믿음이 아니다. 함량 미달의 믿음은 믿음이라고 할 수 없다. 기다림을 통하여 믿음과 은혜의 분량이 채워진다. 참지 못하고 포기하면 내가 예비한 것을 얻을 수 없단다.

성경에 보면 나에게 쓰임 받은 사람들은 기다림의 훈련을 받았단다. 노아와 아브라함과 모세와 다윗을 보면 알 수 있지. 신약 시대에 약속한 성령을 기다린 사람은 성령을 받았단다. 인내의 시간은 단 1초도 소비되거나 낭비되지 않아. 인내를 통해 네 영혼이 단련되면 네 생명이 풍성해지고 더 강해지게 될 거야. 인내의 시간을 기도로 채우렴. 네가 기도를 채우는 동안 나는 은혜를 채운다. 온전한 인내를 이루는 데에는 평생이 걸릴지도 모른다. 멈추지 말고 끝까지 믿음의 시련을 통과하렴. 네 삶에 놀라운 은혜와 축복이 넘치게 될 거야.

욥의 인내

보라 인내하는 자를 우리가 복되다 하나니
너희가 욥의 인내를 들었고 주께서 주신 결말을 보았거니와
주는 가장 자비하시고 긍휼히 여기시는 이시니라

- 야고보서 5:11 -

그때는 있었는데 지금은 없어서 몹시 그리운 사람이 있다. 나는 사탄에게 욥을 대놓고 자랑했지. 욥은 온전하고 정직하며 나를 경외하고 악에서 떠난 사람이었다. 욥은 그 시대에도 천연기념물 같은 의인이었단다. 욥의 믿음을 부러워하는 사람은 많지. 하지만 욥기를 부담스러워하는 사람도 많다. 욥처럼 살고 싶어 하지만 욥처럼 되고 싶어 하지는 않는다.

내가 사랑하는 욥을 본받아라. 욥은 사람들이 보기에 소중한 것을 모두 잃었다. 그러나 욥은 내가 가장 귀하게 여기는 네 가지 보물을 지켜냈지. 욥은 고난 가운데에도 온전함과 정직함을 지켰고, 나를 끝까지 경외하며 악에서 떠나 있었다.

내가 자비와 긍휼로 그를 갑절로 형통하게 한 것을 기억해라. 고난이 있다고 불행한 것이 아니다. 고난을 참고 견디는 자에게는 반드시 복이 있다. 믿는 사람에게 의미 없는 고난은 없단다. 고난의 시간은 또 다른 축복이 만들어지는 시간이란다.

마음을 다스리는 용기

내가 네게 명령한 것이 아니냐
강하고 담대하라 두려워하지 말며 놀라지 말라
네가 어디로 가든지 네 하나님 여호와가 너와 함께 하느니라 하시니라

- 여호수아 1:9 -

강하고 담대하며, 두려워하지 말며 놀라지 말라. 네가 일어나자마자 세상은 두려운 소식과 놀랄 만한 소식을 전해 준다. 그런 소식에 지나치게 신경 쓰지 않아도 된다. 세상은 두려움과 놀라움을 일부러 드러내고 강조하면서 너를 조종하려고 하지. 언제나 눈을 뜰 때 세상의 소식이 아닌 복음의 소식에 귀를 기울이고 나를 의식해라. 네가 어디에 있든지, 어디로 가든지 내가 함께하기 때문이다.

세상은 너를 별로 신경 쓰지 않는다. 그러나 나는 언제나 너에게 온 신경을 집중하고 있지. 이것이 진정으로 믿어진다면 두렵지 않을 것이다. 만약에 두려움이 생긴다면 네 믿음을 다시 한 번 점검해 보렴. 두려움은 실체가 없는 것이니 두려움의 원인을 파악해라. 나의 약속을 믿고 묵상할 때 용기가 생길 거야. 강하고 담대한 마음을 가지고 오늘 하루를 힘차게 시작해 보렴.

하나님을 기다리는 용기

너는 여호와를 기다릴지어다
강하고 담대하며 여호와를 기다릴지어다

- 시편 27:14 -

개인적으로 나를 찾고 기다리는 사람에게 복이 있다. 나는 다른 사람에게 많이 들어본 기도문보다 너의 진심이 담긴 한마디를 원한다. 참된 용기는 사람의 뜻을 앞세우지 않고 나의 뜻을 기다리며 기꺼이 순종하는 것이란다. 나의 뜻을 기다리며 포기하지 않는 사람이 지혜로운 사람이다.

강하고 담대하게 나를 기다려라. 의심이 아닌 믿음으로 기다려라. 두려움이 아닌 담대함으로 기다려라. 두려운 환경을 묵상하고 바라볼 때 의심의 기다림이 생긴다. 모든 것을 주관하는 나를 바라볼 때 믿음의 기다림이 생긴다. 내가 너의 빛이고 너의 구원이란다. 생명의 능력이 나에게 있으니 누구도 나에게 대적할 수 없단다. 나의 뜻이 무엇인지 겸손하게 질문할 수 있는 용기, 나의 말에 믿음으로 순종할 수 있는 용기를 가져라. 진정한 용기는 나와의 친밀한 관계에서 흘러나오는 것이다.

용기를 주시는 하나님

내가 간구하는 날에 주께서 응답하시고
내 영혼에 힘을 주어 나를 강하게 하셨나이다

- 시편 138:3 -

나는 전심으로 찬양하는 사람을 찾는다. 영혼의 모든 힘을 쏟아서 전심으로 찬양하렴. 너의 영혼이 나에게 사로잡혀 온 맘을 다해 찬양할 때 네 영혼이 힘이 생긴다. 사람이 연약함을 느끼는 것은 당연하다. 나는 약한 자를 강한 권능으로 붙드는 하나님이란다. 나를 끝까지 바라보아라. 쉽게 포기하는 것은 나의 뜻이 아니다.

세상에는 나를 대신하는 우상들이 많지. 그런 우상들을 신경 쓰느라 열정을 낭비하지 말고 나에게 열정을 쏟으렴. 내가 원하는 방법으로 나의 이름과 성품을 찬양하면 내 성품이 너에게 더욱 드러나게 되지.

나는 전심으로 예배하는 자녀에게 인자와 성실을 베풀어 준단다. 나는 너의 찬양에 귀 기울이고 너의 기도에 응답하는 하나님이야. 찬양과 기도로 나의 힘과 능력을 공급받으렴. 네 영혼은 충만해지고 힘을 얻고 용기를 얻게 될 거야.

말씀에 의지하는 용기

두려워하지 말라 내가 너와 함께 함이라
놀라지 말라 나는 네 하나님이 됨이라
내가 너를 굳세게 하리라 참으로 너를 도와 주리라
참으로 나의 의로운 오른손으로 너를 붙들리라

- 이사야 41:10 -

내가 너와 함께 있으니 두려워하지 마라. 나의 말을 믿고 의지할 때 용기가 생긴다. 아브라함의 삶에는 두려운 상황이 여러 번 있었지. 그때마다 나는 아브라함에게 나타나 두려워하지 말라고 말했단다. 이스라엘의 지도자 모세가 죽은 후 여호수아의 마음은 몹시 두려웠단다. 그때 나는 여호수아에게 두려워하지 말라고 말했다. 나는 동일한 말로 그들에게 용기를 주었단다. "내가 너와 함께 있으리라".

별은 언제나 그 자리에 떠 있지만 밤에만 보인다. 고난과 역경을 통과할 때 너는 나의 도움을 더 크게 경험할 수 있다. 그러므로 고난과 역경을 두려워하지 마라. 고난보다 더 큰 은혜로 너를 돕는 나를 바라보아라. 네가 힘들어하는 순간에도 나는 너를 붙들고 너를 주목하고 있다.

믿음으로 생겨나는 용기

우리가 그 안에서 그를 믿음으로 말미암아
담대함과 확신을 가지고 하나님께 나아감을 얻느니라

- 에베소서 3:12 -

네가 복음을 들을 때 너의 인생이 분명해진다. 복음을 믿는 사람은 나의 자녀가 되어 영생과 은혜를 누리게 되지. 그리고 나의 일을 이루는 선한 사람이 된다. 사람은 나와 떨어져 있을 때 두려움을 느낀다. 나와 함께 있을 때 평안함을 얻는다. 자녀가 부모와 함께 있을 때처럼 말이야. 네가 내 안에 거할 때 믿음이 생겨난다. 자유로움이 생기고 활기가 생기고 용기가 생겨나지.

너의 인생은 나의 분명하고 확실한 구원 계획에 포함되어 있단다. 이 사실은 어떤 상황에도 변하지 않는다. 네가 믿음으로 순종할 때 나는 너를 통해 나의 선한 일을 이룰 수 있다. 시련과 어려움은 하나의 과정이란다. 끝에는 찬란한 영광이 기다리고 있단다. 내가 너와 함께 있으니 두려워하지 마라. 믿음을 가지고 용기를 가져라.

소망으로 생겨나는 용기

나의 간절한 기대와 소망을 따라 아무 일에든지 부끄러워하지 아니하고
지금도 전과 같이 온전히 담대하여 살든지 죽든지
내 몸에서 그리스도가 존귀하게 되게 하려 하나니

- 빌립보서 1:20 -

날마다 나에게 기대와 소망을 가져라. 사람의 의지로 해결할 수 없는 문제들이 있다. 그렇게 벌어지는 일들을 통해서도 나는 모든 것을 합력해서 선을 이루어 내지. 사람이 보기에 어려운 문제도 나는 쉽게 풀 수 있단다. 믿음의 길에서 시련과 환난을 만나도 염려하지 마라. 나의 은혜와 긍휼을 기다리는 사람에게는 소망이 있다.

내가 네 안에서 선한 일을 이미 시작했단다. 선한 일을 마칠 때까지 풍성한 은혜로 너를 도울 거야. 너의 믿음을 방해하는 사람들 때문에 두려워하지 않아도 된다. 그런 사람들은 네 삶에서 영원히 조연일 뿐이란다. 나의 은혜를 의지하렴. 내가 너를 지키고 보호해 줄 거란다. 복음을 지키며 너를 돕는 사람이 함께 있어 줄 거야. 내가 주는 용기는 무모한 용기가 아니라 확실한 근거가 있는 용기란다.

은혜 안에서 생겨나는 용기

내 아들아 그러므로 너는 그리스도 예수 안에 있는 은혜 가운데서 강하고

- 디모데후서 2:1 -

너는 내 안에 있을 때 강해지고 담대해질 수 있다. 성경에서 믿음의 사람들을 주목해 보아라. 모두들 나를 만날 때, 나와 함께 할 때 큰 용기를 얻었다. 내가 너에게 주는 것은 두려움이 아니라 평안이다. 나의 은혜와 능력을 힘입을 때 어떤 상황에도 참된 평안을 얻을 수 있다.

디모데는 몸도 마음도 강한 사람이 아니었단다. 하지만 바울의 후계자가 되었지. 전적으로 나의 은혜를 통해 가능했던 일이다. 너의 부족함이나 연약함 때문에 좌절하거나 포기하지 마라. 나는 사람이 헤아릴 수 없을 만큼 많은 은혜를 갖고 있다. 네 힘만으로 할 수 없는 모든 것들은 나의 은혜로 할 수 있다. 나의 은혜를 믿음으로 구하고 바라보렴.

믿음이 강해지려면 나를 가까이하고 성경을 가까이하면 된다. 네가 가진 믿음이 은혜를 공급받는 파이프의 역할을 한다. 오늘도 나의 은혜 안에 머물며 하루를 보내렴.

관계를 여는 기도

또 네 이웃을 사랑하고 네 원수를 미워하라 하였다는 것을 너희가 들었으나
나는 너희에게 이르노니 너희 원수를 사랑하며
너희를 박해하는 자를 위하여 기도하라

- 마태복음 5:43-44 -

가장 먼저 나의 사랑을 네 안에 가득 채우렴. 내가 가진 사랑이 없이는 원수를 절대 사랑할 수 없다. 사람이 할 수 없지만 나의 성품과 은혜를 의지하면 할 수 있다. 너를 미워하고 박해하는 사람에게 복수심을 불타오르는 것을 잘 안다. 그러나 악을 악으로 갚아서는 안 된다.

정말 너를 미워하고 박해하는 사람이 있을 거야. 그러나 그들에게도 일상적인 친절과 인자함을 베풀어야 한다. 무례한 사람에게는 무례함이 아닌 정중함으로 맞서야 한다.

어떤 상황에서도 사람의 모습이 아닌 나의 모습을 비추는 사람이 되라. 그것이 가장 나의 자녀다운 모습이다. 네가 관계를 위해 기도를 하면 어떤 일이 일어나는지 궁금하니? 네가 기도한 그 사람의 운명을 내가 결정하게 된단다.

먼저 관계를 여십시오

그러므로 무엇이든지 남에게 대접을 받고자 하는 대로 너희도 남을 대접하라
이것이 율법이요 선지자니라

- 마태복음 7:12 -

나를 사랑하고 네 이웃을 사랑하라는 계명을 명심해라. 또한 네 이웃을 네 몸과 같이 사랑하라는 명령을 기억해라. 이것은 너와 네 이웃을 동등하게 만들어 주는 명령이란다. 네가 받을 권리는 남에게도 있다는 것을 명심해라.

남이 싫어하는 것은 너도 하지 말아야 한다. 하지만 이것은 소극적인 태도이지. 나는 언제나 적극적인 행동을 원한단다. 따라서 내가 받기 좋아하는 행동을 남에게 먼저 하라는 명령을 너에게 주는 거란다.

사람들의 마음은 다 같아서 대접을 받은 만큼 대접하고 싶어 한다. 내가 원하는 것은 네가 먼저 대접하고 먼저 의무를 다하는 것이다. 성경에 등장하는 섬김의 본보기를 따라서 네가 먼저 섬겨라. 그리하면 다른 사람들이 감동을 받고 너를 본받을 수 있다.

예수님과 관계 있는 사람

베드로가 이르되 내 발을 절대로 씻지 못하시리이다
예수께서 대답하시되
내가 너를 씻어 주지 아니하면 네가 나와 상관이 없느니라

- 요한복음 13:8 -

나의 자녀가 되려면 죄 씻음을 받아야만 한다. 그래야만 나의 자녀로 인정받을 수가 있어. 사람의 의로움에는 구원도 죄 사함도 없다. 내가 인정한 방식만이 효력을 가지고 있다. 베드로처럼 많은 사람들은 자신만의 고정관념을 가지고 있지. 고정관념을 없애기 위해서는 열린 마음과 순종이 필요하다.

이천 년 전에 세워진 십자가는 바로 널 위한 것이란다. 이것이 믿어지면 너는 나와 관계가 있는 사람이다. 하지만 십자가에 도무지 관심이 없다면 너는 나와 관계가 없는 사람이란다. 자신이 쌓은 공로와 자신이 이룬 의로움을 자랑으로 여기는 사람은 나와 상관이 없는 사람이야.

너는 스스로의 공로가 아니라 내가 베풀어 준 은혜로 살아가는 사람이다. 성경을 읽으면서 이것을 깨달았으면 좋겠구나.

관계를 이어 주는 사랑

새 계명을 너희에게 주노니 서로 사랑하라
내가 너희를 사랑한 것같이 너희도 서로 사랑하라
너희가 서로 사랑하면 이로써 모든 사람이 너희가 내 제자인 줄 알리라

- 요한복음 13:34-35 -

사랑이야말로 모든 계명의 으뜸이며 최종 완성판이란다. 내가 너를 사랑한 것같이 너도 서로 사랑하길 바란다. 사랑은 관계를 매끄럽게 이어 주는 가장 아름다운 성품이란다.

세상은 점점 사랑이 변질되며, 사랑의 본 모습을 잃어버리고 말았다. 세상이 보여 주고 선전하는 사랑은 진짜 사랑의 모습이 아니란다. 교회는 세상을 따라가면 안 되고 교회가 가진 가치 있는 것들을 지켜 내야 한다는 것을 명심해라. 교회에서도 사랑을 잃어버리게 된다면 더 이상 교회와 세상을 구별할 수가 없게 되지.

성경은 결국 사랑의 메시지란다. 사랑의 메시지와 사랑의 본을 보인 수많은 구절들을 묵상하렴. 내가 너에게 베풀어 준 사랑을 기억하고 간직하며 그 사랑을 서로 실천하는 자녀가 되기 바란다.

예수님과 우리의 관계

만일 한 지체가 고통을 받으면 모든 지체가 함께 고통을 받고
한 지체가 영광을 얻으면 모든 지체가 함께 즐거워하느니라
너희는 그리스도의 몸이요 지체의 각 부분이라

- 고린도전서 12:26-27 -

너는 내 뜻을 이루기 위해 꼭 필요한 사람이란다. 내가 너를 찾아서 구원하였고 나의 자녀로 만들었단다. 그런데 다른 사람들도 마찬가지다. 교회 공동체의 모든 사람들은 그 모습이 각각 달라도 지체의 각 부분이 된다는 것을 명심해라. 한 사람이 즐거우면 나도 즐겁고 한 사람이라도 아프면 나도 아프다.

네가 보배롭고 귀한 존재인 것처럼 다른 사람도 보배롭고 귀한 존재란다. 그러므로 남을 귀하게 여기며 사랑을 베풀고 존중하는 마음을 가져라. 나를 믿는 모든 사람은 나와 연결되어 있다. 나를 통해서 모든 사람들이 연결되어 있기 때문에 한마음과 한뜻으로 움직일 수 있는 거란다. 그것이 교회의 신비란다. 지금은 시기상으로 교회의 새로운 일꾼들이 뽑히는 때란다. 교회 공동체를 돌아보고 좋은 관계를 위해 무엇을 해야 할지 나에게 구하고 맡기렴.

관계 속에서 돌보고 격려하십시오

서로 돌아보아 사랑과 선행을 격려하며
모이기를 폐하는 어떤 사람들의 습관과 같이 하지 말고
오직 권하여 그날이 가까움을 볼수록 더욱 그리하자

- 히브리서 10:24-25 -

사람은 혼자서 살 수 없는 존재란다. 아담 혼자서는 살 수 없어서 나는 하와를 짝지어 주었다. 마가복음이나 누가복음을 보면 제자들을 둘씩 짝지어 보내는 장면이 나온단다. 사람은 혼자 있을 때보다 연합할 때, 관계 안에서 더욱 강해진다.

교회 공동체는 서로 연합한 존재들이다. 교회 안에서 나의 자녀들은 한 몸이란다. 네가 네 몸의 건강을 살피고 돌보는 것처럼, 교회 공동체의 사람들은 서로를 돌아보면서 살펴 주어야 한다. 나의 사랑을 힘입어 서로를 격려하고 응원하고 위로하는 일에 힘쓰기 바란다.

초대 교회의 교인들은 모이기에 힘썼던 사람들이다. 서로를 돌보고 격려하는 것이 사랑의 표현이야. 사람은 모이지 않으면 결국 흩어지게 된다. 모일 때 힘이 되고 믿음이 자라난다는 것을 명심해라. 네가 속한 공동체의 모임에 참여하면 네 신앙이 자라는 데에 큰 힘이 될 거야.

사랑으로 관계를 유지하십시오

사랑은 여기 있으니 우리가 하나님을 사랑한 것이 아니요
하나님이 우리를 사랑하사
우리 죄를 속하기 위하여 화목 제물로 그 아들을 보내셨음이라
사랑하는 자들아 하나님이 이같이 우리를 사랑하셨은즉
우리도 서로 사랑하는 것이 마땅하도다

- 요한1서 4:10-11 -

네가 나를 사랑하기 전에 나는 너를 먼저 사랑했다. 네가 태어나기 전부터 나는 너를 살리기 위해 십자가에 내 아들을 보냈단다. 내 아들은 너를 죽기까지 사랑했고, 지금도 여전히 너를 사랑하고 있다. 내가 너에게 바라고 원하는 것은 언제나 사랑이란다. 사랑은 나의 본성이고, 사랑은 나의 성품이란다.

나는 네가 네 이웃과 서로 사랑하되, 먼저 사랑하기를 원한다. 조건 없이 먼저 베푸는 사랑이야말로 내가 원하고 내가 바라는 진짜 사랑의 모습이란다. 사랑 없는 교회는 진정한 교회가 아니야. 사랑 없는 제자는 진정한 제자가 아니지. 너는 사랑받기 위해 태어난 사람인 동시에 사랑을 전하고 베푸는 사람이다. 오늘 하루, 나의 사랑을 깊이 묵상해 보렴. 그다음엔 사랑을 실천할 대상을 찾아보기 바란다.

최선의 것으로 채워 주심

그가 사모하는 영혼에게 만족을 주시며
주린 영혼에게 좋은 것으로 채워주심이로다

- 시편 107:9 -

주린 영혼에게 나는 가장 좋은 것을 공급해 준다. 잔뜩 주린 영혼에게는 어쩌면 그 순간을 모면할 작은 때울 거리가 필요할 수도 있어. 바쁜 삶 가운데 식사를 한 끼 간단히 때워야 할 때처럼 말이지.

하지만 주린 영혼에게 내가 주는 것은 적당한 때울 거리가 아니니다. 내가 주는 것은 언제나 충만한 만족이란다. 물이 포도주로 변하였을 때 최상품으로 된 것을 기억해라. 오늘도 너를 위해 가장 좋은 것을 예비해 두었다.

나는 언제나 네 영혼이 충만하고 최고의 상태로 머물러 있기를 원한다. 그러므로 너는 언제나 가장 좋은 것을 구하고 사모해라. 그것이 내가 원하는 뜻이란다. 적당히 사는 사람은 적당히 얻을 뿐이다. 날마다 최선을 기대하고 바라며 소망이 가득 넘치는 하루를 살아라. 믿는 사람에게는 하루가 언제나 최고의 인생이라는 것을 기억하렴.

최선의 것으로 응답하심

너희가 악한 자라도 좋은 것으로 자식에게 줄 줄 알거든
하물며 하늘에 계신 너희 아버지께서 구하는 자에게
좋은 것으로 주시지 않겠느냐

- 마태복음 7:11 -

나는 언제나 최선의 것으로 응답한다. 네가 세울 수 있는 최선의 계획은 바로 나를 믿고 나의 뜻에 순종하는 거란다. 자녀가 없었던 한나가 나에게 통곡하고 서원하여 기도하였을 때 나는 그저 그런 평범한 자녀가 아니라 위대한 선지자 중의 한 사람인 사무엘을 그녀에게 주었다.

나는 언제나 사람의 계획보다 더 좋은 계획을 가지고 있단다. 그뿐만 아니라 그 계획을 반드시 이룬다는 것을 믿으렴. 믿음으로 순종할 때 너는 이전보다 더 좋은 것을 받을 수 있단다. 네가 구체적으로 구한 것이 응답되지 않은 것처럼 보여도 사실은 너의 유익을 위해 주지 않은 것들이 많다.

나중에 돌이켜보면 거절조차도 응답이라는 것을 깨달을 날이 올 거야. 지금 네가 할 일은 나의 계획에 네 인생을 맡기고 최선의 응답을 기대하며 기도하는 거란다.

최선의 결실

좋은 땅에 뿌려졌다는 것은 곧 말씀을 듣고 받아
삼십 배나 육십 배나 백 배의 결실을 하는 자니라

- 마가복음 4:20 -

최선의 결과를 거두려면 좋은 것을 심어야 한다. 나쁜 것을 심고 좋은 것을 기대할 수 없다. 뿌린 대로 거두는 것은 내가 정한 법칙이다. 날마다 나의 말을 마음에 많이 심도록 하렴. 그렇게 하면 나의 말대로 거두는 인생을 살 수 있다.

또한 좋은 것을 심을 때는 좋은 땅에 심어야 한다. 마음에 심은 생각대로 거두는 것이 너의 인생이다. 그러므로 네 마음과 생각을 항상 좋게 가꾸어라. 좋은 땅을 만들어야 좋은 결실을 거둘 수 있어.

옥수수씨 한 알, 볍씨 한 알, 참깨 한 알을 심으면 100배, 1,000배의 결실을 맺는단다. 이것은 누구든지 경험할 수 있는 자연의 법칙이다. 30배, 60배, 100배는 과장법이 아니란다. 네가 나를 100% 의지한다면 나는 너에게 3,000%, 6,000%, 10,000%로 채워 줄 거야. 최선의 결실을 네 인생에서 꼭 경험하기 바란다. 그걸 기대하면서 오늘 하루를 나에게 심어다오.

최선으로 베푸시는 은혜

아버지는 종들에게 이르되
제일 좋은 옷을 내어다가 입히고 손에 가락지를 끼우고 발에 신을 신기라
그리고 살진 송아지를 끌어다가 잡으라 우리가 먹고 즐기자

- 누가복음 15:22-23 -

나의 사랑과 은혜는 언제나 비교급이 아닌 최상급이다. 내가 줄 수 있는 것은 언제나 제일 좋은 것이란다. 탕자의 아버지의 마음이 나의 마음과 똑같구나. 네가 누구든 어떻게 살아 왔든 상관없다. 자기 자신이 아무리 보잘것없고 초라하게 보여도 나에게는 잃었다가 다시 얻은 최고의 귀한 자녀란다. 나는 너에게 최선의 은혜를 베풀어 줄 거야. 나의 사랑과 은혜는 세상 어떤 것과 비교할 수 없을 정도로 크단다.

네 인생에서 언제나 가장 좋은 것, 최선의 것을 기대해도 좋다. 염려하지 말고 의심하지 말고 나의 사랑과 은혜를 그저 받아들이렴. 그게 나의 자녀가 가져야 할 마음가짐이다. 오늘 하루도 최선의 은혜를 마음껏 기대하고 마음껏 그 은혜를 누리렴.

최선의 결과를 만드시는 예수님

말하되 사람마다 먼저 좋은 포도주를 내고 취한 후에 낮은 것을 내거늘
그대는 지금까지 좋은 포도주를 두었도다 하니라

- 요한복음 2:10 -

너에게 언제나 더 좋은 것이 마련되어 있다. 가나 혼례 잔치에서 내 아들 예수가 만든 포도주는 최상급의 포도주였단다. 사람들이 다들 깜짝 놀랐지. 그 포도주는 좋지 않은 상황에서 만들어진 가장 좋은 결과물이었단다.

삶에 어려움이 있거든 그것은 결과가 아니라 과정임을 깨닫기 바란다. 작은 어려움에도 낙심하는 사람이 있는가 하면 큰 어려움도 이겨내는 사람이 있다. 이것은 관점의 차이란다. 최선의 때는 아직 오지 않았을 때가 많단다. 요셉을 기억하렴. 삶의 위기에서 포기하지 않고 기다릴 때 요셉은 최선의 결과를 얻게 되었다. 믿는 사람들에게는 언제나 이런 기회가 있다.

믿음과 소망을 가지고 모든 일에 선한 결과를 기대해라. 내가 행한 일의 결과를 보고 나를 믿어라. 내가 보여 주는 결과는 언제나 최선의 결과다. 내가 보여 주는 결과는 언제나 내 영광을 드러내는 것이니 오늘 하루도 최선을 기대하렴.

최선의 길은 사랑입니다

너희는 더욱 큰 은사를 사모하라
내가 또한 가장 좋은 길을 너희에게 보이리라

- 고린도전서 12:31 -

가장 좋은 길, 최선의 길은 바로 사랑이다. 사랑을 사모하고 사랑을 추구하는 자녀가 되렴. 구원의 은혜로 나타나는 성품들이 은사들보다 귀하다. 은사는 교회의 유익을 위해 필요한 기능적인 것이지만 성품은 영원히 간직하는 것이기 때문이지.

내가 나누어 주는 성령의 은사는 정말 귀한 것이지만 성령의 열매는 더욱 귀한 것이란다. 대부분의 사람들은 화려하게 보이는 은사를 귀하게 여기지만 나는 성품을 귀하게 여긴다.

모든 은사는 교회에 유익한 것이다. 그렇다면 가장 큰 은사는 교회에 가장 유익한 것이 되겠지. 은사를 뛰어넘는 가장 큰 은사는 바로 사랑이란다. 사랑이 없으면 너에게도 유익이 없다. 사랑에 대해 더 자세히 알고 싶다면 고린도전서 13장을 읽어보렴.

복음 앞에 최선을 다하십시오

너는 진리의 말씀을 옳게 분별하며
부끄러울 것이 없는 일꾼으로 인정된 자로
자신을 하나님 앞에 드리기를 힘쓰라

- 디모데후서 2:15 -

진리를 분별하는 데에 최선을 다하렴. 진리와 비진리를 구별하는 지혜를 달라고 나에게 날마다 구해라. 세상에는 진리를 부정하는 사람들이 있는 한편, 진리를 멋대로 바꾸는 사람들도 있다. 이런 사람을 조심해야 한다. 사람들을 기쁘게 해 주기 위해, 그냥 귀에 듣기 좋아하는 말들을 전함으로써 인정받는 것은 복음이 아니다.

너는 사람의 평가에 얽매이지 마라. 너는 사람을 기쁘게 하는 사람이 아니다. 사람의 평가 기준은 수시로 바뀐다. 사람에게 맞추다 보면 너는 방황하게 될 거야. 하지만 나의 평가 기준은 바뀌지 않아. 그러므로 네 삶의 주인인 나를 기쁘게 하는 삶을 살아라. 최고의 주인을 위해 너의 최선을 다하길 원한다. 나는 언제나 너에게 최선이 되어 줄 것이다.

성취하시는 하나님

네 길을 여호와께 맡기라
그를 의지하면 그가 이루시고 네 의를 빛같이 나타내시며
네 공의를 정오의 빛같이 하시리로다

- 시편 37:5-6 -

나를 온전히 기뻐하렴. 나는 네 마음의 소원을 이루어 주는 하나님이다. 나를 의지하고 날마다 의롭게 행하며 믿음의 선한 행동을 심으렴. 땅에 머무는 동안 선행이 너에게 좋은 열매로 나타날 것을 기대하면서 말이야. 불의하고 악한 사람들 때문에 낙심하지 않아도 된다. 그런 사람들의 운명은 내가 쥐고 있단다.

내 뜻을 이루려면 나에게 모든 것을 맡겨야 한다. 너에게 필요한 것은 믿음의 결단과 순종의 행동이야. 생각과 행동이 따로 놀면 그것은 진정한 믿음이 아니란다. 내가 일할 수 있도록 오늘 하루를 나에게 맡겨라. 내가 반드시 너를 책임지고 가장 좋은 결과를 안겨다 줄 테니 말이야. 너의 하루를 나에게 맡기고 순종하면, 너의 하루는 나에게 영광을 돌리는 빛나는 하루가 된다.

성취의 비결은 주께 맡기는 것

너의 행사를 여호와께 맡기라
그리하면 네가 경영하는 것이 이루어지리라

- 잠언 16:3 -

최고의 결과를 아는 전문가에게 맡기면 반드시 최고의 결과를 얻는다. 내게 맡긴 것에 대해서는 더 이상 염려하지 않아도 된다. 맡긴 것은 이미 내 손에 넘어간 것이다. 나에게는 모든 것을 이룰 수 있는 권능의 손이 있어. 염려조차도 다 내게 맡겨라. 나는 너를 한 순간도 쉬지 않고 돌보는 하나님이다. 나는 인생을 창조한 인생의 전문가란다. 비록 사람들은 자신의 앞길을 볼 수 없지만 그 길은 내가 다 예비해 놓았단다.

나에게 맡길 수 있는 크기가 네가 가진 신앙의 크기란다. 네가 가진 시간과 목표와 소망하는 모든 것을 헤아려 보아라. 그리고 내게 맡길 수 있는 것이 무엇인지 생각해 보렴. 나에게 맡기는 것이 사실 쉬운 일은 아니야. 연습과 훈련이 필요하단다. 날마다 네 믿음을 점검해 보기를 바란다. 가장 먼저 할 일은 하루를 온전히 나에게 맡기는 거야.

성취를 기대하십시오

내 입에서 나가는 말도 이와 같이 헛되이 내게로 되돌아오지 아니하고
나의 기뻐하는 뜻을 이루며 내가 보낸 일에 형통함이니라

- 이사야 55:11 -

내 입에서 나간 모든 약속을 간직하고 기억하렴. 성경에 기록된 약속은 헛된 약속이 하나도 없다. 나의 약속과 계획은 반드시 이루어진단다. 네가 기대한 대로 이루어지지 않는다고 해서 실망하지 않아도 된다. 나의 방법은 사람의 방법과 다르다는 것을 명심하렴. 그 차이는 하늘과 땅 차이란다. 나의 계획은 사람의 계획보다 훨씬 크고 깊어서 그 누구도 쉽게 깨달을 수 없단다.

사람의 생각이 아닌 나의 생각을 믿으며, 사람의 길이 아닌 나의 길을 믿어라. 누구에게나 내가 허락한 기다림의 시간, 기다림의 장소가 있다. 네가 할 일은 그때에, 그곳에서, 나에게 믿음을 보여 주는 것이란다. 기다리기 힘든 시간조차도 너에게 허락된 시간이라는 것을 믿어라. 네가 감당할 분량의 시험을 믿음과 순종으로 통과하길 기대한다. 끝까지 포기하지 말고 나를 붙들고 그 순간을 버티렴.

하나님 나라의 성취

그러므로 너희는 이렇게 기도하라
하늘에 계신 우리 아버지여
이름이 거룩히 여김을 받으시오며 나라가 임하시오며
뜻이 하늘에서 이루어진 것같이 땅에서도 이루어지이다

- 마태복음 6:9-10 -

너는 먼저 내 나라와 내 뜻을 위해 기도해라. 세상 사람들은 나를 영화롭게 하는 데에 관심이 없다. 오직 하늘의 자녀들만 하늘에 관심이 있단다. 너는 세상을 본받지 말고 나의 자녀답게 살아라. 내가 세상을 창조한 본래의 목적은 이 땅을 다스리며 사람들과 교제하기 위함이었단다. 나의 뜻과 목적에 맞게 살아갈 때 사람은 최고의 인생을 살 수 있단다.

세상의 사람들은 저마다의 세상을 꿈꾸며 그것을 실현하기 위해 노력하지. 하지만 나의 뜻은 분명하다. 성경에 쓰여 있는 대로 나의 뜻이 하늘에서 성취된 것처럼 땅에서도 성취되는 것이란다. 이를 위해 너는 기도하고 순종하길 원한다. 네 마음에 나의 나라가 세워질 때 나는 너를 통해 영광을 받는다. 내 뜻에 순종할 때 비로소 하늘 나라는 자라게 된단다.

오늘 하루는 주기도문을 묵상해 보고 주기도문으로 기도하며 그 의미를 다시 한 번 생각해 보길 바란다. 주기도문이 너에게 새로운 마음으로 다가올 거야.

예수님의 성취

예수께서 신 포도주를 받으신 후에 이르시되
다 이루었다 하시고 머리를 숙이니 영혼이 떠나가시니라

- 요한복음 19:30 -

"다 이루었다"는 말은 단 한 번만 들을 수 있었단다. 그것도 십자가에서 말이야. 정말 최고의 성취였다. 너를 구원하고 살린 것은 흠 없는 내 사랑하는 독생자의 보혈이란다. 죄인으로 살다가 죽을 수밖에 없는 존재인 사람들을 보며 나는 죽을 만큼 아팠단다. 내 아들은 이 땅의 사람들을 죽기까지 사랑하며 결국 십자가의 죽음으로 그 사랑을 증명했지.

사랑하는 내 아들이 이천 년 전에 이 땅에서 구원 사역을 온전하게 성취했다. 은혜로 완성된 구원을 너는 믿고 받아들이기만 하면 된다. 영접하는 자, 곧 그 이름을 믿는 자는 나의 자녀가 되는 권세를 받을 수 있단다. 나의 자녀들은 나를 사랑하고 또한 이웃을 사랑하게 되지. 나를 사랑하고 이웃을 사랑하는 것이 내가 요구한 약속이다. 내가 요구한 약속을 지킬 때 너의 믿음이 드러나게 된다. 성경의 약속을 믿고 나의 뜻을 성취하는 하루를 살아가기를 바란다.

성취를 이루는 작은 일

우리가 알거니와
하나님을 사랑하는 자 곧 그의 뜻대로 부르심을 입은 자들에게는
모든 것이 합력하여 선을 이루느니라

\- 로마서 8:28 -

너의 삶은 나의 뜻을 이루는 귀한 한 조각이다. 너의 삶은 내가 보기에 매우 귀중한 삶이란다. 오늘 하루도 놀라운 일을 기대하며 살아라. 네가 아무리 작고 사소한 일을 할 때도 나는 그것을 나의 계획대로 놀랍게 사용할 거야. 사람들 각자의 모든 선행이 모이고 쌓여서 어우러질 때 나의 놀랍고 비밀스러운 계획이 성취된다.

나는 한 사람만 사용하는 것이 아니라 내가 초청한 모든 사람들을 동시에 사용한단다. 나에게는 그런 놀라운 능력이 있지. 이걸 무엇에 비유할까? 예를 들면 알약은 하나의 성분이 아니라 여러 가지 성분들이 모여 이루어진다. 하나의 성분은 독이 될 수도 있지만 모든 성분이 어우러지면 치료하는 효력이 생긴다. 조금 이해가 되었지?

모든 것을 합력하여 선을 이루는 나의 능력을 믿고 오늘 하루도 네게 맡겨진 일에 최선을 다하길 바란다.

그리스도의 법을 성취하라

너희가 짐을 서로 지라
그리하여 그리스도의 법을 성취하라

- 갈라디아서 6:2 -

네가 서로 짐을 져 주는 사람이 되길 바란다. 세상에는 혼자 지고 갈 수 없는 짐이 많다. 서로 돕고 살아갈 때 서로가 의지가 되고 힘이 된다. 사랑이야말로 나의 뜻을 이루는 비결이다. 사랑이 없이는 나의 뜻을 성취할 수 없단다. 서로 돌아보아 사랑과 선행을 격려하며 살아가는 공동체를 가꾸렴.

즐거워하는 자들과 함께 즐거워하고 우는 자들과 함께 우는 자가 되라. 함께 기뻐하고 함께 즐거워하는 것도 좋지만 함께 아파하고 함께 괴로워하는 것도 유익한 일이다.

내가 허락한 환난과 시련 속에서 짊어져야 하는 각자의 짐이 있는가 하면 공동의 짐이 있다. 공동의 짐을 외면하지 말고, 내가 베풀어 주는 사랑의 힘으로 그것들을 감당하렴. 또 네가 혼자 짊어지기에 무거운 짐이 있다면 선한 이웃들에게 도움을 청하렴. 내가 너에게 선한 능력을 공급해 주겠다. 또한 너를 도와줄 사람들을 네 곁에 보내주겠다.

의인의 열매는 생명나무라

의인의 열매는 생명나무라
지혜로운 자는 사람을 얻느니라

- 잠언 11:30 -

의로운 사람은 성장하고 자라는 모습이 나무와 같다. 자라면 자랄수록 생명을 풍성히 나누어 주는 사람이 되지. 생명을 나누어 주는 사람이기에 주위에 생명력 가득한 사람들이 넘치게 되고 선한 영향력은 더욱 커진단다. 나무가 숲을 이루는 것처럼 그 모습이 훌륭하고 멋있지.

어리석은 사람은 가면 갈수록 사람을 잃어버린다. 결국 어리석은 사람의 주위에는 아무도 없지. 반면 지혜로운 사람은 사람을 얻는다. 지혜로운 사람은 다른 사람을 지혜로 이끌기 때문이지. 해로운 사람이 될 것인가 이로운 사람이 될 것인가는 너의 선택에 달려 있단다. 날마다 의롭고 지혜로운 사람이 되기를 선택하고 기도하렴.

날마다 영적인 지혜와 키가 자라 가는 사람이 되라. 그러면 나와 사람들에게 더욱 사랑받는 존재가 될 거야. 그리고 사람들이 너를 통해 지혜를 얻게 될 것이다. 성경을 날마다 가까이하면 그 열매가 언젠가는 드러나게 될 거야. 그때를 기대하렴.

입에서 나오는 열매

사람은 입에서 나오는 열매로 말미암아 배부르게 되나니
곧 그의 입술에서 나는 것으로 말미암아 만족하게 되느니라
죽고 사는 것이 혀의 힘에 달렸나니
혀를 쓰기 좋아하는 자는 혀의 열매를 먹으리라

- 잠언 18:20-21 -

입에서 나오는 말을 잘 지켜라. 한 번 내뱉은 말은 반드시 결과가 나타난다. 입에서 나오는 말로 사람을 살리기도 하고 죽이기도 한다. 나의 말에 권세가 있는 것처럼 너의 말에도 권세가 있단다. 사람은 말을 함부로 하면 안 된다.

사람들은 사소한 말에도 감동을 받는다. 하지만 사소한 말에도 상처를 받는다는 것을 명심하길 바란다. 언제나 너의 입술을 지키고 다스리렴. 무슨 말을 할까 고민이 된다면 언제나 칭찬과 격려, 위로와 사랑이 담긴 말을 떠올리기 바란다. 네 입술을 축복의 통로로 사용하면 좋겠구나. 그럼 내가 만족스럽고 복된 열매들로 너의 삶을 가득 채워 줄 거야.

좋은 열매와 나쁜 열매

이와 같이 좋은 나무마다 아름다운 열매를 맺고
못된 나무가 나쁜 열매를 맺나니
좋은 나무가 나쁜 열매를 맺을 수 없고
못된 나무가 아름다운 열매를 맺을 수 없느니라

- 마태복음 7:17-18 -

좋은 열매와 나쁜 열매는 나무에 달려 있다. 열매를 보면 나무를 알 수 있다. 결과를 보면 원인을 알 수 있지. 과정이 아무리 그럴듯해 보여도 결과는 속이지 못한다. 좋은 나무와 못된 나무를 구별하는 지혜를 배워라. 또한 너는 좋은 열매를 맺는 좋은 나무가 되기를 바란다.

사람이나 나무나 똑같이 좋은 나무는 좋은 열매를 맺고 나쁜 나무는 나쁜 나무를 맺는다. 씨앗 없이는 아무리 노력해도 열매를 맺지 못하지. 하지만 나의 뜻이 심령에 심어져서 뿌리를 내렸다면 어떤 환경과 조건일지라도 좋은 열매를 내게 되어 있다.

모든 일에 나의 뜻이 원인이 되고 사랑이 원인이 되어야 한다. 그래야 마지막에 아름다운 열매가 드러나게 되지. 사람은 무엇이든 심은 대로 거두는 법이다. 성령으로 심고 성령의 아름다운 열매 맺는 삶을 살아가렴.

많은 열매의 비결

나는 포도나무요 너희는 가지라
그가 내 안에, 내가 그 안에 거하면 사람이 열매를 많이 맺나니
나를 떠나서는 너희가 아무것도 할 수 없음이라

- 요한복음 15:5 -

내 안에 거할 때 너는 선한 영양분을 공급받고 선한 열매를 맺을 수 있다. 내 안에 거한다는 것은 진리 안에, 사랑 안에, 성령 안에 거한다는 것이다. 그것이 많은 열매의 비결이야.

내가(또는 내 아들이) 포도나무라면 너는 가지 중의 하나다. 가지는 포도나무로부터 수액을 공급받기만 하면 놀라울 정도로 열매를 풍성하게 맺는다.

나의 은혜를 공급받지 못하면 너는 완전히 메말라서 아무런 열매도 맺지 못하게 될 거야. 믿음의 사람들이 두려워했던 것은 나와 분리되는 것이었단다.

언제나 내 안에 거하렴. 그게 너를 위한 최상의 선택이란다. 내가 원하는 것은 언제나 나와 연합하고 교제하고 동행하는 거란다. 모든 능력과 생명의 근원이 나에게 있다. 내 안에 거할 때 너는 선한 영양분을 공급받고 선한 열매를 맺을 수 있다.

성령의 열매

오직 성령의 열매는 사랑과 희락과 화평과 오래 참음과
자비와 양선과 충성과 온유와 절제니
이 같은 것을 금지할 법이 없느니라

- 갈라디아서 5:22-23 -

네가 내 안에 거하면 나무가 열매를 맺는 것처럼 자연스럽게 성령의 열매가 열리게 된다. 성령의 열매는 네가 만드는 것이 아니라 성령이 만들어 내는 성품이다. 세상 사람들의 도덕적인 훈련은 세상을 위해 분명히 훌륭하고 가치 있는 것이란다. 성령의 열매와도 닮아 있지. 하지만 성령의 열매는 세상에서뿐만 아니라 영원토록 가치가 있는 유익한 열매다.

성령의 9가지 열매에 관해서는 앞에서 설명을 했으니, 성령의 열매 맺는 삶에 관해 설명하고 싶구나. 사람은 누구나 가까이 있는 사람을 닮는단다. 마찬가지로 네가 내 곁에 있으면 나의 성품을 자연스럽게 닮아 가게 되어 있다. 자연스러움이 중요한 거야. 인위적으로 흉내 내려고 하면 도덕의 열매가 된단다.

내가 요구하는 삶은 나와 친밀한 삶이란다. 날마다 나를 힘입고 나에게 물들고 나와 동행하렴. 내 생명이 너에게 자연스럽게 흘러가서 아름다운 성령의 열매를 맺게 될 거야.

빛의 열매

너희가 전에는 어둠이더니 이제는 주 안에서 빛이라
빛의 자녀들처럼 행하라
빛의 열매는 모든 착함과 의로움과 진실함에 있느니라

- 에베소서 5:8-9 -

너는 세상의 빛이다. 전에는 죄와 무지와 불신앙의 어둠 가운데 살았지만 이제는 아니다. 너는 구원받은 빛의 자녀란다. 빛의 속성은 숨기지 않고 드러내는 것이다. 나의 뜻을 드러내면서 사는 것이 빛의 자녀들처럼 행하는 것이란다.

나의 뜻은 성경에 다 기록되어 있단다. 성경을 부지런히 읽으며 나의 뜻을 발견하렴. 그것이 너에게 힘이 되고 능력이 되고 생명이 되며 너의 앞길을 비추어 주는 빛이 된다.

성령 충만한 삶, 성령의 열매 맺는 삶, 내게 영광 돌리며 선한 일을 행하는 삶, 감사와 순종의 삶, 기도와 찬양을 하는 삶은 내가 기뻐하는 삶이란다. 이런 삶의 공통점은 너의 신앙을 숨기지 않고 드러낸다는 점이지.

빛을 드러내는 사람은 곧 나의 성품을 드러내는 사람이다. 나의 성품을 드러낼 때 세상은 네가 내 자녀임을 알게 되지. 나는 너를 세상에서 빛나는 존재로 만들었으니, 그 빛을 날마다 드러내며 살아가렴.

선한 열매

이로써 우리도 듣던 날부터 너희를 위하여 기도하기를 그치지 아니하고 구하노니 너희로 하여금 모든 신령한 지혜와 총명에 하나님의 뜻을 아는 것으로 채우게 하시고 주께 합당하게 행하여 범사에 기쁘시게 하고 모든 선한 일에 열매를 맺게 하시며 하나님을 아는 것에 자라게 하시고

- 골로새서 1:9-10 -

구원의 은총은 열매 맺는 삶을 살기 위한 것이란다. 내가 너에게 지혜와 총명을 베풀어 준다. 이것은 나의 뜻을 막연하게 깨닫는 것이 아니라 구체적으로 깨닫게 하기 위함이란다. 나의 뜻을 몰랐던 욥은 나를 듣기만 했으나 나의 뜻을 깨달은 욥은 비로소 나를 보게 되었단다.

나는 특별한 목적을 가지고 너를 만들었단다. 너는 제멋대로 사는 존재가 아니야. 세상 사람들은 제멋대로 사는 것이 멋이라고 말한다. 하지만 그것은 내 뜻을 깨닫지 못한 사람들의 선택이다. 내 뜻을 아는 사람은 비전과 사명으로 움직이고 아름다운 성령의 열매를 맺게 되어 있다.

세상에 물들지 않고 복음에 물든 삶을 살아라. 성령으로 행하는 모든 일들이 선한 일이다. 아름다운 열매를 맺을 수 있도록 날마다 내가 너와 함께하며 너를 도와줄게.

성경을 더 가까이하십시오

또 어려서부터 성경을 알았나니
성경은 능히 너로 하여금 그리스도 예수 안에 있는 믿음으로 말미암아
구원에 이르는 지혜가 있게 하느니라

- 디모데후서 3:15 -

나를 사랑하는 사람은 성경을 사랑하는 사람이란다. 사랑하는 사람들은 언제 어디서나 서로 끊임없이 소통하려고 하지. 성경이야말로 너와 나를 가까이 연결시켜 주는 책이야. 성경은 사람이 썼지만, 원래 저자는 바로 나란다.

나는 성경을 근거로, 성경을 통해 너에게 말한다. 성경은 네가 어디에서 왔으며 어디로 가는지 알려 주지. 네가 천국에 이르는 여정을 완수할 수 있도록 안내하는 지혜와 교훈이 성경에 담겨 있단다.

네가 나를 어떻게 섬기고 네 삶을 어떻게 살아야 할지는 성경에 모두 기록되어 있다. 명심해라. 믿음이 생길 때 성경을 읽는 것이 아니라 성경을 읽을 때 네 마음에 믿음이 생긴다. 성경을 가까이하는 습관을 가지렴. 그 거룩한 습관이 너에게 지혜와 복을 안겨다 줄 것이다.

성경은 하나님의 말씀

하나님의 말씀은 살아 있고 활력이 있어
좌우에 날선 어떤 검보다도 예리하여
혼과 영과 및 관절과 골수를 찔러 쪼개기까지 하며
또 마음의 생각과 뜻을 판단하나니

- 히브리서 4:12 -

나의 말은 항상 살아 있고 생명을 살리는 말이란다. 영적으로 죽은 사람도 살릴 수 있지. 나의 말은 호흡이자 숨이기 때문에 영으로 지음 받은 사람은 나의 말이 없이는 하루도 살 수 없단다. 다윗과 사도 바울은 나의 말로 힘을 얻고 활력이 넘치며 성령이 충만한 삶을 살았지.

사람의 마음은 하루에도 끊임없이 변하고 바뀌는데, 나의 말은 그것을 분리하고 판단해 낼 수 있단다. 잠깐의 생각도, 감추어진 생각도 나의 말은 엑스레이처럼 그것들을 촬영해 낼 수 있다.

성경에 비추어 하루를 살아가는 연습과 훈련으로 너는 믿음의 사람이 될 수 있단다. 네 마음에 나의 말이 들어 있으면, 혼란스러운 가치관이 뒤섞인 세상에서도 너는 명확한 선택을 할 수 있게 된다. 내일이면 또 새해가 되는구나. 내년에는 꼭 성경 통독에 도전해 보렴. 틀림없이 너에게 새롭고 선한 일들이 많이 생기게 될 거야.

✻ 맺음말 ✻

저는 카카오스토리에서 '오늘의 말씀 365' 페이지를 운영하고 있습니다. 연말이 되면 하나의 주제를 정해서 그 주제에 어울리는 말씀 365개를 미리 뽑습니다.

새로운 주제를 가지고 매년 365개의 말씀을 뽑을 때마다 하나님은 저에게 새로운 아이디어를 주셨습니다. 그런데 그것을 배열하고 정리하는 일은 간단하지 않았습니다. 말씀과 씨름하고 책과 씨름하며 보낸 시간이 힘들고 고된 시간이었지만, 돌이켜보면 저에게는 소중한 시간임을 고백합니다.

앞으로도 좋은 신앙 서적을 통해, 성경을 통해, 설교를 통해 더 많은 하나님의 음성을 들으시기 바랍니다. 하나님은 여러분을 사랑하십니다. 하나님과의 교제가 더욱 풍성해지기를 바라고 응원합니다.

이 책이 나올 수 있도록 아이디어를 주신 하나님께 감사합니다. 좋은 책을 많이 읽을 수 있도록 도와주신 진영철 목사님, 좋은 책을 쓸 수 있게 선한 영향을 주신 이상혁 담임목사님, 그리고 부족한 저를 20년간 품어 주신 안성옥 원로목사님께 감사합니다. 그리고 이 책이 세상에 빛을 볼 수 있도록 출판에 도움을 주신 북랩 관계자 여러분들에게도 진심으로 감사의 인사를 전합니다.

2020년 1월

최세영

함께 읽으면 좋은 책

아래에 소개하는 책은, 제가 이 책을 쓰는 데 큰 도움을 주었던 책입니다.

브루스 윌키 저, 조계광 역, 『하나님의 뜻 하나님의 인도』, 생명의말씀사, 2016

사라 영 저, 이지영 역, 『지저스 콜링』, 생명의말씀사, 2012

사라 영 저, 히스바이크 역, 『지저스 올웨이즈』, 생명의말씀사, 2017

앤드류 머레이 저, 원광연 역, 『겸손』, CH북스, 2018

오스 힐먼 저, 배응준 역, 『내 목소리를 들으라』, 규장, 2015

오스왈드 챔버스 저, 스데반 황 역, 『주님은 나의 최고봉』, 토기장이, 2015

이상혁, 『하나님이 자랑한 사람』, 아르카, 2017

이재철, 『비전의 사람』, 홍성사, 2004

이재철, 『사명자반』, 홍성사, 2013

이재철, 『새신자반』, 홍성사, 2008

이재철, 『성숙자반』, 홍성사, 2013

전광, 『평생 감사』, 생명의말씀사, 2007

존 F. 맥아더 저, 김태곤 역, 『성경, 이렇게 믿어라』, 생명의말씀사, 2008

팀 켈러·캐시 켈러 저, 최종훈 역, 『팀 켈러의 묵상』, 두란노, 2016

153 묵상집